ペトロ文庫

教皇フランシスコ講話集
8

カトリック中央協議会

ペトロ文庫

教皇フランシスコ講話集
8

カトリック中央協議会

目次

本書は文庫オリジナルです。

文中、聖書の引用は原則として日本聖書協会『聖書　新共同訳』（二〇〇〇年版）を使用しました。ただし、漢字・仮名の表記は本文に合わせています。他の引用につきましても、用字等、一部変更を加えた箇所があることをお断りいたします。

教皇フランシスコ

教皇フランシスコ講話集　8

カトリック中央協議会事務局　編訳

神の母

愛する兄弟姉妹の皆さん、こんにちは。明けましておめでとうございます。

昨晩わたしたちは、時とその実りを神に感謝して、二〇一九年を締めくくりました。同じ感謝と賛美の姿勢で、今日から二〇二〇年を始めましょう。この惑星が太陽の周りを回る新たな周期を迎えること、そしてわたしたちがそこで生き続けることは、当たり前のことではありません。当然ではなく、それはつねに「奇跡」であり、驚くべきこと、感謝すべきことです。

年の始めの日に典礼は、神の母、救い主イエスを生んだナザレのおとめを祝います。その幼子は、すべての人、一人ひとりへの、人類という大家族への、全世界への、神からの祝福のしるしです。イエスはこの世から悪を取り去りませんでしたが、それを根こそぎ打ちのめしたのです。このかたの救いは魔法ではありません。「粘り強い」救い、つまり粘り強い愛のある救いで、それは不正をとがめ、その力を取り去る救いです。愛の粘り強さ——。愛はわたしたちを粘り強い者にします。わたしたちはしばしば辛抱がなくなります。わたしもそうです。ですからわたしは、昨日見せてしまったよくない例を謝りたいと思います（訳注：サンピエトロ広場で教皇を引っ張った人物に対する態度について詫びた）。ですからプレゼピオ（訳注：降誕の場面の模型）をじっと見つめて、信仰の目で、新たにされた世界を見つめましょう。悪の支配から解放され、飼い葉桶に眠る幼子、キリストの王なる支配の下にある、新たな世界です。

だから今日、神の母はわたしたちを祝福しておられます。でもどのように、聖母はわたしたちを祝福するのでしょうか。幼子を示すことによってです。マリアはその腕に幼子を抱いて示し、そうしてわたしたちを祝福してくださいます。全教会を祝福し、全世界を祝福します。ベトレヘムで天使たちが歌ったように、イエスは「民全体に与えられる大きな喜び」であり、神にとっての栄光であり、地にとっての平和です（ルカ2・14参照）。だからこそ聖パウロ六世教皇は、元日を平和にささげることを希望したのです。今日は、世界平和の日です。平和のために祈り、平和のために意識と責任を新たにする日です。今年二〇二〇年の教皇メッセージは、「希望の道である平和——対話、和解、エコロジカルな回心」がテーマです。

さあ、聖母と、そのかたが示される幼子を見つめましょう。年の初めに、わたしたち自身を祝福しましょう。幼子を抱く聖母に、わたしたち自身を祝福していただきましょう。

イエスは、奴隷――内的奴隷と物質的奴隷――の軛《くびき》に虐げられる人への祝福です。このかたは、愛によって解放してくださいます。悪い仲間に取り込まれ、自尊心を失った人にイエスはいわれます。「御父はあなたを愛しています。あなたを見捨てず、辛抱強くあなたの帰りを待っておられる」（ルカ15・20参照）と。不正義や搾取の犠牲に遭い、抜け出せずにいる人にイエスは、兄弟愛への扉――迎え入れてくれる人の顔、心、腕を見いだす場、苦しみと絶望をともに担い、少しでも尊厳を回復することのできる場――を開いておられます。重い病に苦しみ、見捨てられ失意のうちにいる人にイエスは、近づいて、優しく傷に触れ、慰めの油を注ぎ、弱さを善なる力に変えて、固くなったわだかまりを解けるようにしてくださいます。自由を奪われた人や心を閉ざしてしまう人にイエスは、わずかな光から始まる希望の地平を開いてくださいます。

愛する兄弟姉妹の皆さん。プライドという台座――だれしも、高慢になる誘惑があります――から降り、神の母、神の謙遜な母の祝福を願いましょう。このかたはわたしたちにイエスを示しておられます。祝福していただきましょう。イエスの温かさに心を開きましょう。そうして明けたばかりのこの年は、対話と和解と被造物の保護とを、口先ではなく日々の行為で実践していく、希望と平和の道になるでしょう。

一月一日（水）正午に、教皇公邸書斎の窓から行った二〇二〇年最初の「お告げの祈り」で、祈りの前に述べたことば（原文イタリア語）。「お告げの祈り」は、午前十時からサンピエトロ大聖堂で行われた、神の母聖マリアの祭日と第五十三回世界平和の日を記念するミサ後に行われた。

降誕が教える聖性

愛する兄弟姉妹の皆さん、こんにちは。

降誕節第二主日の今日の聖書朗読箇所は、わたしたちがイエスの誕生の意味をしっかりと理解できるよう、目を開かせてくれます。

聖ヨハネの序文による福音箇所は、驚きの新事実を見せてくれます。つまり、永遠なるみことば、神の御子は、「肉となった」（ヨハネ1・14）のです。そのかたは、人の間で住まうために来られただけでなく、ご自身が人間となり、わたしたちと同じ者となられたのです。この出来事の後にわたしたちは、人生の導きとして、律法、制度だけではなく、人となられたかた、神のペルソナ、イエス、いのちへと導いてくださるかた、ご自分が先に通られることでその道に続けるようにしてくださるかたを得たのです。

聖パウロは、イエス・キリストにおいて果たされた愛の計画ゆえに、神を賛美します（エフェソ1・3―6、15―18参照）。この計画の中に、わたしたちはそれぞれに根本的な自身の召し出しを見いだすのです。どんなものでしょうか。パウロはこういっています。わたしたちはイエス・キリストのわざにより、神の子らであるよう前もって定められている、と。神の御子は人となり、そうしてわたしたちを、人間を、神の子どもとしてくださったのです。ご自分の御父との親子の関係にわたしたちを加えるためにこそ、永遠の御子は肉となられたのです。

では、兄弟姉妹の皆さん。飼い葉桶の驚くべきしるしの黙想を続ける中、今日の典礼が教えてくれるのは、キリストの福音は寓話や神話、教本的なものではないということです。そうではないのです。キリストの福音は、神の計画、人間と世に対する神の計画の完全なる啓示です。それは簡潔ながらも重厚なメッセージであり、わたしたちを自らに問わずにはいられなくさせるものです。わたしたちのただ中に今また誕生してくださろうとして、主がわたしの内に用意された具体的な計画とは何だろうかと。

答えのヒントをくれるのは使徒パウロです。「神はわたしたちを愛して、ご自分の前で聖なる者、汚れのない者にしようと、……お選びになりました」（エフェソ1・4）。これこそが、ご降誕の意味です。主がわたしたちの間に到来し続けるなら、みことばを与え続けてくださるなら、そうであればわたしたちはそれぞれに、この呼びかけ

——愛をもって聖なるものとなりなさい——にこたえられるはずです。聖性とは、神に結ばれること、神との交わりであり、その無限の善を自分を通して輝かせることです。聖性は、神がわたしたちに与えてくださったたまものを大切にすることです。無償で与えられたものを大事に用いる、ただそれだけです。それが聖というものです。ですから恵みのたまものとして聖性を受ける者は、それを日常生活での具体的行為に移さないわけにはいきません。このたまもの、神がわたしにくださったその恵みを、日々の暮らしの中で、他者との出会いの中で、具体的行動へと移すのです。その愛の行為、自分の兄弟に対するその思いやり、神の愛の映しは、同時にわたしたちの心を清め、ゆるすことができるようにし、わたしたちを日々「汚れのない者」としてくれるのです。汚《けが》れがない者というのは、汚《よご》れが取れたという意味ではありません。汚れのない者とは、神がわたしたちの中においでになっているという意味で、恵みであり、神の無償の愛がわたしたちのもとに入り、わたしたちはそれを大切にして、他者へと渡すという意味なのです。

　イエス・キリストにおいて実現した神の愛の計画を、喜びと感謝をもって受け入れられるよう、おとめマリアの助けを祈ります。

一月五日（日）正午に、教皇公邸書斎の窓から、サンピエトロ広場に集まった信者とともに行った「お告げの祈り」で、祈りの前に述べたことば（原文イタリア語）。

「お告げの祈り」の後、イタリア語で次のように述べた。

「愛する兄弟姉妹の皆さん。

世界の多くの場所で、ひどく緊張が高まっています。戦争は死と破壊しか生みません。対話と自制による炎を燃やし続けること、そして憎悪の影を払い続けてくださるよう、すべての当事者にお願いします。その恵みを主に願い、心の中で祈りをささげましょう。

今年最初の主日にあたり、主における平安が皆さんのうえにありますよう願いを新たにいたします。幸せなときもつらいときも、わたしたちの希望である主にゆだねましょう。元日の、世界平和の日に新たにした決意も思い起こしましょう。「希望の道である平和――対話、和解、エコロジカルな回心」。神の恵みにより、わたしたちはこれを実践することができます」。

主の洗礼

愛する兄弟姉妹の皆さん、こんにちは。

主の洗礼のこの祝日に再び、わたしは赤ちゃんに洗礼を授ける喜びにあずかりました。今日は三二人の赤ちゃんでした。その子らと家族のために祈りましょう。

今年の典礼は、マタイ福音書でイエスの洗礼の出来事を示します（3・13―17参照）。福音記者は、洗礼を望むイエスと、それを断り「わたしこそ、あなたから洗礼を受けるべきなのに、あなたが、わたしのところへ来られたのですか」（14節）と述べる洗礼者ヨハネとの対話を描いています。イエスの決意に、洗礼者ヨハネは驚かされます。事実、メシアは清められる必要はなく、そのかたこそ、清めてくださるかただからです。ですが神は聖なるかたです。そのなさり方はわたしたちとは異なります。そしてイエスは、神のなさり方、思いもよらないやり方なのです。神は、驚きをもたらす神です。

ヨハネは、自分とイエスの間には、深い谷があり埋められない隔たりがあるといいます。「わたしは、その履物《はきもの》をお脱がせする値打ちもない」（マタイ3・11）といいました。ですが神の御子は、まさしく人間と神との間にあるその隔たりに、橋を架けるために来られたのです。イエスは完全に神の側におられながらも、完全に人間の側にもおられ、隔てられているものを一つに結ばれます。だからヨハネにこう返します。「今は、止めないでほしい。正しいことをすべて行うのは、我々にふさわしいことです」（15節）。メシアが洗礼を受けたいと望まれたのは、それによって正しいことがすべて実現するためにです。それが、御父の計画であり、それは子としての従順の道と、もろくて罪深い人間との連帯の道を通ることで成就するものです。身を低くする道、神がご自分の子らのすぐ近くにいてくださる方法なのです。

　預言者イザヤもまた、世にあって、この世的な精神に反するやり方で、その使命を果たす神のしもべの義を告げていました。「彼は叫ばず、呼ばわらず、声を巷《ちまた》に響かせない。傷ついた葦《あし》を折ることなく、暗くなってゆく灯心《とうしん》を消すこともない」（42・2―3）。それは、柔和な姿勢――これこそが、イエスがその謙虚さと柔和さで教えてくださったもの――、飾らない、敬意ある、控えめで、目立たない姿勢、現代にあっても主の弟子に必要な姿勢です。悲しいことですが、いったいどれだけの主の弟子が、自分が主の弟子であることを鼻にかけていることでしょう。弟子を気取るのはよい弟子ではありません。よい弟子は謙遜で、柔和な者、目立たぬようによいことをする人です。宣教活動では、キリスト教共同体は他者に会いに自ら出向いて行き、いつだって押しつけではなく勧め、あかしし、人々と実生活をともにするよう求められています。イエスがヨルダン川で洗礼を受けた直後、天が開け、聖霊が鳩の姿でイエスに降《くだ》り、天からの声が響きました。「これはわたしの愛する子、わたしの心にかなう者」（マタイ3・17）。イエスの洗礼の祝日に、わたしたちは自分の洗礼をもう一度深くかみしめます。イエスが神の愛する子であるように、わたしたちもまた、水と聖霊によって新たに生まれ、自分が愛されている子であること――御父はわたしたち皆を愛しておられます――、神を喜ばせる相手であり、多くの兄弟姉妹たちがいること、御父の無限の愛をすべての人にあかしし告げる偉大な使命を負った者であることに気づかされます。

　このイエスの洗礼の祝日に、わたしたちは自分の洗礼を思い出します。わたしたちもまた、洗礼によって新たに生まれます。洗礼によって聖霊は、わたしたちの中に住まうために来てくださいました。だから自分の受洗日を知っておくのは大切なことです。自分の誕生日は分かっていても、受洗記念日は知らないこともあります。きっと皆さんの中にも分からない人がいるでしょうね。宿題です。家に帰ったら、わたしが洗礼を受けたのはいつなの、いつ洗礼を受けたの、と尋ねてください。そして毎年、心の中でその受洗日を祝ってください。そうしてくださいね。それは、わたしたちにとてもよくしてくださった主に対する、正しい務めでもありますから。

洗礼の恵みをよりいっそう深く理解できるよう、そしてそれを日常の出来事の中でぶれずに生きられるよう、聖マリアが支えてくださいますように。

一月十二日（日）正午に、教皇公邸書斎の窓から、サンピエトロ広場に集まった信者とともに行った「お告げの祈り」で、祈りの前に述べたことば（原文イタリア語）。

この日教皇は、午前九時半からシスティーナ礼拝堂で主の洗礼の祝日のミサを司式し、三二名の新生児（男児一七名、女児一五名）に洗礼を授けた。説教（イタリア語）では次のように語り、昨年に続いて新生児の声に神経質にならないようにと両親らを慰めた。

「赤ちゃんはシスティーナ礼拝堂にいるのに慣れていません。初めて来たのですから。緊張感のある雰囲気に包まれるのにも慣れていません。今日はお祝いですが、このようなドレスでおめかしするのにも慣れていないでしょうね。ちょっと居心地が悪いでしょう。一人が声を上げれば——まだコンサートは始まっていませんが——、また別の赤ちゃんも声を出すでしょう。でもいいのです。赤ちゃんが声を出して騒いでも、でんと構えていてください。

声を出して騒いでも、そのままでいいのです。ただ、もしも赤ちゃんが何かを訴えて泣いているならば、たとえば、暑がっているならば脱がせてあげてください。お腹が空いているなら、おっぱいをあげてください。もちろん、ここでそうしていいのです。遠慮なくそうしてください。去年もわたしはいいました。「合唱団」のようなものです。だれかが「歌い」始めたらもう、ほかの赤ちゃんもそれに続き、コンサートが始まります。ピリピリしないでいいのです。聖堂で赤ちゃんが声を出す――、それはもう、美しい説教です」。

洗礼者ヨハネのあかし

愛する兄弟姉妹の皆さん、こんにちは。

今日の年間第二主日は、主の公現とイエスの洗礼の祝日に続いています。福音箇所（ヨハネ1・29—34参照）はなお、イエスの顕現を語ります。ヨルダン川で洗礼を受けた後、イエスは、ご自分に降《くだ》った聖霊によって油を注がれ、神の御子であるとの天の御父の声による宣言を受けられました（マタイ3・16—17および並行箇所参照）。他の三記者と異なり、福音記者ヨハネはその出来事を描いていませんが、代わりに洗礼者ヨハネの証言を伝えています。洗礼者ヨハネは、キリストの最初のあかし人でした。神はそのために彼を召し出し、準備なさったのです。

洗礼者ヨハネは、イエスについてあかししたいというはやる思いを抑えきれず、はっきりと述べます。「わたしはそれを見た。だから、このかたこそ神の子であるとあかししたのである」（ヨハネ1・34）。ヨハネは衝撃的なこと、つまり神の愛する子が罪人たちと連帯しているのを目撃しました。そして聖霊によって彼は、前代未聞の新しさ、まさに仰天の出来事を理解するのです。事実、どんな宗教でも神に供え物やいけにえをささげるのは人間であるのに、このイエスの場合には、神が、人類の救いのために御子を差し出されたのです。ヨハネは、イエスがもたらしたこの新しさに、驚きと同意をはっきりと示します。それは、わたしたちがミサのたびに唱えることばに表現されています。「見よ、世の罪を取り除く神の小羊」（29節）。

洗礼者ヨハネのあかしに触れるたび、わたしたちは自身の信仰の旅を何度も始め直します。御父が与えてくださった、あわれみ深い小羊、イエス・キリストから再出発する旅です。わたしたちと同じ者となり、わたしたち罪人と連帯し、徹底して闘って世を悪から救うための、神の選びにあらためて驚かされようではありませんか。

洗礼者ヨハネから学ぶのは、自分はもうイエスについて知っている、イエスのことは何でも分かっていると、うぬぼれてはいけないということです（31節）。いけません。福音にじっととどまってください。また、キリストのイコン「聖なるみ顔」をじっと眺めてください。目で、さらに心で、じっと見つめましょう。そして内なるところで語ってくださる聖霊に導いていただきましょう。あのおかたです。あのおかたこそ、神の御子、愛のためにささげられる、小羊となったかたです。このかただけが担い、このかただけが苦しみを受け、わたしたち皆の罪を、世の罪を、わたしの罪を、あがなってくださったのです。すべてを――。このかたが、その身にすべてを担い、わたしたちから取り去ってくださったので、わたしたちはついに自由となり、もはや罪の奴隷ではなくなったのです。確かに、わたしたちはなおもあわれな罪人です。ですが奴隷ではありません。奴隷ではないのです。わたしたちは子どもです、わたしたちは神の子なのです。

おとめマリアに願いましょう。御子イエスをあかしする力が与えられますように。悪から解放されたいのちの喜びをもって、驚きと感謝に満ちた信仰のことばで、それをあかしできる力を授けてくださいますように。

年間第二主日の一月十九日（日）正午に、教皇公邸書斎の窓から、サンピエトロ広場に集まった信者とともに行った「お告げの祈り」で、祈りの前に述べたことば（原文イタリア語）。

「お告げの祈り」の後、イタリア語で次のように述べた。

「愛する兄弟姉妹の皆さん。

リビアの危機について話し合う会議が、今日ベルリンで開かれています。この非常に重要な首脳会議が、この国の平和と希求される安定につながる、暴力の停止と交渉による解決への道の入り口となりますように。

二〇二〇年は「国際看護師と助産師年」になっていることをお伝えでき、うれしく思います。看護師は医療従事者の中でもっとも数が多く、病者のもっともそばにおられるかたです。そして助産師は、高貴な職業といえるかもしれません。その尊い仕事に全力を尽くすことができるよう、彼らのために祈りましょう」。

この日ベルリンで、国連の主催による平和サミットが行われ、各国の首脳らはリビアへの関与から手を引く誓約をする準備を行った。二〇一一年当時のカダフィ政権転覆の動きに端を発する紛争が続くリビアでは、複数の勢力がそれぞれ政府を立ち上げていたが、諸外国が、石油資源に絡むおのおのの思惑から、対立する勢力に個々加担していることで混乱を極めていた。

キリスト教一致祈禱週間

愛する兄弟姉妹の皆さん、おはようございます。

本日の講話は、キリスト教一致祈禱週間に合わせたものです。もてなしを主題とした今年のテーマは、マルタ島とゴゾ島の共同体が準備したもので、難破した聖パウロと乗船者らが、マルタの住人に助けられ親切にされたと語る、使徒言行録の一節から始まっています。この物語については、二週間前の講話でお話ししました。

では、その難破の惨劇の様子からあらためて始めましょう。パウロの乗った船はさまざまに振り回されます。十四日の間海上を漂い、太陽も星も見えない中、乗船者は混乱し、途方に暮れます。彼らの足元では海水が荒々しく船に打ちつけ、波の力で船が壊れてしまうのではと恐れています。頭上からは雨風がたたきつけます。荒波と暴風雨の威力はすさまじく、船乗りたちの運命にはおかまいなしです。二六〇人以上がその船に乗っていました。

ただ、見捨てられはしないことを知っているパウロは、口を開きます。信仰がパウロに教えます。自分のいのちは、イエスを死者の中から復活させたかた、自分を呼んでくださったかた、地の果てまで福音をもたらすためにパウロを呼んだかたである、神にゆだねられているのだと。信仰はまた、イエスが明らかになさったように、神は愛を注ぐ父だとパウロに語ります。だからパウロは同行する者たちに向かって、信仰に促されて告げるのです。神のゆるしがなければ、髪の毛一本さえなくならないと。

この預言は、船がマルタの海岸近くに座礁し、乗組員全員が無事に上陸したときに実現します。そうして彼らはそこで、初めての経験をします。嵐の海の猛威とは対照的に、島の住民から「大変な親切」のあかしを受けたのです。その人々は、彼らにとっては異邦人でしたが、困っている彼らに思いやりを示します。からだを温めるために火を起こし、雨をしのぐよう軒下に招き、食べ物を与えてくれます。彼らはまだキリストの福音を知らなかったにもかかわらず、具体的な優しさの行為によって神の愛を表しているのです。事実、自然にわき出る親切心と世話する行為は、何がしかの神の愛を伝えます。マルタの島民の親切は、神がパウロを通して島でなさったいやしの奇跡によって報われることになります。ですから、マルタの人々は使徒パウロにとって神の啓示のしるしであったように、使徒もまた、島民にとっては神のいつくしみ深い愛のあかしだったのです。

愛する皆さん。親切は大切なことです。これは、大切なエキュメニカルな徳でもあります。まずそれは、他教派のキリスト者は、キリストにおいてわたしたちの本当の兄弟姉妹だと知ることです。わたしたちは兄弟です。「でもあの人はプロテスタントだし、あの人は正教の人だし……」という人がいるかもしれません。そうです。それでも、彼らとわたしたちはキリストにおける兄弟です。これは一方的な親切心ではありません。他教派のキリスト者をもてなすとき、わたしたちは彼らを自分たちへの贈り物として迎えているからです。マルタの人たちのように――あのマルタの人たちはすばらしい――、わたしたちは報われます。わたしたちが受けるのは、聖霊が兄弟姉妹であるあの人たちの中に蒔《ま》かれたもので、それがわたしたちにとっての贈り物にもなるからです。聖霊はご自分の恵みをあらゆる場所に蒔いておられるからです。異なる伝統のキリスト者を喜んで受け入れることは、まず、彼らに対する神の愛を示すことであり――彼らは神の子らであるからで、それゆえわたしたちの兄弟です――、さらには、神が彼らの人生においてなさったことを受け入れるということでもあります。教会一致運動における親切心には、他教派に耳を傾けようとする姿勢が求められます。彼ら個人の信仰の道程、その共同体としての歴史、わたしたちとは異なる伝統をもつ信仰共同体の歴史に関心をもつことです。教会一致運動における親切心は、他教派のキリスト者が神と触れた経験を知ろうとする熱意や、そこから得た霊的たまものを受け取りたいという期待と結びついています。それこそが恵みです。それに気づかされることが恵みなのです。例として、昔の出来事を、わたしの故郷でのことをお話ししましょう。プロテスタントの宣教者数名が到着したときに、カトリックのグループが行って彼らのテントを燃やしてしまったことがありました。そういうことはいけません。それはキリスト者のすることではありません。わたしたちは兄弟です。わたしたちは皆兄弟なのですから、互いに親切にしなければなりません。

パウロと仲間が難破した海は、今日再び、新たな航行者のいのちを危険にさらす場となっています。世界中で、暴力から逃れ、戦争から逃れ、貧困から逃れるために、移民が危険な旅に出て行かざるをえずにいます。パウロとその仲間のように、彼らは無関心を、荒れ地や川や海を越える過酷さを味わっています。多くが、港に上陸することなく果ててしまいます。それなのに、悲しいことに、彼らはたびたび、それらよりずっと悲惨な、人間からの敵意を向けられているのです。悪徳あっせん者に搾取されています。今日そうなのです！　一部の政治家は彼らを数として、脅威として扱います。今日そうなのです！　しばしば不親切が、波のように、彼らを、貧困や、逃れてきた危険の中へと、引き戻してしまいます。

キリスト者としてわたしたちは、イエス・キリストが見せてくださった神の愛を移住者に示すべく、ともに働かなければなりません。敵意と無関心ばかりではないことを、どんな人も神にとっては大事であり、神から愛されているということを、わたしたちはあかしすることができますし、そうすべきなのです。わたしたちは、互いの間になおも残る分断のため、神の愛の完全なるしるしにはなれずにいます。エキュメニカルに親切心を、とくに、もっとも弱い立場にある人々への親切心を生かして、ともに働くことで、わたしたちすべてのキリスト者は、プロテスタントも、正教会も、カトリックも、すべてのキリスト者は、よい人間に、よい弟子に、一つに結ばれたキリスト者になるでしょう。そうすれば、神がわたしたちに望んでおられる一致へと近づいていけるはずです。

一月二十二日（水）午前十時からサンピエトロ広場で行われた、一般謁見での講話（原文イタリア語）。

イエスの宣教の始まり

愛する兄弟姉妹の皆さん、こんにちは。

今日の福音（マタイ4・12―23参照）は、イエスの公生活の始まりを示しています。それは、エルサレムから見れば辺境の地、異教徒が入り混じり、いかがわしいと見下げられていた、ガリラヤが舞台でした。その地には、よいものや新しいものは何ら期待されていませんでした。ところがまさにその地から、ガリラヤのナザレで成長したイエスが、教えをのべ始めるのです。

イエスは、説かれるご自分の教え全体の、もっとも核となるものを告げます。「悔い改めよ。天の国は近づいた」（17節）。このメッセージは、暗闇を裂き、霧を散らす強い光線のようで、降誕祭の夜に朗読されるイザヤの預言を思い出させます。「闇の中を歩む民は、大いなる光を見、死の陰《かげ》の地に住む者の上に、光が輝いた」（9・1）。世の光であるイエスの到来とともに、父なる神は人類に、ご自分の身近さと友情とをお示しになったのです。わたしたちのいさおしを前提とせず、無償で与えられたものです。神の身近さと神の友情は、わたしたちの功徳ではありません。それは神から無償で与えられるものです。わたしたちはその贈り物を大切に守らなければなりません。

イエスがすべての善意の人に向けた回心の訴えは、ここ数回の主日で観想してきた神の御子の顕現の出来事に照らしてこそ、十分に理解できるようになります。生き方を変える、自己本位の、悪の生き方をやめる、罪の道をやめること、それはほとんど不可能なことです。回心を、キリストやその霊によってではなく、自分で、自力でしようと努力するからです。主に対するわたしたちの帰依は、個人の努力に矮小《わいしょう》化されえないものです。そうではないのです。そう思い込むこともまた、高慢の罪です。主に対するわたしたちの同意は、個人の努力に帰すものではありえません。そうではなく、イエスの伝えるよい知らせを受け入れようと、信頼をもって心と思いを開くことに表されるはずです。イエスのことば、イエスのもたらすよい知らせ、福音――、これこそが世界を変え、心を変えるものです。ですからわたしたちは、キリストのことばに信頼するよう、御父のあわれみに己を開くよう、聖霊の恵みによって変えていただくよう、呼ばれているのです。

ここから、回心のまことの道が始まります。最初の弟子たちの身に起きたことと同じです。神である師との出会い、そのかたのまなざしとの出会い、そのことばとの出会いによって、そのかたに従うよう突き動かされ、神の国のために自らを具体的に差し出すことで生き方を変えるのです。

イエスとの驚きに満ちた決定的な出会いが、弟子たちの旅の始まりとなり、彼らを、神のその民への愛を告げ、あかしする者にします。彼ら、神のことばの最初の伝達者、使者に倣い、わたしたちも一人ひとりが救い主の足跡をたどって、希望に渇く人々にそれを届けることができますように。

この思いを、わたしたちがお告げの祈りをささげるかた、おとめマリアが、その母なる取り次ぎをもって支え励ましてくださいますように。

年間第三主日の一月二十六日（日）正午に、教皇公邸書斎の窓から、サンピエトロ広場に集まった信者とともに行った「お告げの祈り」で、祈りの前に述べたことば（原文イタリア語）。「お告げの祈り」は、午前十時からサンピエトロ大聖堂で行われた、神のみことばの主日を記念するミサの後に行われた。

「お告げの祈り」の後、イタリア語で次のように述べた。

「愛する兄弟姉妹の皆さん。

今日は、神のみことばの主日を祝う初めての日です。神がその民に語ってくださり、今なお日々語っておられる、みことばのたまものをよりよく祝い、そしていただくために制定されました。教会生活では聖書が中心にあることを喚起させる諸活動に取り組んでいる教区、共同体の皆さんに感謝します。

明日は、アウシュヴィッツ・ビルケナウ強制収容所の解放から七十五年になります。途方もないこの悲劇、この残虐行為を見れば、無関心は許されないことであり、記憶し続けることは義務です。明日、すべての人は祈りと和解のためにしばし時間を取り、それぞれ心の中で「もう二度と、もう二度と」と誓うよう求められています。

今日は世界ハンセン病デーです。患者と、さまざまなかたちで彼らを看護するかたがた皆に寄り添いましょう。

そしてまた、中国で拡大しているウイルスの病に冒される人々にも寄り添い、彼らのために祈りたいと思います。主が、この世を去った人々を安らぎのうちに迎え入れ、遺族を慰め、大規模感染（エピデミック）と闘う中国共同体の懸命な努力を支えてくださいますように」。

「神のみことばの主日」は、二〇一九年九月三十日（聖ヒエロニモ司祭の記念日）に、自発教令による使徒的書簡『アペルイット・イリス』をもって、年間第三主日に、神のことばを祝い、学び、広めることにささげるよう制定された。

中国では、新型コロナウイルス（Covid-19）の感染症が広がり、もっとも状況が深刻であった湖北省の武漢では、一月二十三日から事実上の封鎖措置が取られていた。

主の奉献

愛する兄弟姉妹の皆さん、こんにちは。

今日は主の奉献の祝日です。生まれたばかりのイエスが、おとめマリアと聖ヨハネによって神殿でささげられた日の記念です。この日は、奉献生活の日でもあります。主にそばで従い、福音の勧めを告げる人々によって、教会にもたらされるすばらしい宝を思い起こす日です。

福音（ルカ2・22―40）が語るのは、生まれて四十日が過ぎ、イエスの両親がユダヤの律法の定めに従って神にささげるためにエルサレムへ幼子を連れていったときのことです。この出来事は伝統儀礼を描くとともに、数名の人物に目を向けるようわたしたちを促します。その人物たちは、主がご自分を現し人間のもとに近づいてくださった場所で、主と出会う経験となる出来事に遭遇します。神を迎え入れ、そのかたに自らの人生を差し出す模範を示す、マリアとヨセフ、シモンとアンナのことです。この四人に似たところはなく、それぞれ異なってはいますが、四人とも神を求めていて、主に導いていただこうとしています。

福音記者ルカは、この四人に共通する二つの姿勢を描いています。動く姿勢と驚く姿勢です。

まずは動く姿勢から始めましょう。マリアとヨセフはエルサレムへと向かいます。シメオンは、聖霊に突き動かされて神殿に向かい、アンナは昼夜を問わず休むことなく神に仕えています。このように、この福音箇所で四人の人物が教えてくれるのは、キリスト者の生活にはダイナミズムが必要であり、聖霊に導かれるまま進もうとする意欲が必要だということです。不動であることは、キリスト者のあかしや教会の使命にはふさわしくありません。世界は、動こうという意欲をもつキリスト者、すべての人にイエスのなぐさめのことばを届けるために、人生という道をあくことなく歩み続けるキリスト者を求めています。洗礼を受けた人は必ず、告げ知らせる召し出しを受け取るのです。何かを告げる、イエスを告げる使命です。福音宣教する使命、イエスを告げることへと召し出されるのです。小教区や、さまざまある教会共同体は、若者、家庭、高齢者の熱意を励ますよう求められています。すべての人がキリスト者としての経験を経て、人生と、教会の使命とを、主役として生きるようにです。

聖ルカがこの話の四人の人物で描いた、二つ目の姿勢は驚きです。マリアとヨセフは「幼子についてこのようにいわれたことに驚いていた」（33節）。驚きは、その目で幼子イエスのうちに、ご自分の民のために神が行われる救いを見た、年老いたシメオンの明らかな反応です。彼が長年待ち望んでいた救いです。同じことは、「神を賛美し」（38節）、人々にイエスを伝えに行くアンナにもいえます。この人は、おしゃべり聖人です。よく話す人、悪いことではなく、いいことをおしゃべりする人でした。よく話し、言い広めました。こちらのご婦人、あちらのご婦人へと巡っては、イエスのことを伝えた聖人です。彼ら信じる者は、驚きに包まれた姿をしています。目にした出来事にわしづかみにされ、引き込まれるがままでいたからです。周囲のことにぎょっとする能力は、宗教的経験につながり、主との豊かな出会いとなります。逆に、驚くことができないとわたしたちは無関心になり、信仰の歩みと日常生活の間に隔たりが生まれてしまいます。兄弟姉妹の皆さん。つねに動き続け、驚きに自らを開ける者であってください。

おとめマリアに助けを求めて祈ります。イエスを通して神がわたしたちに与えてくださる恵みを日々じっと見つめられますように。喜びの驚きをもって、恵みがもたらす動きの中に加わるよう、主が励ましてくださいますように。そうしてわたしたちの

生活全体が、兄弟姉妹への奉仕を通して行う、神への賛美となりますように。

主の奉献の祝日の二月二日（日）正午に、教皇公邸書斎の窓から、サンピエトロ広場に集まった信者とともに行った「お告げの祈り」で、祈りの前に述べたことば（原文イタリア語）。

「お告げの祈り」の後、イタリア語で次のように述べた。

「愛する兄弟姉妹の皆さん。

今日イタリアは、いのちを守るための日（プロライフデー）で、テーマは「いのちに扉を開け」です。わたしも司教団のメッセージに賛同し、今日が、人間のいのちを始まりから自然な終わりを迎えるときまで大事に守る、誓いを新たにする日となるよう願っています。テクノロジーや経済が危機に瀕したとしても、尊厳を冒瀆するものすべてと闘い、新たな兄弟的連帯に扉を開く必要があります。いのちを守るための日に当たる今日、この広場にいるすべての皆さんにお願いします。たくさんの働きをしておられ、しかも多くは人の目に触れない働きを続ける奉献生活者のために祈ってください。ご一緒に祈りましょう。アヴェ・マリア……。では皆さんで、奉献生活者のために拍手を送りましょう」。

世界奉献生活の日は、毎年二月二日の主の奉献の祝日に祝うよう、教皇ヨハネ・パウロ二世によって定められた。教皇は前日の二月一日（土）午後五時からサンピエトロ大聖堂で、第二十四回世界奉献生活の日のミサを集まった大勢の奉献生活者の会の会員らとささげた。

地の塩、世の光

愛する兄弟姉妹の皆さん、こんにちは。

今日の福音（マタイ5・13―16参照）で、イエスは弟子たちにいわれます。「あなたがたは地の塩である。……あなたがたは世の光である」（13節、14節）。イエスはご自分に従おうとする者たちに、今を生き、世にあかしするための、ある基準を伝えるのに、象徴を用いています。

一つ目のイメージは塩です。塩は味付けをし、新鮮さを保ち防腐効果をもたらすものです。そして弟子たちは、人間のいのちを毒することになる腐った芽のような危険に近づかないよう求められています。道徳心の低下や罪に抗《あらが》うこと、正直であることの価値と友愛の徳をあかしすること、出世、権力、富といったこの世的なはかない希望を追い求めない、ということです。弟子たちが「塩」なのは、日々過ちを犯しながらも――わたしたちはだれしもそうです――、その小さな過ちの数々から立ち上がり、勇気と忍耐をもって、日々、やり直し、他者との対話や出会いを求める者だからです。支持や喝采を求めず、かえって進んで身を低くしようと努め、仕えられるためではなく仕えるために世に来られたイエスの教えを忠実に守っている弟子が「塩」なのです。この姿勢がとても必要とされています。

　イエスが弟子たちに示した二つ目のイメージは光です。「あなたがたは世の光」。光は闇を切り裂き、見えるようにします。イエスは闇を照らした光ですが、闇はなおも世と一人ひとりの中に残っています。キリスト者の務めは、キリストの光を輝かせてその福音を告げ、その闇を払拭することです。それは、わたしたちの口から発せられるものでもありますが、何よりもわたしたちの「立派な行い」（16節）からこぼれ出る光です。弟子とキリスト教共同体が世の光となるのは、他の人を神に導き、一人ひとりが神の優しさとあわれみを味わうのを助けるときです。限られた場所を出てその信仰を生きることができたなら、先入観を取り除き、中傷を排除し、偽善や偽りにまみれた腐ったところに真理の光を射し込ませることに貢献できたなら、イエスの弟子は光です。光となりなさい。ですがあなたの光ではありません。イエスの光です。わたしたちは、イエスの光がすべての人のもとに届くための道具なのです。

　イエスは、たとえ争いや罪にまみれていたとしても、恐れずに世を生きるようわたしたちを招いておられます。暴力、不正義、抑圧を前に、キリスト者が内にこもってしまったり、身を守る安全な囲いに隠れてはいけません。教会も、自らの内にこもっていてはなりません。教会は、福音宣教と奉仕する使命を捨てるわけにはいかないのです。イエスは、最後の晩餐で御父に、弟子たちをこの世から解放してほしいと願ったのではなく、そこに、世に残してほしい、ただ、この世の精神から守ってほしいと願ったのです。教会は、弱い人、貧しい人のために、惜しみなく、優しさをもって身を削ります。それはこの世的な精神ではなく、光であり、塩です。教会は、隅に追いやられた人、除《の》け者にされた人の声に耳を傾けます。イエス・キリストの救いの現存を歴史の中に永続させるよう求められた、旅する共同体という自覚があるからです。

人々の間で塩となり光となって、生き方とことばで神の愛のよい知らせをすべての人にもたらす者となれるよう、おとめマリアが支えてくださいますように。

年間第五主日の二月九日（日）正午に、教皇公邸書斎の窓から、サンピエトロ広場に集まった信者とともに行った「お告げの祈り」で、祈りの前に述べたことば（原文イタリア語）。

「お告げの祈り」の後、イタリア語で次のように述べた。

「愛する兄弟姉妹の皆さん。

昨日は、典礼は聖ヨゼフィーナ・バキタおとめの記念日で、世界人身取引に反対する祈りと啓発の日でした。いちばんの弱者につけ込んでいるこの傷――そうです。これは本当に傷なのです――を治すためには、すべての人の関与が不可欠です。団体、連合、教育機関もです。予防策について指摘したいのは、犯罪組織が詐欺によって犠牲者をおびき寄せるために、現代のソーシャルメディアを利用する例が格段に増えていると、多くの調査結果が示しているということです。ですから、テクノロジーとの健全な付き合い方を教える一方で、プロバイダの監視と、そうしたデータ・サービスについて、プロバイダの責任を訴えていく必要があります。

シリア北西部から、悲しい知らせが、とくに、戦闘の拡大によって逃れざるをえない人々、わけても女性や子どもたちの様子を伝えるニュースが立て続けに届いています。国際社会と、すべての当事者のかたに心からお願いします。外交、対話、交渉をもって、国際人道法にのっとり、市民の生命と運命を守ってください。愛すべき苦しむシリアのために祈りましょう。アヴェ・マリア……」。

「アラブの春」に始まるシリア内戦は九年目となり、死者は三十八万人を超えた。そのうち十一万人は民間人で、子どもは約二万二千人、女性は一万三千人以上となっている。欧米各国が手を引いた後も反アサド勢力を支援し、一部シリア国土を占領しているトルコは、アサド政権を支援するロシアとの間で、一月十二日に停戦を発表したものの実行されず、北西部イドリブ県では六日までにトルコ軍とアサド政権軍が直接の交戦を続けていた。これにより過去三週間だけでも十四万人以上の子どもたちが避難したと報じられている。人口およそ三百万人のイドリブ県は反体制派の最後の大規模拠点であったが、攻勢を強めているアサド政権が空爆と地上戦を激化させた。それによりこの二か月で五十八万人以上が避難を余儀なくされ、あらゆる町から住民の姿が消えていた。二〇一九年に国連は、学校への攻撃一四五件、病院への攻撃八二件を確認し、その九割はイドリブ県を含む北西部で発生したことを発表している。

律法の完成

愛する兄弟姉妹の皆さん、こんにちは。

今日の福音（マタイ5・17―37参照）は、「山上の説教」からのもので、律法の履行という問題を扱っています。どのようにして律法を完全に守るべきか、どうすべきなのか、というものです。イエスは、律法を通してまことの自由と責任を教えてくださる神に快く応じるよう勧めることで、モーセに与えられた十戒の規定に正しく向き合えるよう聴衆を支えてくださいます。自由への手段としておきてを生きる、ということです。わたしたちがもっと自由になれるよう、激情や罪の奴隷とならないよう、自由の道具として律法を守る、ということを忘れないでください。戦争のこと、戦争のもたらすもののこと、一昨日シリアで寒さゆえに亡くなった少女のことを思い浮かべてみてください。多くの災いがあります。たくさんあります。それが激情のもたらすものです。戦争を始める人は、自分たちの激情をどう抑えたらいいか分からないのです。

律法を果たせていません。試みや激情に屈すれば、己の人生の主《あるじ》、主人公ではなくなり、意志や責任をもって人生を進められなくなってしまいます。

　イエスの話は、「あなたがたも聞いているとおり、……しかし、わたしはいっておく」という定型の、四つの対照句で構成されています。これらの対照句は、日常生活に数ある状況に言及します。殺人、姦淫、離縁、誓約です。イエスは、こうした問題についての規定を廃止なさいませんが、それらがもつ完全な意味を説き、どのような精神で守るべきかを教えます。律法の形式的な遵守から本質的な遵守へ、わたしたちそれぞれの思い、選び、ことば、行いの中心である、心で律法を受け止められるよう、力づけてくださいます。よい行いも悪い行いも、心が出発点です。

　神のおきてを心で受け止めれば、隣人を愛さないことは、ある意味で自分自身と他者に対する殺人だということが理解できます。憎しみ、対抗心、分裂は、人と人との関係の基礎である兄弟愛を殺すことだからです。それが、先ほど触れた戦争のことや、うわさ話――ことばで人を殺せますから――につながってくるのです。神のおきてを心で受け止めれば、欲望は制御しなければならないということが分かります。望むものすべてを手にするわけにはいきませんし、利己的で所有欲の強い考えに流されるのはよくないことだからです。神のおきてを心で受け止めれば、果たせない約束で固められた生き方はやめなければならないこと、また偽りの誓いをやめ、何かを誓うことなく、すべてに対して真摯な姿勢で向き合わなければならないことが理解できます。

それにイエスは、律法をそっくり守るのは容易ではないことを知っておられます。だからわたしたちに、ご自分の愛という救いを与えてくださるのです。イエスが世に来られたのは、律法を完成させるためだけでなく、わたしたちに神の恵みを与え、わたしたちが神と兄弟姉妹を愛することで神の心にかなう者となれるようにです。すべて、何でも、神の恵みがあればできるのです。事実、聖性とは、神がわたしたちに与えてくださったこの無償のもの、この神からの恵みを大切に生かすことにほかなりません。肝心なのは、このかたに、この神の恵みに、わたしたちに与えられている無償のものに信頼して身をゆだね、ずっと差し伸ばしてくださっている神の手を取ることです。そうすれば、わたしたちの努力や、しなければならない取り組みは、優しさとあわれみにあふれる神の助けに支えていただけるでしょう。

今日イエスは、ご自分が示してくださった愛の道、心を出発点とする愛の道を歩み続けるようにと求めておられます。それが、キリスト者として生きるために、たどるべき道です。おとめマリアに支えられ、その独り子の歩んだ道をたどることで、まことの喜びに至り、あらゆるところに正義と平和をもたらすことができますように。

年間第六主日の二月十六日（日）正午に、教皇公邸書斎の窓から、サンピエトロ広場に集まった信者とともに行った「お告げの祈り」で、祈りの前に述べたことば（原文イタリア語）。

四旬節――荒野に入る

愛する兄弟姉妹の皆さん、おはようございます。

今日、灰の水曜日から、四旬節の歩みを始めます。典礼暦年と信仰の中心である復活祭に向けた、四十日間に及ぶ旅です。宣教の初めに四十日間、荒れ野で祈りと断食のためにこもり、悪魔の誘惑を受けたイエスの道をたどる歩みです。今日は皆さんに、荒れ野の霊的な意味についてお話ししようと思います。荒れ野は、わたしたち皆にとって――都市に住んでいたとしても――どのような霊的意味があるのか、荒れ野の意味とは何かについてです。

荒れ野にいる自分を想像してみましょう。最初の感覚は、完全な沈黙に包まれているというものでしょう。風と呼吸のほかは、いっさいの音がしません。ここ荒れ野は、わたしたちを取り巻く喧噪《けんそう》から離れた場所です。ことばは不在で、それゆえ別のことばが、神のことばが、まるで心に触れるかすかなそよ風のように訪れます（列王記上

19・12）。荒れ野はみことばの場所です。事実聖書において、主は荒れ野でわたしたちに語るのを好んでおられます。荒れ野で神はモーセに「十のことば」、十戒を授けておられます。また、民が不貞な花嫁のように神から離れると、神はいわれます。「それゆえ、わたしは彼女をいざなって、荒れ野に導き、その心に語りかけよう。……そこで、彼女はわたしにこたえる。おとめであったとき……のように」（ホセア2・16―17）。荒れ野では、ささやくような神の声が聞こえます。列王記は、神のことばは静かにささやく糸のようなものであったといっています。荒れ野では、神との親密さ、主の愛と出会います。イエスは毎日、祈るために人から離れたところに身を置くことを好まれました（ルカ5・16参照）。イエスは、わたしたちに静かに語っておられる御父を見つけるすべを教えてくださいました。心を静かにさせるのは簡単ではないのです。わたしたちはいつだって、少しでも話そう、だれかと一緒にいようとするからです。

　四旬節は、神のことばに場を開けるのにふさわしいときです。テレビを消して聖書を開くときです。携帯電話から離れて福音に近づくときです。わたしが幼かったころにはテレビはありませんでしたが、ラジオをつけないという習慣がありました。四旬節とは荒れ野で、何かを手放すとき、携帯電話から離れて福音とつながるときです。無駄口、おしゃべり、うわさ話、陰口をやめて、主と親しく語らうときです。心の環境改善に努め、そこをきれいにするときです。わたしたちは、インターネットが拡散させる、あまりにも多いことばの暴力、たくさんの攻撃的で傷つけることばに汚染された環境にあります。今日では、まるで「おはよう」とでもいうように、簡単に侮蔑的なことばを受けます。わたしたちはむなしいことば、宣伝、腹黒いメッセージに、どっぷり浸かっています。あらゆる人のことについて何もかも耳に入ることに慣れてしまい、俗っぽさにはまって心をなえさせていますが、そこから立ち直るための回路は、沈黙のほかありません。わたしたちは、自分に語りかける主の声を、良心の声を、善意の声を、どうにか聞き分けようと苦戦しています。荒れ野でわたしたちに呼びかけるイエスは、大事なこと、大切なこと、忘れてはならないことに耳を傾けるよう招いておられます。誘惑する悪魔にイエスはいわれます。「人はパンだけで生きるものではない。神の口から出る一つ一つのことばで生きる」（マタイ4・4）。パンと同じく、いえ、パン以上に、わたしたちには神のことばが必要です。神と話すことが必要です。祈ることが必要なのです。神と向き合うことでようやく、胸にある本当の思いがわき出て、二心が消えていくのです。そうです。荒れ野はいのちの場所です。死の場所ではありません。主との静かな対話が、わたしたちに再びいのちを与えるからです。

もう一度、砂漠について考えてみましょう。砂漠は忘れてはならない場所です。自分の生活を振り返ってみましょう。どれほど多くの無駄なものに囲まれているでしょうか。必要なようで、実際にはそうではない無数のものを追いかけています。あまたの余計なものから解放され、大事なものを再発見し、そばにいる人の顔にあらためて気づけたなら、どれほどすばらしいことでしょうか。イエスはまた、断食という手本を示してくれました。断食とは、忘れてはならないものに向かっていくために、無駄なものや余計なものを手放すことです。断食は、痩身のためだけのものではありません。断食は、忘れてはならないものに向かうためのものであり、より簡素な生活の美を追い求めることです。

　最後に、荒れ野は孤独な場所でもあります。今日も、わたしたちの身近にはたくさんの荒れ野があります。孤独な人、見捨てられた人がいます。わたしたちのすぐそばに、どれだけの貧しい人やお年寄りがいて、ないがしろにされ、捨てられて、騒ぎ立てることもせずひっそりと生きていることでしょうか。その人たちのことを話題にしても、視聴率は上がりません。ところが荒れ野はわたしたちを、そうした人々、静かにわたしたちの助けを求めて、口をつぐんでいる人々のもとへと導きます。物いわぬまなざしが、わたしたちに助けを求めています。荒れ野で過ごす四旬節の歩みは、そうした弱い立場の人々への愛の旅なのです。

祈り、断食、愛のわざ――、それが、荒れ野で過ごす四旬節の歩みです。

愛する兄弟姉妹の皆さん。預言者イザヤの声を通して、神は約束してくださいました。「見よ、新しいことをわたしは行う。……わたしは荒れ野に道を敷く」（イザヤ43・19）。荒れ野に、わたしたちを死からいのちに導く道が開かれるのです。イエスとともに荒れ野に入り、復活――いのちを新たにする神の愛の力――を味わいつつ、そこを出ていくはずです。春に花が咲き、植物が「何もなかったところから」一斉に芽を出し伸びていく荒れ野のようなことが、わたしたちにも起こるはずです。勇気を出して、さあ、この四旬節の荒れ野に分け入りましょう。荒れ野のイエスに従いましょう。このかたとともにいれば、荒れ野は花開く地となるでしょう。

二月二十六日（水）午前九時十五分から、サンピエトロ広場で行われた一般謁見での講話（原文イタリア語）。

講話の終わりに、ローマの信者と巡礼者らに四旬節を歩む励ましのことばをかけ、新型コロナウイルス感染症患者、医療従事者、行政当局に対し、彼らを心に留めていることを伝えた。

この日教皇は、アヴェンティーノ丘のサント・アンセルモ教会で午後四時三十分から行った祈りの集いの後、サンタ・サビナ聖堂まで悔悛の行列を行い、灰の式を含むミサを司式した。

イエスの誘惑

愛する兄弟姉妹の皆さん、こんにちは。

四旬節第一主日の今日、福音（マタイ4・1―11参照）は、イエスがヨルダン川で洗礼を受けた後に、「悪魔から誘惑を受けるため、〝霊〟に導かれて荒れ野に行かれた」（1節）ことを語ります。天の国を告げる者としてのご自分の使命を始める準備を、旧約聖書のモーセやエリヤ（出エジプト24・18、列王記上19・8参照）のように、四十日間の断食によってなさいます。「四旬節」に入られるのです。

この断食の終わりに、誘惑者である悪魔が、三度イエスを苦しめようと迫ります。最初の誘惑は、イエスの空腹を手掛かりとします。悪魔はイエスにささやきます。「神の子なら、これらの石がパンになるように命じたらどうだ」（3節）。試みです。ところがイエスの返答ははっきりしています。「人はパンだけで生きるものではない。神の口から出る一つ一つのことばで生きる」（4節）。イエスは、神のことばによって生きることを学んだ荒れ野での長い旅を民に思い起こさせたモーセに言及しています（申命記8・3参照）。

それから悪魔は、より狡猾に聖書を引用して（5―6節参照）、二つ目の誘惑にかかります。策は明快です。「神の力をそれほどまでに信じているならば、やってみたらよろしい。まさに聖書には、あなたは天使たちに助けられると書いてあるのだから」（6節参照）。でもこのときもイエスは、とまどいを押しとどめます。信じる者たちに対し、神は彼らを試みには遭わせず、かえってご自分の優しさに信頼させてくださるとの確信があるからです。それで、サタンが手段として解釈してみせた聖書のことばに対し、イエスは別の引用をもって応じるのです。「『あなたの神である主を試してはならない』とも書いてある」（7節）。

最後、三つ目の誘惑（8―9節）が、悪魔の本当の考えを暴きます。天の国の到来は自らの敗北の幕開けであるから、悪魔はイエスに政治的救世主になる展望を示すことで、イエスがご自分の使命を果たせなくなればいいと考えているのです。しかしイエスは、人間的な権力や栄光といった偶像を退け、ついには次のように告げて試みる者を追い払います。「退け、サタン。『あなたの神である主を拝み、ただ主に仕えよ』と書いてある」（10節）。このとき、御父からの使命に忠実だったイエスのもとには、天使たちが来て仕えたのです（11節）。

ここから、一つのことを教えられます。イエスは悪魔を対話する相手にはしていないということです。イエスは悪魔に対し、ご自分のことばではなく神のことばで答えます。誘惑に遭うとわたしたちはしばしば、誘惑との対話を、悪魔との対話を始めてしまいます。「確かに。でもわたしはこうしたらいいと思っていて……。実は自分は〇〇〇で、ほかにも〇〇ということもあって、それに……」など――。でも決して悪魔と話してはいけません。イエスは悪魔に対して二つのことをしています。悪魔を追い払うか、あるいはこの場合のように、神のことばをもって応じるかです。気をつけてください。決して試みと対話してはいけません。悪魔とは、決して話をしてはいけません。

今日もなお、サタンは人々の生活に入り込み、魅惑的な提案で誘惑しています。良心を手なずけようとするさまざまな声に、自分の声を重ねています。背くことへの陶酔を味わうために「試みに乗ってみないか」と誘うメッセージが、さまざまなところから聞こえてきます。イエスの経験は、誘惑は、神の道とは異なる別の道を歩ませようとすることだと教えます。「違う、こうしたらいい。問題ない。そうしても神はゆるすから。あなたも楽しい日をもたなくては」と。「でもそれは罪です」といっても

「いや、何でもないことだ」と。もう一つの道は、自分で自分を満足させている感覚、人生それ自体の目的は楽しむことだという感覚が得られる道です。しかし、それはすべて幻想です。神から離れれば離れるほど、人生の大きな問題に直面したとき、自分の無力さをいっそう強く感じることに、わたしたちはすぐに気づきます。

蛇の頭を砕いたかたの母、おとめマリアが、この四旬節にわたしたちを支えてくださいますように。試みにあって用心し、この世のいかなる偶像にも屈することなく、悪と闘うイエスに従うことができますように。そうしてわたしたちも、イエスのように勝利することができますように。

四旬節第一主日の三月一日（日）正午に、教皇公邸書斎の窓から、サンピエトロ広場に集まった信者とともに行った「お告げの祈り」で、祈りの前に述べたことば（原文イタリア語）。

「お告げの祈り」の後、イタリア語で次のように述べた。

「愛する兄弟姉妹の皆さん。

始まったばかりの四旬節が、皆さんに聖霊の豊かな恵みをもたらし、よい行為をたくさん生み出しますように。

住む場所を失った多くの人、戦争によって国を追われた人々、子どもたち、世界に避難と救助を求める多くの移住者、彼らのニュースに深く心を痛めています。

それから皆さんには、今夜からアリッチャで始まる教皇庁高官らの黙想会のために祈ってくださるようお願いします。残念ですが、風邪をひいてしまい、今年わたしは参加できません。わたしは、この場所から黙想に参加したいと思います。教皇庁の高官たちと、祈りのひとときで支えてくださるすべての人にわたしも霊的に一つに結ばれ、居室にて黙想を行います」。

この日の午後から、アリッチャ（ローマ県）のカーサ・ディヴィン・マエストロ（聖パウロ修道会の黙想の家）で、教皇庁諸機関の責任者を務める高位聖職者らの五日間の四旬節黙想会が始まった。教皇は数日前から風邪の症状があったため、現地での参加は見送った。このころイタリアは、すでに新型コロナウイルス感染者数が欧州最多になっており、教皇も感染が疑われたが、検査の結果は陰性だったと三月三日に報じられた。

主の変容

愛する兄弟姉妹の皆さん、こんにちは。

今日の「お告げの祈り」は、やや勝手が違います。書斎に「閉じ込められた」教皇が行います。それでもわたしには皆さんが見えますし、皆さんのそばにいます。まず初めに、「（シリアの）イドリブで忘れられている人のために」抗議活動をしている、（広場におられる）皆さんにお礼をいいたいと思います。ありがとうございます。皆さんの活動に感謝します。さて今日は、ウイルス感染につながるかもしれない集まりを避け、感染防止措置に従ってこのようなかたちで「お告げの祈り」をささげます。

今日の四旬節第二主日の福音（マタイ17・1―9参照）は、イエスの変容の物語を示しています。イエスはペトロとヤコブ、ヨハネを連れて、神との近しさの象徴である高い山に登ります。ご自身の神秘、つまり苦しみを受け、死んで、復活することになっているという神秘の、完全な理解へと彼らを開くためです。事実イエスは、待ち受ける受難と死と復活について弟子たちに語り始めますが、彼らはその見通しを受け入れられませんでした。だからイエスは山頂に着くと、ひたすら祈りをささげて、この三人の弟子の前で変容なさいます。「顔は太陽のように輝き、服は光のように白くなった」（2節）と福音は伝えています。

三人の弟子たちは、主の変容という不思議な出来事を通して、イエスにおける、栄光に輝く神の子に気づくよう招かれるのです。こうして彼らは、師であるかたについての理解を深め、人間としての姿には、イエスの現実のすべてが現れているわけではないことを知ります。彼らの目の前で、イエスの地上の世界を超えた神としての次元が明らかになります。そして天から、「これはわたしの愛する子、……これに聞け」（5節）という声が聞こえます。これは、ヨルダン川での洗礼の際にすでに受けていたイエスの「叙任」――そういってよいでしょう――を確たるものとなさり、イエスに聞き従うよう弟子たちを招く、天の御父の声です。

イエスが、十二使徒の中からペトロとヤコブとヨハネを選び、彼らとともに山に登られたことに注目しなければなりません。イエスはご自分の変容に立ち会うという特権をこの三人に与えたのです。しかし、どうしてこの三人をお選びになったのでしょう。もっとも聖なる者だったからでしょうか。それは違います。ペトロは試練に遭うとイエスを見捨て、ヤコブとヨハネの兄弟はイエスの王国で優位な座に着きたいと願うことになるからです（マタイ20・20―23参照）。そうであるのにイエスは、わたしたちの基準でではなく、ご自身の愛の計画に沿ってお選びになるのです。イエスの愛には基準はありません。愛だけです。だからイエスは、その愛の計画をもってお選びになるのです。それは、無償の、無条件の選びであり、自由意志による自発性、見返りを求めない神との友情なのです。イエスはこの三人の弟子たちを呼ばれたのと同じように、今日もまた、あかしするために、だれかをご自分のもとへと呼び寄せておられます。イエスのあかし人となることは、わたしたちの身に余る恵みです。自分はふさわしくないと思ったとしても、力不足を口実に手を引くことなどできません。

　わたしたちはタボル山に行ったことも、太陽のように輝くイエスのみ顔を自分の目で見たこともありません。それでも、救いのことばはわたしたちにも告げられ、信仰が与えられ、イエスとの出会いの喜びをさまざまなかたちで味わってきました。イエスはわたしたちにこういっておられます。「起きなさい。恐れることはない」（マタイ17・7）。利己主義や強欲がはびこるこの世界において、神の光は日々の心配事でかすんでいます。「祈る時間がない、小教区での役割はできない、ほかの人の要望にはこたえられない……」といった声がよく聞かれます。ですが忘れてはならないのです。

洗礼を通してわたしたちは、自分の力でではなく、聖霊の恵みのゆえに、あかし人となったのです。

四旬節というふさわしい季節に、回心の道に決然と踏み出すために欠かせない、聖霊に従順に従う心が、おとめマリアの執り成しを通して与えられますように。

四旬節第二主日の三月八日（日）正午に、教皇公邸書斎内からの動画配信にて行った「お告げの祈り」で、祈りの前に述べたことば（原文イタリア語）。「お告げの祈り」は、新型コロナウイルス感染拡大予防措置として、信者の同席なしで行われ、バチカン・ニュースを通して配信された。サンピエトロ広場に設置された大型スクリーンでも放映されたものの、広場に集う信者は普段よりも少なかった。

「お告げの祈り」の後、イタリア語で次のように述べた。

「愛する兄弟姉妹の皆さん。

この祈りのひとときを視聴している皆さんにごあいさついたします。

シリアの人々、とくに、このところの戦闘の激化で避難を余儀なくされている、イドリブ県とシリア北西部の住民との連帯に努める団体やグループにごあいさついたします。ここから皆さんの姿が見えます。愛する兄弟姉妹の皆さん。わたしはとても不安に思い、幼い子どもも含め、生命の危険にさらされる、そうした無防備な人の置かれた非人道的状況に心を痛めております。わたしたちはこの人道危機から目をそらしてはなりません。それどころか、ほかの何よりもいちばん関心をもつべきです。被害の大きいシリア北西部で、イドリブで苦しむ人々のために、わたしたちの兄弟姉妹である彼らのために祈りましょう。

新型コロナウイルス感染症に苦しむ人と、治療に従事するかたがたに、祈りのうちに寄り添います。この困難なときを過ごす信者を、信仰の力と、希望の確信と、愛の熱意を通して励ますわが兄弟である司教たちに、わたしも心を重ねます。四旬節を通してわたしたちが、この試練と苦しみの時期にあっても、福音の意味を提供できますように」。

この日からバチカンは、イタリア当局の観測に基づき、新型コロナウイルスの感染拡大予防措置として、バチカン内の事務所でもイタリアと同等の措置を講じると発表した。バチカン美術館等は、四月三日まで閉館されることとなった。

いのちの水

愛する兄弟姉妹の皆さん、こんにちは。

ちょうど今ごろは、マリオ・デルピーニ大司教がミラノ総合病院で、患者、医師、看護師、ボランティアの皆さんのためにささげているミサは、閉祭を迎えていることでしょう。大司教は教区民に寄り添い、祈りをもって神の近くにおられます。先週撮られた写真が思い浮かびます。独り、大聖堂の屋根の上で、聖母に祈りをささげている写真です。また、すべての司祭にも、司祭としての創意工夫に感謝します。そうした工夫について、ロンバルディアからたくさんのニュースが届いています。本当に、ロンバルディアは大変な状況にあります。信者が見捨てられたと感じないよう、彼らに寄り添うありとあらゆる方法を考える司祭たち。パンデミックにあっては、「アッボンディオ神父」（訳注：アレッサンドロ・マンゾーニ『いいなづけ』の登場人物）のようになってはいけないとよく分かっている、使徒的情熱のある司祭たちです。司祭の皆さん、本当にありがとうございます。

四旬節第三主日の今日の福音は、サマリアの女とイエスの出会いを伝えます（ヨハネ4・5―42参照）。イエスは弟子たちを連れた旅の途中、サマリア地方のある井戸の近くで休みます。サマリア人は、ユダヤ人から異端者とみなされ、下層階級の市民としてひどく蔑《さげす》まれていました。イエスは疲れて、喉《のど》が渇いています。一人の女性が水をくみに来ると、イエスはその人に「水を飲ませてください」（7節）といいます。そのように、壁をことごとく打ち破って、生ける水の神秘、すなわち神のたまものである聖霊の神秘を明らかにする対話が始まります。事実、驚いている彼女にイエスはいわれます。「もしあなたが、神のたまものを知っており、また、『水を飲ませてください』といったのがだれであるか知っていたならば、あなたのほうからその人に頼み、その人はあなたに生きた水を与えたことであろう」（10節）。

この対話の中心は水です。水は生きるのに欠かせないもの、身体的な渇きを潤し、生命を維持するものです。と同時に水は、永遠のいのちを与えてくださる神の恵みの象徴でもあります。詩編や預言者の書に記されているように、聖書の伝統では神は生ける水の源です。生ける水の源である神から離れること、そして神のおきてから離れることは、もっとも深刻な渇きをもたらします。それは、荒れ野でイスラエルの民が体験したことです。自由を求めて長い旅をする間に、彼らはひどい渇きを覚え、モーセと神に抗議の声を上げます。水がどこにもなかったのです。そこで神のみ旨により、モーセは、岩から水が流れるようにします。それは、ご自分の民に寄り添い、いのちを与えてくださる神の摂理のしるしです（出エジプト17・1―7参照）。

そして使徒パウロは、この岩をキリストの象徴と捉えます。だから「この岩こそキリストだったのです」（一コリント10・4）というのです。それは、旅を続ける神の民のただ中におられる神の現存の神秘的な姿です。預言者らの幻視のとおり、キリストこそが、心を清めいのちを与える生ける水である聖霊の流れ出る神殿です。救いに飢え渇く人は、イエスから無償で水をくむことができます。そして聖霊はその人の中で、十全で永遠なるいのちの源となります。サマリアの女とイエスが交わした生ける水の約束は、イエスの復活において実現します。それは、貫かれたイエスの脇腹から流れ出る「血と水」（ヨハネ19・34）です。いけにえとしてささげられ復活した小羊であるキリストは、罪を償い、新しいいのちをもたらすかた、聖霊のわき出る泉なのです。

この贈り物は、あかしの源でもあります。サマリアの女のように、生きたイエスと会った人はだれもが、それをだれかに伝えなければと感じるようになります。そうして、あの女性の町の人々が語ったのと同じように、イエスこそが「本当に世の救い主」（ヨハネ4・42）だと公言するようになるのです。洗礼を通して新たないのちに生まれたわたしたちもまた、自分の中にあるいのちと希望をあかしするよう求められています。探求と渇きがキリストにおいて完全に満たされると、救いは、結局は渇きをもたらすこの世の「物事」の中にではなく、わたしたちを愛してくださったかた、そしていつも愛しておられるかた、わたしたちの救い主イエスにおいて、イエスが与えてくださる生きた水にあるのだということを、わたしたちは表明するようになります。
生ける水の源であり、わたしたちが抱くいのちと愛への渇きをいやしてくださる唯一のかた、キリストへのあこがれをいっそう強くもてるよう、マリアが助けてくださいますように。

四旬節第三主日の三月十五日（日）正午に、教皇公邸書斎内からの動画配信にて行った「お告げの祈り」で、祈りの前に述べたことば（原文イタリア語）。

「お告げの祈り」の後、イタリア語で次のように述べた。

「愛する兄弟姉妹の皆さん。
サンピエトロ広場は数日前から閉鎖されていますので、中継をご覧になっている皆さんに直接あいさつを届けます。
多少なりとも孤立した生活を送らざるをえないパンデミックの現状の中で、わたしたちは、教会の全成員を一つにする交わりの価値にあらためて気づき、それを深めるよう招かれています。キリストと結ばれたわたしたちは、決して孤独ではありません。むしろわたしたちは、キリストを頭《かしら》とするただ一つのからだを形成しているのです。祈りによって、霊的聖体拝領――秘跡を受け取ることができないときにこそ、とても強く望まれるもの――によってはぐくまれる一致です。このことをすべての人に、とくに独居のかたがたにお伝えしたいと思います。

すべての患者と看護者に、心を寄せていることをあらためてお伝えいたします。自宅を離れられない人を支援する多くの事業者やボランティアと、貧しい人やホームレスの人の必要にこたえておられるかたがたにも、心を寄せています。

この困難なときに、皆さん一人ひとりが助けの手を差し出す努力をしてくださっていることに、心から感謝いたします。主が皆さんを祝福してくださいますように。聖母が皆さんを守ってくださいますように。わたしのために祈ることを忘れないでください」。

イタリア国内の新型コロナウイルス感染は、とくに北部ロンバルディア州で拡大し、三月八日には州全域が封鎖された。感染予防措置としてミサへの参加が禁じられたミラノの教会では、信者から集めた顔写真を会衆席に置いてミサをささげる司祭の様子が報じられた。

この日の夕方、教皇は車でローマ市内に移動し、人通りが途絶えた目抜き通りを徒歩で抜けてサンマルチェッロ・アル・コルソ教会を訪ね、祈りをささげた。サンマルチェッロの教会には、十六世紀にペストが流行した際、ローマを救ったといわれる十字架像がある。

盲人をいやすイエス

愛する兄弟姉妹の皆さん、こんにちは。

四旬節第四主日の今日の典礼の中心的なテーマは「光」です。福音（ヨハネ9・1―41参照）では、イエスによって視力を与えられる、生まれつき目の見えない人の物語が語られます。この奇跡のしるしは、「わたしは、世の光」（5節）、わたしたちの闇を照らす光、とご自分を語るイエスの断言の確証となるものです。イエスはまさに光なのです。イエスは二つの側面に光をもたらしてくださいます。身体的な側面と霊的な側面です。目の見えない人はまず目が見えるようになり、それから「人の子」（35節）、すなわちイエスへの信仰に導かれます。すべて一つの道です。今日、ヨハネ福音書9章を開き、この箇所を読んでください。とてもためになります。二度三度と、読み返すのもためになるでしょう。イエスが行う奇跡は決して派手ではありませんが、内的な変化を通して信仰へと導くのです。

その場に集団でいた律法学者は、この奇跡をかたくなに信じようとせず、いやされた人に対して罠《わな》にはめる質問をします。しかしこの人は、事実の力で彼らをやり込めます。「ただ一つ知っているのは、目の見えなかったわたしが、今は見えるということです」（25節）。自分を取り囲み、疑い深く問い詰める人々の不信感と敵意の中でこの人は、少しずつ、自分の目を開いてくださったかたが何者であるかに気づかされ、そのかたへの信仰を告白するようになる道をたどっていきます。最初は預言者であると思い（17節参照）、次に神のもとから来られたかたであると考えるようになり（33節）、最後には、イエスをメシアと認めてイエスの前にひれ伏します（36―38節参照）。そして、自分に視力を与えることによってイエスは、「神のわざを現した」（3節参照）のだと理解するのです。

わたしたちもこのような体験ができますように。目の見えなかった人は、信仰の光によって、新しい自分自身を見いだします。その人は今や「新しい被造物」であり、自分の人生と周囲の世界を新たな光のもとで見ることができます。キリストとの交わりに加わり、新たな次元に足を踏み入れたからです。彼はもはや、社会の隅に追いやられた物乞いではありません。もはや、目の見えないことや偏見の奴隷ではありません。彼の光への道は、わたしたちが招かれた、罪からの解放への道の隠喩です。罪は、わたしたちの顔を覆う暗い色のヴェールのようで、自分自身や世界を見えにくくします。主のゆるしは、この影と闇のヴェールを取り去り、新しい光をもたらします。わたしたちが今過ごしている四旬節は、母なる教会が示すさまざまな方法で主に近づき、そのあわれみを願い求めるのにふさわしい大切な季節です。

　身体の目でも魂の目でも見えるようになった、このいやされた人は、洗礼を受けたすべての人の象徴です。主の恵みに浸され、暗闇から引きはがされ、信仰の光のもとに置かれた人です。しかし光を受けるだけでは十分ではありません。自らも光にならなければなりません。わたしたち一人ひとりが、光を受け、その光を生涯、外に発し続けるよう招かれています。初代キリスト者、紀元数世紀ころの神学者らは、キリスト教共同体、つまり教会は「月の神秘」だといいました。光を投じますが、それは自らの光ではなく、キリストから受けた光を反射しているのです。わたしたちも「月の神秘」であるべきで、太陽から、つまり主キリストから受けた光を映すのです。今日、聖パウロがわたしたちに思い起こさせてくれます。「光の子として歩みなさい。光から、あらゆる善意と正義と真理とが生じるのです」（エフェソ5・8―9）。洗礼によってわたしたちの内に蒔《ま》かれた新しいいのちの種は、炎の火花のようなものです。まずわたしたちを清め、わたしたちの心にある悪を焼き尽くし、わたしたちが輝き照らせるようにする炎です。イエスの光をもつのです。

わたしたちがこの福音の中の目の見えない人に倣い、キリストの光であふれるほどに満たされ、キリストとともに、救いの道を歩めるよう、至聖なるマリアが助けてくださいますように。

四旬節第四主日の三月二十二日（日）正午に、教皇公邸書斎内からの動画配信にて行った「お告げの祈り」で、祈りの前に述べたことば（原文イタリア語）。

「お告げの祈り」の後、イタリア語で次のように述べた。

「愛する兄弟姉妹の皆さん。

パンデミックの脅威に全人類が震撼しているこの試練の日々にあって、わたしはすべてのキリスト者の皆さんに、天に向かって声を合わせてほしいと思います。教会のすべての指導者、すべてのキリスト教共同体の指導者、諸教派のキリスト者すべての皆さんに呼びかけます。わたしたちの主イエスが教えてくださった祈りを一斉に唱え、いと高きかた、全能の神に祈りましょう。ついては、一日に何度も祈るようお誘いしますが、今週水曜日、三月二十五日の正午（日本時間午後八時）に、皆で一斉に主の祈りを唱えましょう。多くのキリスト者が、みことばが人となるとおとめマリアが告げられたことを記念するこの日に、主が、復活したキリストの勝利を祝う準備をしているすべての弟子たちの、声のそろった祈りを聞き入れてくださいますように。

次の金曜日、三月二十七日の十八時（日本時間二十八日午前二時）には、同じ意向のために、わたしはサンピエトロ大聖堂前で、広場にはだれもいない状態で、祈りの時を執り行います。その時刻に、メディアを通して霊的に参加するよう皆さんにお願いします。神のことばを聞き、祈りをささげ、聖体礼拝を行います。全免償の可能性を開く「ローマと全世界へ（ウルビ・エト・オルビ）」の祝福で締めくくります。

ウイルスのパンデミックに、全世界の祈り、思いやり、優しさでもって対抗しましょう。一致を保ちましょう。独りぼっちで試練にさらされている人々が、わたしたちがともにいることを感じられるようにしましょう。医師、医療従事者、看護師、ボランティアの皆さんにわたしたちの寄り添いを。当局者――わたしたちのために厳しい措置を講じなければならない人々――に、わたしたちの寄り添いを。わたしたち皆のための政府の求めが遂行されるよう、街中で秩序の維持に努める警察官や兵士の皆さんにわたしたちの寄り添いを。すべての人に寄り添いを。

今朝地震が起きたクロアチアの人々に心を寄せます。主が彼らに、この災害に向き合う力と連帯を与えてくださいますように」。

三月二十二日早朝、クロアチアの首都ザグレブで、一四〇年ぶりの規模といわれるマグニチュード5・3の地震が起きた。避難する市民に当局は、互いの距離を保ち新型コロナウイルス感染拡大を防止するよう呼びかけた。

回勅『いのちの福音』公布二十五周年

愛する兄弟姉妹の皆さん、おはようございます。

二十五年前のまさに今日、三月二十五日、教会で神のお告げの祭日を祝う日に、聖ヨハネ・パウロ二世は、人間のいのちの価値と不可侵性についての回勅『いのちの福音』を公布しました。

神のお告げと「いのちの福音」との結びつきは、聖ヨハネ・パウロ二世が回勅の中で強調したように固く深いものです。今日、人間の生命と世界経済にとって脅威であるパンデミックを背景にして、この教えをあらためて世に訴えたいと思います。今は、回勅の書き出しのことばが、いっそう緊迫して聞こえてくる状況にあります。いわく、「いのちの福音は、イエスのメッセージの中核に位置します。教会は、いのちの福音を日ごと心を込めて受け止め、あらゆる時代、あらゆる文化の人々への「よい知らせ」として、あくまでも忠実にのべ伝えなければなりません」（回勅『いのちの福音』1）。

すべての福音的告知と同じく、これもまずあかしされなければなりません。ですから、患者、高齢者、孤独な人、困窮者のため、さまざまなかたちで献身的に奉仕にあたる多くの人による無言のあかしを、感謝をもって思い起こしています。このかたがたは、天使のお告げを受け、助けを必要としていた、いとこのエリサベトのもとへ駆けつけたマリアのように、いのちの福音を実行しています。

事実、わたしたちにその促進と擁護が求められているいのちは、抽象概念ではなく、生身の身体に現れているものです。宿ったばかりのいのち、隅に追いやられている貧しい人、孤独で不安な闘病者、末期にある病者、失業者や仕事を見つけられずにいる人、拒絶されたり隔離されたりしている移民……。いのちは人々の上に具体的に現れるものです。

どんな人も神から、いのちの充満を享受するよう召されています。教会の母なる配慮にゆだねられ、人間の尊厳といのちに対するあらゆる脅威を、教会の心において、その母〝胎〟において、取り除かないわけにはいきません。教会にとっていのちを擁護することは、イデオロギーなどではなく、実際的なことであり、すべてのキリスト者にかかわる人間の現実です。キリスト者であるがゆえに、そして人間であるがゆえにです。

人間の尊厳といのちに対する攻撃は、世界的に人権が叫ばれるこの時代にもなお、不幸にも続いています。それどころか新たな脅威や、新しい形態の奴隷制に直面しており、法は必ずしも、もっとも立場の弱い脆弱《ぜいじゃく》な人のいのちの保護を目的としていないのです。

つまり、回勅『いのちの福音』のメッセージがかつてないほどに迫るのです。進行中の緊急事態の先にある、連帯、配慮、受容の姿勢の次世代への伝達のための、文化面、教育面での行動のことです。それは、いのちの文化はキリスト教の専有財産ではなく、兄弟的関係を構築すべく尽力し、弱い人も苦しむ人もすべての人に固有の価値があるとよく理解したうえでの行動です。

愛する兄弟姉妹の皆さん。人のいのちはすべて、唯一無二のもので、それ自体で尊く、はかりしれない価値があります。このことは、勇気あることばと大胆な行動によって、つねに繰り返し告げ知らされなければなりません。それは、人類という大家族と、その成員一人ひとりに向けて、連帯と兄弟愛を呼びかけるのです。

ですからわたしは、この回勅を記した聖ヨハネ・パウロ二世とともに、二十五年前にすべての人に向けられた訴えを、新たな確信をもって繰り返します。「生命、あらゆる人間の生命を尊重し、守り、愛し、仕えよ。……この方向においてのみ、わたしたちは正義、発展、真の自由、平和、幸福を見いだすのです」（同5）。

三月二十五日（水）午前九時半から、教皇公邸書斎内からの動画配信にて行った一般謁見での講話（原文イタリア語）。謁見には、数名の関係者のみが臨席した。

講話の後、二日後の二十七日（金）午後六時から行われる、特別な祈りの式への霊的参加を呼びかけた。パンデミックの終息を願うこの式は、無人の広場を前に始められた。雨に包まれた夕闇の壇上には教皇の座のみが置かれ、階段の昇降時に儀典長が教皇を支えたほかは、一人の奉仕者も伴わなかった。続くサンピエトロ大聖堂正門入り口での聖体賛美式も、教皇と儀典室の奉仕者二名のみで執り行われた。なお、この式でのウルビ・エト・オルビの祝福前に話された教皇メッセージは、『パンデミック後の選択』（カトリック中央協議会）に収録されている。

ラザロの復活

愛する兄弟姉妹の皆さん、こんにちは。

四旬節第五主日の今日の福音は、ラザロの復活の福音です（ヨハネ11・1―45参照）。ラザロは、マルタとマリアの兄弟で、彼らはイエスととても親しくしていました。イエスがベタニアに着いたときには、ラザロの死からもう四日も経っていました。マルタは急ぎ主を迎えに行き、いいます。「もしここにいてくださいましたら、わたしの兄弟は死ななかったでしょうに」（21節）。イエスは「あなたの兄弟は復活する」（23節）とこたえ、言い添えます。「わたしは復活であり、いのちである。わたしを信じる者は、死んでも生きる」（25節）。イエスは、いのちの主として、死者にもいのちをもたらすことのできるかたとして、ご自分をお示しになります。そこにマリアと他の人々が泣きながらやって来ます。するとイエスは、「憤りを覚え、……涙を流された」（33、35節）と福音に記されています。このように心を揺り動かされ、イエスは墓に向かいます。そしていつも願いを聞き入れてくださる御父に感謝し、墓の石を取り除《の》け、大声で叫びます。「ラザロ、出て来なさい」（43節）。するとラザロは、「手と足を布で巻かれたまま出て来た。顔は覆いで包まれていた」（44節）。

　神はいのちであり、いのちをお与えになりますが、死の悲劇も引き受けられることをこの箇所で確認することができます。イエスは、友であるラザロを死なないようにすることができたのかもしれません。ですがイエスは、愛する人の死によるわたしたちの痛みに心を重ねることを望まれ、そして何よりも、死に対する神の支配を示したいと望まれたのです。この福音箇所には、互いに求め合い、最後にはめぐり合う、人間の信仰と、神の全能、神の愛の全能性が記されています。それはまるで二つの道、互いを求め合い最後には交わる、人間の信仰と、神の愛の全能性です。それは、マルタとマリアの叫びに、そしてこの姉妹とともに声を上げるわたしたち全員の叫びに表れています。「主よ、もしここにいてくださいましたなら……」。それに対する神の答えは、ことばではありません。死という問題への神の答えは、イエスそのものです。「わたしは復活であり、いのちである。信じなさい。たとえ死が勝利したように見えるときにも、悲しみのただ中にあっても、信仰をもち続けなさい。あなたの心から石を取り除けなさい。神のことばに、死のあるところへ、いのちを取り戻していただきなさい」。

今日もイエスはわたしたちに「石を取り除けなさい」と繰り返し呼びかけておられます。神がわたしたちをお造りになったのは墓場に向けてではありません。わたしたちをいのちに向けて、美しく、すばらしく、喜ばしいものに向けてお造りになりました。ですが知恵の書に記されているように、「悪魔のねたみによって死がこの世に入り」（知恵2・24）ます。だからイエス・キリストが、死の罠《わな》からわたしたちを解き放つために来られたのです。

ですから、死の気配のあるすべての石を取り除けなくてはなりません。たとえば、信仰を生きるうえでの偽善は死です。人を傷つける批判は死です。悪口や中傷は死です。貧しい人を社会の隅に追いやるのは死です。主は、これらの石をわたしたちの心から取り除けるよう求めておられます。そうすれば、いのちはわたしたちの周りで再び花開くでしょう。キリストは生きておられます。キリストを受け入れ、キリストに従う人は、いのちと出会います。キリストがおられなければ、キリストから離れたなら、いのちがないばかりではなく、死へと引き戻されてしまうのです。

ラザロの復活は、キリストの過越の神秘に完全に浸される洗礼の秘跡を通して信者に起きる、生まれ変わることの象徴でもあります。キリスト者は、聖霊の働きと力によって、新たな被造物――いのちへと向けられた、いのちに向かう被造物――として、いのちを歩む者なのです。

わたしたちの苦しみをご自分のものとされた御子イエスのように、わたしたちもまたあわれみ深くなれるよう、おとめマリアが助けてくださいますように。わたしたち一人ひとりが、困難に直面している人に寄り添うことができますように。その人にとってわたしたちが、わたしたちを死から解放し、いのちに勝利を与えてくださる神の愛と優しさの映しとなりますように。

四旬節第五主日の三月二十九日（日）正午に、教皇公邸書斎内からの動画配信にて行った「お告げの祈り」で、祈りの前に述べたことば（原文イタリア語）。

「お告げの祈り」の後、イタリア語で次のように述べた。

「愛する兄弟姉妹の皆さん。

数日前、国連事務総長は、新型コロナウイルスの際限のない感染拡大を受けて、「世界各地での全面的即時停戦」を呼びかけました。完全な停戦のアピールです。

わたしは、この呼びかけにこたえるすべての人に心を合わせます。そして、あらゆる形態の武力紛争をやめ、人道支援ルートの確保を円滑化し、外交的交渉への歩みを進め、もっとも脆弱な状況に置かれる人々に目を向けるよう皆さんに呼びかけます。

このパンデミックに対してともに立ち向かうことで、一つの家族の一員として、兄弟姉妹のきずなを強めることがわたしたちには必要なのだと皆が気づいたはずです。とくに、国の責任者や紛争当事者の間で、対立を克服するための新たな取り組みを始めてください。紛争は、武力による戦争で解決されるのではありません。対立や不和は、対話によって、そして和平に向けた建設的追求によって克服されるべきです。

今このときに、わたしの思いは、介護施設や宿舎など、集団生活を余儀なくされ、感染リスクにさらされているすべての人のもとにあります。とくに、刑務所にいる人々について触れておきたいと思います。先日読んだ国連人権理事会の公式発表によると、過密状態にある刑務所では悲劇が起こりかねません。この重大な問題をはっきり認識し、悲劇を未然に防ぐための措置を取るよう当局に求めます」。

パンデミックの中で迎える聖週間

愛する友の皆さん、こんばんは。

今夜は、普段とは違うかたちで皆さんのお宅におじゃまします。この困難と辛抱のときに、よろしければ少し話をさせていただきたいと思います。皆さんは家族で、感染を避けるためにいつもと違う生活を送っていることでしょう。外に出られず、学校にも行けず、ふだんどおりの生活ができない、元気いっぱいの子どもや若者のことが心に浮かびます。すべての家庭のことを思います。とくに、愛する家族が病気になってしまった人、不幸にもコロナウイルス、あるいは他の原因で家族を亡くしたご遺族のことを思います。このところわたしは、このような危機でより弱者になりがちな、一人で暮らしている人々のことがよく心に浮かびます。そしてだれより、わたしにはとても近しい、高齢のかたがたのことを思っています。

コロナウイルスで発病したかた、入院しているかたがたを忘れることはできません。

このパンデミック下で、治療のために、またエッセンシャルワーカーとして、危険にさらされている人たちの惜しみない行いに敬意を表します。日夜、どれほど多くのヒーローが活躍していることでしょう。わたしは、経済的に苦境に立たされ、仕事や今後のことに不安をつのらせる人々のことも気掛かりです。刑務所の受刑者のことも思います。彼らの痛みの上には、自分や自分の愛する人のことを思い、病気の蔓延に対する不安が重なっています。守ってくれる家のないホームレスのかたがたのことを思います。

　今はだれにとっても苦しいときです。多くの人にとって、ひどくつらいときです。教皇のわたしも、それはよく分かっています。そして、わたしは皆さんに、寄り添い、愛していることを伝えたいと思います。できるならば、このときを、より生かしませんか。寛容になりましょう。身近で困っている人を助けましょう。つらい孤独にいる人を、電話やＳＮＳで気遣いましょう。イタリアで、そして世界で苦しんでいる人のために、主に祈りましょう。自主隔離の最中でも、思いと心は、愛の創造性によって遠くまで行くことができます。今日必要とされているもの、それは愛の創造性です。

　わたしたちは、福音のメッセージを、限りのない神の愛のメッセージを、明らかにし要約する聖週間を、例年とはまったく異なるかたちで記念します。静まりかえったわたしたちの町に、復活祭の福音が響きわたるでしょう。聖パウロはいっています。

「その一人のかたはすべての人のために死んでくださった。その目的は、生きている人たちが、もはや自分自身のために生きるのではなく、自分たちのために死んで復活してくださったかたのために生きることなのです」（二コリント5・15）。復活したイエスにおいて、いのちは死に打ち勝ちました。この過越の信仰が、わたしたちの希望をはぐくみます。そのことを今夜、わたしは皆さんとともに分かち合いたいと思います。それは、わたしたちがよりよい自分になり、悪から、そしてこのパンデミックから解放される、よりよいときを迎えるという希望です。希望です。希望は決してくじかれません。それは幻想ではありません。希望です。

　このような日々にあって、わたしたちは愛と忍耐をもって互いに寄り添い一つとなり、よりよいときを整えることができます。皆さんのお宅におじゃまさせていただき、ありがとうございます。苦しんでいる人に、子どもたちに、ご高齢のかたがたに、優しく接してください。主が早く、この災禍からわたしたち皆を解放してくださいますようにと、教皇はそばにいて祈っている、そう伝えてください。そして皆さんも、わたしのために祈ってください。ではまた近いうちにお目にかかりましょう。

聖週間前の四月三日（金）夕刻に配信されたビデオメッセージ（原文イタリア語）。

受難の主日ミサ説教

　イエスはご「自分を無にして、しもべの身分になり」（フィリピ2・7）ました。使徒パウロのこのことばに導かれ、聖なる日々を迎えましょう。この日々、神のことばは繰り返し、しもべとしてのイエスを示してくれます。聖木曜日には弟子たちの足を洗うしもべとして、聖金曜日には苦しみ栄光に輝くしもべ（イザヤ52・13参照）として、そしてすぐ明日にはイザヤの預言が「見よ、わたしのしもべ、わたしが支える者を」（イザヤ42・1）と示すとおりにです。神は、わたしたちに仕えることで救ってくださったのです。普通、わたしたちこそ神に仕えるものだと考えます。そうではないのです。神こそが、わたしたちに無償で仕えてくださったのです。最初に神が、わたしたちを愛してくださったからです。愛されることなく愛することはなかなかできません。神に仕えていただくことなく自分が仕えるのは、もっと難しいことです。

　では、一つお聞きします。主はどのようにわたしたちにお仕えになったのでしょうか。わたしたちのために、そのいのちを差し出すことによってです。わたしたちは、あのかたにとっていとおしい者で、だから犠牲を払われたのです。フォリーニョの聖アンジェラは、イエスの次のことばを証言しました。「わたしは、戯れにお前を愛したのではない」。その愛ゆえに、イエスはわたしたちのためにご自分をいけにえとして差し出し、わたしたちの悪のすべてをご自身が引き受けたのです。驚きのあまり声を失うほどのことです。神が、わたしたちの悪を徹底してご自分の身に引き受けることで、わたしたちを救ってくださったのですから。拒むことなく、ひたすらに、しもべの謙遜と辛抱と従順をもって、そして何よりも愛の力をもって、そうされたのです。そして御父が、イエスのこの奉仕を支えたのです。神は、イエスにのしかかる罪悪を一掃するよりも、その苦しみを支えてくださいました。それは、徹底して愛に貫かれた善によってのみ、わたしたちの罪悪が打ち負かされるためです。ひたすら愛によってのみです。

主は、愛する者たちのもっとも痛ましい状況を味わうまでに、わたしたちに仕えてくださいました。裏切りと、見捨てられる体験です。

裏切り――。イエスは、ご自分を売りとばした弟子の裏切りと、ご自分を知らないと否定した弟子の裏切りに遭われました。ご自分をほめたたえた後に「十字架につけろ」（マタイ27・22）と叫んだ人々の裏切りを味わいました。宗教指導者から不当に糾弾され、政治指導者から無関係だと突き放される裏切りを味わいました。わたしたちが人生で味わった大小さまざまな裏切りを思い出してみてください。固い信頼が失われたときは悲惨です。そのような失意が心の奥にわき出ると、人生が無意味に思えます。そうなるのは、愛されるため、愛するために、わたしたちは生まれたからです。だからもっともつらいのは、自分に対し真摯で親密であると約束していた人の裏切りです。愛である神にとって、どれほどそれがむごいことだったか、想像をはるかにこえることです。

心の内側に目を向けてみましょう。自分に真摯に向き合えば、自分の不誠実さに気づくはずです。どれほどの欺瞞、偽善、二心があることか。どれほどの善意が裏切られたのか。どれほどの約束が反故《ほご》にされたのか。どれほどの決意が無駄になるのか。主は、わたしたち以上にわたしたちの心をご存じです。わたしたちがどれほど弱く、いい加減か、どれだけくじけるか、立ち直るのがいかに大変か、ある種の傷をいやすのがどれだけ大変なのかを、知っておられます。では主は、わたしたちと出会い、わたしたちに仕えるために、何をなさったのでしょうか。預言者を通していわれたとおりです。「わたしは、背いた彼らをいやし、喜んで愛する」（ホセア14・5）。わたしたちの不義を担うことで、わたしたちの裏切りを取り去ってくださることで、いやしてくださったのです。それゆえわたしたちは、できないことを恐れてくじけるのではなく、十字架にかけられたかたを見上げ、その抱擁を受けてこういえるのです。「ご覧ください。ここにわたしの不義があります。イエスよ、それを引き受けてください。腕を広げてください。愛をもってわたしに尽くしてください。わたしを支え続けてください。そうしてわたしは、進み続けます」。

見捨てられる――。本日の福音では、十字架上のイエスは一言、たった一文だけを発します。「わが神、わが神、なぜわたしをお見捨てになったのですか」（マタイ27・46）。強烈な一言です。イエスはその身をもって見捨てられる苦しみを、逃げ去られた人の苦しみを味わったのです。しかし、御父はそこにおられました。そこで、孤独の深淵で、イエスは初めて御父を、「神」という一般用語で呼びます。そして「大声で」「なぜ」と叫び、「なぜ」ともがき苦しまれ、「なぜあなたまで、わたしをお見捨てになったのか」と叫びます。実際のところ、これは詩編のことばです（22・2参照）。イエスはこの祈りに、激しい苦悩を付与したといわれています。ともかく、イエスがそれを味わったことに変わりはありません。イエスは徹底して見捨てられる体験をなさいました。それは、複数の福音書がそれぞれのことばで記し、証言しているとおりです。

これらすべては何のためなのか。繰り返しますが、わたしたちのため、わたしたちに仕えるためです。追い詰められても、行き詰っても、光も出口も見えなくとも、神がこたえてくださらないように思えたとしても、独りではないことを思い出すためになのです。イエスは完全に見捨てられる経験をしました。このかたにもっともそぐわないその状況は、わたしたちと完全に一つになるためのものです。このかたがそうなさったのは、わたしのため、あなたのため、わたしたちすべての人のためです。そうなさったのは、わたしたちにこういうためです。「怖がるな。あなたは独りではない。いつもあなたのそばにいるため、わたしはあなたの苦悩のすべてをこの身で味わった」。裏切られ、見捨てられるまで、わたしたちの味わうもっとも激しい苦悩の深淵にまで降りてくださるほどに、イエスはわたしたちに仕えてくださったのです。今の、パンデミックの悲劇にあって、確実だった多くのものが砕け、数々の期待が裏切られる事態に直面し、見捨てられた感覚がわたしたちの胸を締めつける中で、イエスは一人ひとりにいっておられます。「元気を出しなさい。わたしの愛に心を開きなさい。あなたを支えておられる神の慰めを感じるでしょう」。

愛する兄弟姉妹の皆さん。裏切られ見捨てられるまでにわたしたちに仕えくださった神に対し、何ができるでしょうか。わたしたちが創造されたそのわけを裏切らず、大切なことを放棄しないことです。わたしたちは神を愛し、他者を愛するために、この世にいるのです。ほかの何が変わろうとも、このことだけは変わりません。わたしたちが今経験している悲劇は、大事なことに真剣に向き合い、そうではないことにとらわれないよう導き、他者に仕えない人生には意味がないと気づかせてくれます。人生は愛によって量られるからです。ですからこの聖週間の間、自宅で、磔刑《たっけい》像の前に立ってください。そして見つめてください。十字架にかけられたかたを見つめましょう。それが、わたしたちに対する神の愛の深さです。十字架像を見つめて、いのちを差し出すまでにわたしたちに仕えてくださる神を前に、奉仕のために生きる恵みを願い求めてください。苦しんでいる人、独りでいて困っている人と、つながりをもつようにしましょう。もっていないものを案じてばかりいないで、自分にできるよいことを考えてみましょう。

見よ、わたしが支えるしもべ――。受難のイエスを支えられた御父は、奉仕するわたしたちをも力づけてくださいます。もちろん、家庭においても社会においても、他の人を愛すること、他の人のために祈ること、他の人をゆるすこと、世話することには、苦労が伴うものです。それはまるで、十字架の道行のようなものです。ですが奉仕の道は勝利の道です。わたしたちを救ってくれた道、今なお救いとなる道、いのちを救う道です。三十五年の間、彼らにささげられてきたこの世界青年の日にあたり、とくに若者たちに申し上げます。愛する友の皆さん。このような日々にあって、光を受ける真の英雄たちを見つめてください。名声やお金があるわけでもない、成功者でもありませんが、他者のために自らを犠牲にしている人々です。人生をささげなさいとの呼びかけに、気づいてください。神のため、他者のために人生を費やすのを恐れてはなりません。それはむしろ、人生を手にすることなのです。人生とは、自分を差し出すことによって受け取る、贈り物だからです。最大の喜びは、でも……、だけど……、といわずに、愛に対して「はい」ということだからです。愛に対して「はい」といってください。でも……、だけど……、はなしに。イエスがわたしたちのためになさったようにです。

四月五日（日）午前十一時から、サンピエトロ大聖堂でささげた受難の主日（枝の主日）のミサにおける説教（原文イタリア語）。

この日は第三十四回世界青年の日に当たっていた。今年のテーマは、「若者よ、あなたにいう。起きなさい」（ルカ7・14）。ミサは、新型コロナウイルス感染拡大予防のため、奉仕者も会衆も大幅に人数が絞られて行われた。また、前回のワールドユースデー（ＷＹＤ）開催地パナマの青年から、次回開催地リスボン（ポルトガル）の青年に、ＷＹＤの十字架の引き継ぎ式が行われる予定だったが、十一月二十日の王であるキリストの祭日に延期された。

イエスの受難

愛する兄弟姉妹の皆さん、おはようございます。

この数週間、世界中を苦しめているパンデミックにより人々の間に不安が広がっていますが、そうした中でわたしたちは、さまざまなことを自分自身に問いかけています。その中には神についての問いもあります。わたしたちの苦しみを前にして、神は何をしておられるのだろうか。すべてがうまくいかないとき、神はどこにおられるのだろうか。なぜすぐに、問題を解決してくださらないのだろうか。このような神についての疑問です。

聖週間の間にわたしたちがたどる、イエスの受難の物語がヒントをくれます。まさにそこには、さまざまな問いが詰め込まれています。イエスのエルサレム入城を盛大に迎えた後に群衆は、イエスはついに自分たちを敵から解放してくれるのかとの思いを抱きました（ルカ24・21参照）。彼らは、剣《つるぎ》をもった、力強く、勝利するメシアを期待していたのです。ところが、現れたのは柔和で謙遜な心をもつ人、回心といつくしみを呼びかける人です。それまでイエスをたたえていた群衆こそが、「十字架につけろ」（マタイ27・23）と叫んだのです。イエスに従った人々は、戸惑い、恐れ、イエスを見捨てます。彼らは思いました。「もしイエスの運命がそうであるなら、あの者はメシアではない。神は力あるかた、神は無敵なのだから」と。

ところが、主の受難の物語を読み進めていくと、驚きの事実が明らかになります。イエスが息を引き取られたとき、十字架上で苦しむイエスを見、すべての人をゆるすのを聞き、イエスの無限の愛に触れたローマの百人隊長——信者でもユダヤ人でもなく異教徒であった人——が、「本当に、この人は神の子だった」（マルコ15・39）と自身の信仰を打ち明けるのです。他の人々とはまったく逆のことをいいます。ここいるのは神だと、このかたこそ本当の神だというのです。

今日、わたしたちはこう自問するはずです。神の本当の顔はどのようなものだろうか、と。わたしたちは大抵、神に自分の姿を最大限投影します。わたしたちのいう成功、正義、また、わたしたちのいう怒りです。ところが福音書によれば、神はそのようなかたではありません。そうしたかたではなく、わたしたちの力では理解できないようなかたなのです。だからこそ、神はわたしたちに近づいてくださり、わたしたちに会いに来られ、まさに過越において、ご自分のすべてを完全に明らかになさったのです。では、どこでご自分を完全に明かしてくださったのでしょうか。十字架上でです。わたしたちはその場所で、神のみ顔の輪郭を知ります。兄弟姉妹の皆さん、覚えておいてください。十字架は神の玉座です。沈黙をもって十字架におられるかたを見つめ、わたしたちの主はどのようなかたであるかを知ることは、わたしたちのためになることです。――だれをも、ご自分を十字架にかけた人をも、指さしてとがめることなく、むしろ、すべての人に大きく腕を広げておられるかた。その栄光でわたしたちをねじ伏せるのではなく、むしろ、わたしたちのためにそれを脱ぎ捨ててくださるかた。口先で愛するのではなく、無言でいのちを差し出すかた。強制するのではなく、解き放ってくださるかた。わたしたちを見知らぬ者として扱うのではなく、わたしたちの過ちを引き受け、罪をその身に担ってくださるかたです。神への先入観から解放されるよう、十字架につけられた主を見つめましょう。そして、福音書を開きましょう。この四旬節の間、隔離のため自宅でこもって、この二つを手に取りましょう。十字架像を見つめ、そして福音書を開きましょう。わたしたちにとって、それはいわば、大切な家庭の典礼です。わたしたちは何日もの間、教会に行けないからです。十字架像と福音書です。

福音書には、王にしようとして群衆が来ると立ち去るイエスが描かれています。その一例が、パンを増やす奇跡の場面です（ヨハネ6・15参照）。また、悪霊がイエスの神の威光を暴こうとすれば、その霊を黙らせます（マルコ1・24―25参照）。どうしてでしょうか。誤解されたくないからです。へりくだる愛であられるまことの神を、派手な見世物と力とで服従させる世俗の神、偽りの神と混同しないよう、群衆に求めておられるのです。偶像ではありません。この神は、わたしたち一人ひとりと同じ、人となられ、ご自分を人として表しながらも、神なる力をもっておられます。それでは、福音書のどこで、イエスの真の顔が厳かに告げられるのでしょうか。百人隊長が「本当に、この人は神の子だった」といったときです。十字架上で息を引き取られた直後にそれはいわれました。もはや間違いないからです。神は、ほかでもなく、愛をもって全能なかたであることが分かるのです。これこそが、このかたの本性です。このようなかたなのです。愛であるかたなのです。

「死んでしまうほど弱い神ではどうしようもない。頑強で権威的な神のほうがよいのではないか」と反論する人もいることでしょう。しかし、お分かりのように、この世の力は過ぎゆくものですが、愛はとどまります。愛だけが、わたしたちが手にするいのちを守るのです。愛はわたしたちの弱さを抱きしめ、それらを変容させるからです。それは、復活（Pasqua）においてわたしたちの過ちを、ゆるしによって取り除いてくださった神の愛です。死をいのちへの道とされた神の愛、恐れを信頼に、不安を希望に変えてくださった神の愛です。復活は、神がすべてをよいものへと変えてくださると伝えます。神がともにいてくだされればすべてがよいものとなる、本当にそう信じてよいと伝えます。これは幻想ではありません。イエスの死と復活は幻想ではありません。真実だったことです。だからわたしたちは、復活祭の朝に次のことばを聞くのです。「恐れることはない」（マタイ28・5参照）。悪をめぐる苦悩に満ちた問いは、一瞬にして消えてしまうわけではありません。しかしわたしたちは、復活した主の中に、深淵に沈まぬよう支える確かな礎《いしずえ》を見いだすことができるのです。

愛する兄弟姉妹の皆さん。イエスはご自分をわたしたちに近づけることで歴史を変え、たとえなお悪が刻まれていようとも、それを救いの歴史となさったのです。十字架上でいのちをささげることにより、イエスは死に打ち勝ちました。十字架上のイエスの裂かれた心臓から、神の愛はわたしたち一人ひとりに注がれています。わたしたちは、イエスに近づき、イエスが与えてくださる救いを受けることで人生を変えることができます。兄弟姉妹の皆さん。今週、この数日は、十字架像と福音書を手に取り、祈りのうちに心をすべて開きましょう。忘れないでください。十字架像と福音書です。

家庭内の典礼はそこにあります。祈りの中で、主に心をすべて開きましょう。イエスに見つめていただきましょう。そうすれば、わたしたちは独りではなく、愛されていることが分かるでしょう。主は決してわたしたちを見捨てず、決してわたしたちを忘れないからです。こうした思いを胸に、皆さんの聖週間と復活祭のために祈ります。

受難の水曜日の四月八日（水）午前九時半に、教皇公邸書斎内からの動画配信にて行った一般謁見での講話（原文イタリア語）。

主の晩餐のミサ説教

聖体、奉仕、塗油。

この祭儀を通してわたしたちが今日味わう現実は、聖体においてわたしたちとともにいたいと望まれる主の現実です。そうしてわたしたちはいつも、主の聖櫃《せいひつ》となり、主を携えるのです。主のからだと血を口にしなければ天の国に入ることはない、主ご自身がそう教えてくださるほどにです。これは神秘です。パンとぶどう酒。主がわたしたちとともにおられ、わたしたちの間におられ、わたしたちの内におられる、ということ。

奉仕。天の国に入る条件となる行為です。奉仕――。そうです。皆がです。でも主が、会話を通してペトロに分からせようとしたのは（ヨハネ13・6―9参照）、天の国に入るには、主に仕えていただかなければならないということです。神のしもべであるかたが、わたしたちのしもべとなるのです。理解を超えたことです。主にわたしのしもべとなっていただかなければ、主に洗っていただかなければ、育てていただかなければ、ゆるしていただかなければ、天の国に入ることはできません。

それから、司祭職のことです。今日は司祭たちに心を寄せたいと思います。すべての司祭と、最近叙階された人から教皇に至るまで、すべての司祭です。わたしたちは皆司祭です。司教も皆そうです。わたしたちは油を注がれたのです。主から油を注がれました。感謝の祭儀を行うために油注がれ、奉仕するために塗油を受けました。

今日は聖香油のミサがありません。聖霊降臨祭の前に行えたらとは思っていますが、来年まで延期になるかもしれません。ともかくわたしはこのミサで、司祭たちのことを思い起こさずにはいられません。主のためにそのいのちをささげた司祭たち。しもべである司祭たちです。この間、ここイタリアでは、六十人以上の司祭が亡くなりました。入院した患者たちを、医師や看護師とともに支えてくださったかたがたです。彼らは「身近な聖人」です。仕えることに、いのちをささげた司祭です。また、遠くにおられる司祭のことも思います。今日わたしは、遠方の刑務所で聴罪司祭をしているかたから、彼がこの聖週間に受刑者らとどのように過ごしているかを伝える手紙を受け取りました。フランシスコ会の司祭です。福音を届けるために遠方まで出掛け、そこで亡くなる司祭たちを思います。ある司教から聞いたことですが、彼が派遣先の宣教地に赴いて最初に行ったのは、墓地に行くこと、その地でいのちをささげた司祭の墓を訪れることでした。若くして、地域固有の病で亡くなった司祭たちです。準備ができず、抗体をもたぬまま、それでも彼らは……。だれにも名を知られぬ、名もなき司祭たちです。山間で、四つ、五つ、七つも村をまたぐような小教区の司祭たちもいます。村から村を巡り、その土地の人々のことをよく知っている司祭です。あるとき、その地方の人全員の名前を知っていると話してくれた司祭がいました。「本当に？」というと、「犬の名前だって知っています」といわれました。どの人のことも知っているのです。司祭職にふさわしい親密さです。よくやってくださっています。すばらしい司祭たちです。

　今日は皆さんのことを心に留め、皆さんとともに祭壇に立ちます。中傷にさらされる司祭たちです。今日頻繁にあることですが、悪口を浴びせられるので、司祭は外に出られません。悪事に手を染めた司祭らが明らかになり、人々がショックを受けたからです。中傷が激しいので、司祭と分かる服では出掛けられないという話も聞きます。それでも彼らは続けます。罪人たる司祭たちは、司教らと、教皇とともに――教皇も罪人です――、ゆるしを請うことを怠ってはなりません。そして司祭たちは、人々がゆるしを請うこと、ゆるしを必要としていることを知っているのですから、ゆるすことを学ばなければなりません。わたしたちは皆罪人です。この闇の中で、この危機に苦悩し、何をすべきかと途方に暮れる司祭たちを思います。

今日は、兄弟である司祭の皆さんが、この祭壇でわたしとともにおられます。皆さんは奉献された人間です。一つだけ申し上げます。ペトロのように強情でいてはいけません。足を洗っていただきましょう。主はあなたのしもべです。このかたは皆さんのもとに来られ、力づけ、足を洗ってくださいます。

ですから、足を洗っていただかなければならないという認識とともに、多くのゆるしを与える人となってください。ゆるしなさい。ゆるすことに寛大な、広い心をもつのです。わたしたちが量られる量りを、量りとするのです。ゆるしたように、ゆるされるのです。同じ量りです。ゆるすことをためらわないでください。ためらうときもあるでしょう。そんなときはキリストを、磔刑像を見つめてください。そこには、万人のためのゆるしがあります。恐れないでください。危険を顧みず、ゆるすことに大胆でいてください。慰めをもたらすためです。今は秘跡としてのゆるしを授けられないならば、せめて、寄り添い、（その人が）戻って来られるよう扉を開いたままにしておく兄弟として、慰めを与える存在でいてください。

司祭職の恵みを神に感謝します。わたしたち皆で感謝します。司祭である皆さんを与えてくださったことを神に感謝します。イエスは皆さんを愛しておられます。足を洗わせてほしいと、ただ願っておられるのです。

四月九日（木）午後六時から、サンピエトロ大聖堂でささげられた主の晩餐のミサでの説教（原文イタリア語）。原稿なしで話された。通常このミサの中で行われる洗足式と、聖体を聖体安置所に運ぶ聖堂内の行列と聖体礼拝を伴う聖体安置式は、コロナウイルス感染拡大予防措置として行われなかった。また、通常午前に教皇がローマ教区の司祭らとささげる聖香油のミサは延期された。

復活徹夜祭ミサ説教

「安息日が終わって」（マタイ28・1）、婦人たちは墓に行った。——復活徹夜祭の福音はこのように、安息日ということばで始まります。聖金曜日の十字架から、復活の主日のアレルヤに至ることを期待に震えて待つ過越の聖なる三日間の中で、聖土曜日はもっとも忘れがちな日です。ですが今年は、聖土曜日が、いつにも増して深い沈黙の日として胸に迫ります。この日の婦人たちの気持ちに、わたしたちを重ね合わせることができるからです。わたしたちと同じように、婦人たちの目には、あまりにも突然に訪れた予期せぬ痛ましい悲劇が映っていました。死を見て、心に死を覚えていました。自分も師であるかたと同じ最期を迎えるのだろうかと、悲しみに不安が重なりました。それに加え、すべてをやり直さなければならないのかという、先々への不安がありました。傷ついた記憶、砕かれた希望。今のわたしたち同様、彼らは漆黒の時を生きていたのです。

けれどもそうした中、婦人たちは立ち尽くしていたわけではありません。悲嘆と後悔の闇の力に屈することなく、悲観主義に縛られることもありません。現実から逃げません。そして、素朴であっても特別なことをします。家に戻って、イエスのからだに塗る香油を用意するのです。婦人たちは愛をあきらめません。心が闇に包まれていながら、あわれみの火を燃やしています。聖母マリアは、ご自身にささげられることになるこの土曜日に、祈り、希望しておられます。そして、押し寄せる悲しみの中でも、主に信頼しておられます。この婦人たちは、そうとは知らずに、歴史を変えることになる日、「週の最初の日の夜明け」のために、土曜日の闇の中で支度をしていました。地に蒔《ま》かれた種であるイエスが、この世に新たないのちを芽吹かせようとしていました。婦人たちは、祈りと愛をもって、希望が花開くのを助けたのです。わたしたちが過ごすこの悲しい日々にも、どれほど多くの人が、この婦人たちのように行動し、今なお続け、希望を芽吹かせていることでしょう。ささやかないたわりと、愛情と、祈りをもって、そうしておられます。

　明け方、婦人たちは墓に行きます。そこにいた天使は婦人たちにいいます。「恐れることはない。……あのかたは、ここにはおられない。……復活なさったのだ」（5―6節）。墓の前で、婦人たちはいのちのことばを聞くのです。それから彼女たちは、イエスに、希望であるかたに出会います。イエスは天使のことばを裏づけ、「恐れることはない」（10節）といわれます。恐れることはない、案じてはならない。これこそが希望の知らせです。わたしたちへの、今、今この時への知らせです。それは、わたしたちがくぐり抜けようとしているこの夜に、神が何度もかけてくださることばです。

今夜わたしたちは、決して奪われることのない基本的権利を勝ち取ります。希望する権利です。それは、神からもたらされる、新たな、生きた希望です。単なる楽観主義ではありません。その場限りの笑顔で、慰めたり励ましたりするのとも違います。そうではなく、わたしたちの力だけでは得られない、天からの恵みです。すべてよくなる。――わたしたちはここ数週間、一貫してそう言い続けてきました。人間のすばらしさにすがり、励ましのことばを心に呼び起こしてきました。しかし日が経ち、不安が高まっていけば、いかに勇猛な希望も消えてしまうかもしれません。イエスの希望は違います。イエスは、神がすべてをよくしてくださるという確信を心に植えてくださいます。神は、墓の中からさえ、いのちを引き出すかただからです。

墓は、そこに入ったら最後、出てこられない場所です。しかしイエスは、わたしたちのためにそこを出て、わたしたちのために復活し、死のあったところにいのちをもたらし、石でふさがれていたところに新たな物語を開かれました。墓の入り口の石を取り除《の》けたイエスは、心をふさぐ石をも取り去ってくださいます。ですから、わたしたちはあきらめません。希望を石でふさぎません。わたしたちは希望することができますし、またそうしなければなりません。神は忠実なかただからです。神はわたしたちを独り捨て置かず、わたしたちのもとを訪ねてくださいました。いかなる状況にあろうとも、苦しみ、不安、死の中にさえ、来てくださいました。神の光は墓の闇を照らしました。今日、その光はいのちのもっとも暗い隅にまで、届こうとしています。兄弟姉妹の皆さん。たとえ心の中で希望が葬られてしまっても、決してあきらめないでください。神ははるかに偉大です。闇と死には、宣告の権限はありません。安心してください。神とともにいれば、何も失われません。

　安心しなさい、元気を出しなさい――。これは、福音書の中でイエスがよく口にすることばです。一度だけ、ほかの者たちが、困っている人に対してこの語を発しています。「安心しなさい。立ちなさい。（イエスが）お呼びだ」（マルコ10・49）。それは、復活したかた、助けを求めるわたしたちを起こしてくださるかたです。たとえあなたが、旅路にあって弱く頼りなくあろうとも、倒れてしまおうとも、恐れないでください。神はあなたに手を差し伸べ、「勇気を出しなさい」といっておられます。それでもあなたは、アッボンディオ神父のように、「勇気は、人間出そうとしても出はせぬものでございます」（Alessandro Manzoni: *I Promessi Sposi*, 25〔平川祐弘訳、『いいなづけ　中』河出書房新社、二〇〇六年、三九八頁〕）というかもしれません。あなたはそれを自分に与えることができずとも、恵みとして受けることはできます。祈りのうちに心を開くだけでいいのです。心の入り口に置かれた石を、わずかに動かすだけでよいのです。そこからイエスの光が射し込むようにするためです。イエスを招き入れるだけでよいのです。「イエスよ、来てください。恐れているわたしのもとに来て、わたしにも「安心しなさい」といってください」と。主よ、あなたとともにいるなら、わたしたちは試練にあっても揺らぎません。だからわたしたちは、いかなる悲しみがあろうとも、希望し続けなければならないと思うのです。あなたとともにいれば、十字架は復活へと導いてくれるからです。あなたは、わたしたちのいるこの夜の闇の中でも、一緒にいてくださるからです。あなたは、わたしたちの不確かさの中にあって確かなものであられ、わたしたちの沈黙の中におられる、ことばであるかたです。あなたがはぐくんでくださる愛を、何ものもわたしたちから奪うことはできません。

　さあ、復活の知らせです。希望の知らせです。その知らせには、続きがあります。それは派遣です。「行って、わたしの兄弟たちにガリラヤへ行くようにいいなさい」（マタイ28・10）、そうイエスはいわれます。天使は、「あのかたは、あなたがたより先にガリラヤに行かれる」（7節）といっています。主はわたしたちより先に行かれます。

いつだって、わたしたちに先立っておられます。主はわたしたちの前を歩いておられ、ガリラヤへと先導するために、わたしたちのいのちと死を訪れてくださったと知っているのはすばらしいことです。ガリラヤは主とその弟子たちにとって、日常の暮らし、家族、労働を思い起こさせる場です。イエスはわたしたちに、そうした場、日々の生活に、希望をもたらすよう望んでおられます。ですがガリラヤは、弟子たちにとって思い出の場所、何よりも最初の召し出しを受けた場所でもありました。ガリラヤに戻るということは、自分が愛されたこと、そして神に呼ばれたことを思い出すことです。わたしたちはだれもが、自分のガリラヤをもっています。わたしたちは、何をしたわけでもないのに、愛による呼びかけを受けて自分が生まれ、新たに生まれるということを思い起こしながら、自らのガリラヤへの道に引き返さなければなりません。どんなときにも、そこが出発点です。危機に瀕《ひん》しているとき、苦難のときはなおさらです。自分のガリラヤを記憶にとどめるのです。

　ですが、それ以上のものがあります。ガリラヤは、彼らがいた場所からは、エルサレムからは、とても遠い地でした。地理的に遠いというだけではありません。ガリラヤは、聖都エルサレムの聖性からは懸け離れていました。さまざまな信仰行為をもった多民族が住む土地でした。「異邦人のガリラヤ」（マタイ4・15）だったのです。イエスは弟子たちをそこに派遣し、そこから再出発するよう求めました。これは何を物語っているのでしょうか。希望を告げることは、自分たちの聖域内にとどめるべきではなく、すべての人にもたらされるべきものだということです。だれもが励ましを必要としているのですから、「いのちのことば」（一ヨハネ1・1）に触れたわたしたちが励まさなければ、一体だれが励ますのでしょうか。人を慰めるキリスト者、人の重荷を背負うキリスト者、励ますキリスト者、死のときにあっていのちを告げるキリスト者であることは、何とすばらしいことでしょう。あらゆるガリラヤに、人類――わたしたちは人類に属しており、また人類はわたしたちのものです――のあらゆる地に、いのちの歌を運びましょう。わたしたちは皆、兄弟姉妹だからです。死の叫びを黙らせましょう。戦争はもうたくさんです。武器の製造と取引を停止しましょう。必要なのは武器ではなくパンだからです。無辜《むこ》のいのちをあやめる中絶をやめましょう。必要なものにも事欠く人の空の手に握らせるため、もっている人の心が開かれますように。

婦人たちは最後、イエスの「足を抱き」（マタイ28・9）ました。その足は、わたしたちに会うために、墓に入り墓から出るまで、はるばる歩いてきた足です。婦人たちは、死を踏みつけ、希望の道を開いた足を抱きました。復活したイエスよ、希望を求める巡礼者であるわたしたちは、今日、あなたに身を寄せます。死に背を向け、あなたに心を開きます。あなたこそがいのちです。

四月十一日（土）午後九時から、サンピエトロ大聖堂で行われた復活徹夜祭のミサでの説教（原文イタリア語）。新型コロナウイルスのパンデミックのただ中で、聖堂内の人数はわずか三十名ほどに制限され、システィーナ礼拝堂つき聖歌隊九名、枢機卿一名、司教一名、女子修道者と数名の信徒のほか、数名の奉仕者が参加した。ミサでは復活のろうそくの祝福式や洗礼式など、通常の復活徹夜祭で行われるいくつかの部分は省略された。ろうそくの火は教皇祭壇の後陣で点火され、助祭がキリストの光（Lumen Christi）を歌う中、会衆のろうそくに点火され光が広がる様子を模して、聖堂内の電灯が少しずつ点灯され、復活ろうそくの行列が教皇の座までの道のりで行われた。

エマオの道

愛する兄弟姉妹の皆さん、こんにちは。

今日の福音は、復活の日を舞台に、エマオの二人の弟子の物語を語ります（ルカ24・13―35参照）。それは、始まりから終わりまで、途上の物語です。まさに、イエスの生涯の結末を悲しみ、エルサレムを離れてエマオに帰郷しようと十一キロほど進んだ弟子の往路です。日中の、下りばかりの楽な道のりです。そして復路があります。さらに十一キロですが、それは夜で、日中いっぱい歩き疲れた往路のあとの上り坂です。日中の楽な道と、夜のきつい道、二つの行程です。ただ、往路は悲しみの中に、復路は喜びの中にあります。行きの道では二人の傍らを主が歩いておられますが、彼らはそれを主だとは認識できません。帰りの道では主は見えなくなりますが、二人はその存在を近しく感じています。往路、二人は落胆し失意のうちにいますが、復路では、復活したイエスに出会ったという喜びの知らせをほかの弟子たちに届けるためにせきたてられています。

　この最初の弟子たちの通った異なる二つの道のりは、今日のイエスの弟子であるわたしたちに、人生には二つの相反する歩みがあると語っています。往路でのこの二人のように、人生での失望や悲しい出来事に当惑して動かずにいる人の歩みが一つ。そしてまた別の、自分や自分の問題を最優先にせず、わたしたちを訪れてくださるイエスと、イエスの訪れを待っている兄弟姉妹、すなわちわたしたちの世話を待つ兄弟姉妹を第一とする人の歩みがあります。自分自身のこと、過去の失望、実現しなかった夢、人生で起きた数々の嫌なこと、それらの周りをぐずぐず回り続けることをやめる――それが分岐点です。わたしたちは、ぐるぐると堂々巡りを続けがちです。そこから離れて、人生のより偉大で真なる現実に向かって進むことです。イエスは生きておられ、イエスはわたしを愛しておられるという現実です。それこそが、もっとも優れた現実です。さらにわたしは、ほかの人のために何かができるのです。それは、望ましく、輝かしく、美しい、すばらしい現実です。転換点は、己のことを考えることから、神の現実を考えるところに移るとき、「もし」から「然《しか》り」（訳注：イタリア語では“se”［もし］から“sì”［然り］ということば遊びになる）へと移るときです。「もし」を「然り」にする、どういうことでしょうか。「もし主がわたしを助けてくれていたなら……、もし神がわたしに耳を貸してくれていたなら……、もし人生が望みどおりに行っていたなら……、もしわたしがあれを、これを手にしていたなら……」と不満げにいうことがあります。この「もし」は何の助けにもなりませんし、何も生みません。自分の助けにも、他の人の助けにもなりません。そうです。二人の弟子の自己中心性と同じ、わたしたちの「もし」です。ですが弟子たちは「然り」へと移ります。「然り。イエスは生きておられる。わたしたちと一緒に歩んでおられる。然り。そのことを明日ではなく今、告げに帰ろう」。「然り。こうしよう。人々がもっと幸せになれる、人々がよりよくなるため、多くの人を助けるために。然り。そうするのがいいのだ」。「もし」から「然り」へ、泣き言から喜びと安らぎへ。泣き言をいっているときは喜んでいません。陰気な、灰色の、悲しみの陰鬱な雰囲気の中にいます。これは、健やかな成長をも阻害します。「もし」から「然り」へ。泣き言から仕える喜びへ移るのです。

　歩みのこうした変化――我から神へ、「もし」から「然り」へ――は、弟子たちの中でどのようにして引き起こされたのでしょうか。それは、イエスとの出会いによってです。エマオの二人はまず、その心をイエスに開きます。そして聖書を教えるイエスに耳を傾け、それから家に招きます。これは、わたしたちも家で実践できる三つのステップです。まず、イエスに心を開くことです。人生での苦労、挫折といった重荷をイエスにゆだねる、「もし」という思いを主に預けるのです。それから、次のステップは、イエスに聴くことです。福音書を手に取って、今日の福音箇所、ルカ福音書二十四章を読むのです。そして第三に、イエスに祈ることです。二人の弟子がいった、主よ、「一緒にお泊まりください」（29節）ということばで祈るのです。「主よ、わたしとともにいてください。主よ、わたしたち皆とどまってください。道を見いだすためにあなたが必要なのです。あなたがおられなければ、闇の中なのです」と。

　愛する兄弟姉妹の皆さん。人生はつねに旅です。だからわたしたちは、自分が向かうところのものになります。我の道ではなく、神の道を選びましょう。「もし」ではなく「然り」の道を選びましょう。イエスと向き合うことのできない、不測の事態、苦しい上り坂の道、闇夜、そんなものはないのだと分かるでしょう。神のことばを受け入れ、その人生のすべてを神に対する「然り」となさったかた、旅路の母マリアが、わたしたちに道を示してくださいますように。

復活節第三主日の四月二十六日（日）正午に、教皇公邸書斎内からの動画配信にて行った「アレルヤの祈り」で、祈りの前に述べたことば（原文イタリア語）。

「アレルヤの祈り」の後、イタリア語で次のように述べた。

「愛する兄弟姉妹の皆さん。

昨日は、国連が制定した世界マラリアデーでした。わたしたちは、コロナウイルスのパンデミックとの闘いの中にあっても、多くの国で数十億もの人を襲うマラリアの予防と治療の活動を続けなければなりません。わたしは、患者たち、治療と看護に当たる人々、そして、すべての人に望ましい基本医療を届ける活動をする人々に心を寄せています。

ポーランドで行われる、聖書を読む日の活動に参加する皆さんにも、ごあいさつ申し上げます。これまで何度も伝えてきたことですが、もう一度いいます。毎日少しでも福音書を読む習慣を身に着けることは、とても大切です。ポケットに、鞄に入れて、福音書を持ち歩きましょう。すぐ手に取れるところに置いて、毎日どこかを読むことができますように。

間もなく、おとめマリアの月、五月になります。昨日発表された短い手紙をもって、わたしは皆さんに、五月に、ご家族と一緒に、またお独りで、ロザリオの祈りをする呼びかけをしています。また、皆さんに祈ってほしいと用意した二つの祈りもお願いします。わたしたちの母がわたしたちを助け、信頼と希望をもってこの試練と闘えるよう導いてくださいますように」。

よい羊飼いの声

愛する兄弟姉妹の皆さん、こんにちは。

今日祝っている復活節第四主日は、よい羊飼いイエスにささげる日です。福音書はいいます。「羊はその声を聞き分ける。羊飼いは自分の羊の名を呼んで連れ出す」（ヨハネ10・3）。主はわたしたちを名前で呼んでくださいます。そうなさるのは、わたしたちを愛しているからです。一方で福音書は、従ってはならない別の声があることも語っています。羊に危害を加えようとする、よそ者、盗人、強盗の声です。

異なる声が、わたしたちの中に響いています。良心に優しく語りかけてくださる神の声と、悪へと仕向ける誘惑者の声があります。どうすれば、よい羊飼いの声と盗人の声とを聞き分けることができるのでしょう。どうしたら、神の導きと悪魔の誘惑とを識別することができるのでしょう。皆さんはこの二つの声を聞き分けることができます。確かに、この二つの声は異なる言語で語りかけます。わたしたちの心の扉を違った方向からたたきます。違った言語を話すのです。言語を区別することができるように、神の声と悪魔の声を聞き分けることができます。神の声は決して強要しません。神はご自身を示してくださいますが、押しつけることはありません。ところが悪の声はそそのかし、執拗に迫り、強要します。まばゆい幻想を見せ、魅惑的な興奮を駆り立てても、それは束《つか》の間のものです。まず、わたしたちをおだてて、わたしたちは全能なのだと信じ込ませます。しかしその後で、心をむなしくさせて、「おまえには何の価値もない」と罵倒します。一方神の声は、辛抱強く、わたしたちに自らの過ちを気づかせながらも、つねに励まし、なぐさめてくれます。どんなときにも希望を強めてくださいます。神の声は、将来への展望がある声です。しかし、悪魔の声は皆さんを障壁に向かわせ、隅に追い詰めます。

　ほかにも違いがあります。敵の声は、わたしたちの目を現在からそらし、将来への不安や過去の悲しみばかりを考えるよう仕向けます。敵は今現在を欲しません。苦しみを蒸し返します。これまでに経験した嫌なことや、自分を傷つけた人のことなど、さまざまな苦い記憶を思い出させます。これに対し、神の声は、今を語ります。「今こそ、あなたはよいことができます。愛の創造性を働かせることができます。さあ今、心を縛っている後悔や自責の念から解き放たれるのです」と。それはわたしたちを力づけ、前に進ませてくれます。ともかく、現在を語るのです。今についてです。

繰り返し申し上げます。二つの声が、わたしたちの心にそれぞれの問いを投げかけます。神からのものは、「わたしに善をもたらすものとは何だろう」という問いです。他方、誘惑者は別の問いをしつこく投げてきます。「わたしにとって都合のよいことは何だろう」と。自分がしたいことは何か――悪の声はつねに、我、その衝動、その欲望の周りを漂っています。すべてを即、欲しがります。聞き分けのない子どものように、何でも、今すぐに、と。それに対して神の声は、安い喜びは約束しません。真の善、平和を得られるよう、我を乗り越えるよう招いています。どうか忘れないでください。悪は決して安らぎを与えません。初めは興奮させて、後で苦い思いを残させます。それが悪のやり方です。

つまり、神の声と誘惑者の声は、別々の「環境」をもって語りかけます。敵は闇、偽り、中傷を好みます。主は日の光、真理、まっすぐな透明性を愛しておられます。敵はわたしたちにこういうでしょう。「自分の中に閉じこもりなさい。どうせだれもお前を理解しないし、お前に耳を貸さない。だれも信じるな」と。それに対し善は、自らを開け放ち、隠し事をせずに、神と他者を信頼するよう招いています。

愛する兄弟姉妹の皆さん。わたしたちはこのところ、さまざまな思いや不安のために、再び自分だけの中に入っています。心に語りかける声に注意を払いましょう。その声がどこから来るのか自らに問いましょう。わたしたちを利己心の囲いから救い出し、真の自由の牧草地へと導いてくださるかた、よい羊飼いの声を聞き分け、その声に従う恵みを願い求めましょう。よき勧めの聖母マリア、わたしたちが識別できるよう導き、見守ってください。

復活節第四主日の五月三日（日）正午に、教皇公邸書斎内からの動画配信にて行った「アレルヤの祈り」で、祈りの前に述べたことば（原文イタリア語）。

「アレルヤの祈り」の後、イタリア語で次のように述べた。

「愛する兄弟姉妹の皆さん。

今日は世界召命祈願の日です。キリスト者の存在とはつねに、神の呼びかけへの応答であります。人生のいかなるときにおいても同じです。この祈願日は、かつてイエスがいったことを思い出させてくれます。つまり、神の国の畑には多くの働き手が必要であり、わたしたちはその畑で働く人を遣わしてくれるよう御父に願わなければならないということです（マタイ9・37―38参照）。司祭職と奉献生活には、勇気と辛抱強さが必要です。また、祈りなくして、この道を歩み続けることはできません。皆さんにお願いします。み国のために、主の愛に心と力を差し出すよい働き手を送ってくださるよう、主に祈り求めてください。

わたしは、新型コロナウイルス感染症の患者たち、彼らの看護に当たる人々、また、このパンデミックで苦しむすべての人に、心を寄せていることをあらためてお伝えしたいと思います。そしてまた、この深刻な危機に適切に効果的に対処すべくさまざまに活動する国際的な協力への支持を表明したいと思います。透明で公正に、科学の力を結集し、ワクチンや治療法の確立、そして感染者すべてが利用できる基幹技術の確保が重要です。世界中どこであっても、必要な医療を受けられるようにすることです。

暴力、搾取、無関心の犠牲となる子どものためのナショナルデーを推進する「メーテル・アソシエーション」の皆さんに御礼申し上げます。種々の教育機関とともに予防活動や啓発活動をしてきた指導部と事務局の皆さんをねぎらいたいと思います。そして色を塗って作ったマーガレットのコラージュを送ってくれたメーテル・アソシエーションの子どもたち、どうもありがとう。

つい数日前に五月が、とても大切なマリアの月が始まりました。五月は、信者が聖母の巡礼地を訪れたくなる月です。でも今年は、公衆衛生に配慮して、霊的に信仰と崇敬の地を訪れましょう。そしてわたしたちの不安、希望、これからの計画を、おとめマリアに伝えましょう。

祈りには、普遍的な価値があります。ですからわたしはこの五月十四日を、すべての宗教の信者が心を合わせ、祈りと断食と愛のわざの日にしたいという「人類の兄弟愛のための高等委員会」からの提案に賛同し実施することとしました。新型コロナウイルス感染症のパンデミック収束のために人類を助けてくださるよう神に求めるためです。忘れないでください。五月十四日に、宗教宗派を超えてすべての信者で、ともに祈り、断食をし、愛のわざを行います」。

第五十七回となる二〇二〇年の世界召命祈願の日のテーマは、「召命についての語」。この祈願日はとくに司祭職への召命のためにささげられており、この年の教皇メッセージでは、司祭の奉仕職の鍵となる四つの語「痛み、感謝、強い心、賛美」について語られている。

五月十四日の祈りと断食と愛のわざの日を提案した「人類の兄弟愛のための高等委員会」は、教皇が二〇一九年二月にアラブ首長国連邦を訪問した際、イスラム教のアル＝アズハルのグランド・イマーム、アフマド・アル・タイーブ師と共同文書「世界平和のための人類の兄弟愛」に署名したことをきっかけとして同年八月に設立された国際組織で、世界各国の宗教指導者や研究者によって構成されている。

イエスの道

愛する兄弟姉妹の皆さん、こんにちは。

今日の福音（ヨハネ14・1―12参照）は、いわゆるイエスの「告別説教」の冒頭部分が朗読されました。受難に向かう直前の最後の晩餐の終わりに、弟子たちに語られたことばです。実に劇的なときに、イエスは「心を騒がせるな」（1節）と語り始めます。このかたは同じことばを、人生の劇的な瞬間にあるわたしたちにも向けておられます。ではどのように、心を騒がせずにいられるのでしょうか。心は騒いでしまうものですから。

主は動揺について、二つの対処法を教えておられます。一つ目は「わたしを信じなさい」（1節）というものです。どこか理論上、観念上のことに思えます。ですがそうではなく、イエスはもっとはっきりしたことを教えようとしておられるのです。人生には、どうにもならない思いや孤独によって、また直面する出来事をどう判断すべきか分からないことで、どうしようもないほどの不安、動揺が生まれてしまうことをイエスは知っておられます。どうにもならないことが重なるそうした不安は、独りでは乗り越えられません。わたしたちにはイエスの助けが必要で、だからこそイエスはご自分を信じるよう求めるのです。つまりわたしたちは、自分にではなく、イエスに寄りすがるのです。不安感からの解放は、信頼によってもたらされるからです。己をイエスにゆだねること、「飛び込む」ことです。そうすれば、不安から解放されます。そしてイエスは復活しておられ、まさに生きておられ、つねにわたしたちの傍らにいてくださいます。だからわたしたちはこのかたに、「イエス様。あなたが復活されたこと、わたしの隣にいてくださることを信じています。わたしに耳を傾けてくださっていると信じています。わたしが煩わされていること、わたしの不安をあなたにささげます。あなたを信じています。だからわたしはあなたに自らをゆだねます」と話すことができるのです。

　そして動揺の二つ目の解決法を、イエスは次のように語って教えておられます。「わたしの父の家には住むところがたくさんある。……あなたがたのために場所を用意しに行く」（2節）。天国にわたしたちのための場所を取り置いてくださった――これこそイエスがわたしたちにしてくださったことです。このかたはご自分にわたししたちの人間性をまとわせ、死の後にも、新しい場所、天の国にまで伴ってくださいました。そうすることでわたしたちもまた、イエスがおられるところにいられるようになるのです。一人ひとりのために場所が用意されている、その確信がわたしたちを慰めます。わたしのための場所もあります。わたしたちのだれもが、「わたしのための場所がある」ということができるのです。わたしたちは目的地なしに、そして到着地なしに生きてはいません。わたしたちは待ち望まれている、尊い存在です。神はわたしたちに恋をしておられ、わたしたちは神の子らです。だからわたしたちのために、もっとも優れた美しい場所を用意してくださいました。それは天国です。忘れないでください。わたしたちを待ち受ける場所は天の国です。わたしたちは途上にあります。わたしたちは天の国のために、永遠のいのちのために、いつまでも生きるために造られたのです。永遠、それはわたしたちが今は想像すらできないものです。ですが、その永遠がひたすら喜びのうちにあり、神との、他者との完全な交わりのうちにあり、涙も恨みも分裂も混乱もないと想像するなら、よりいっそうすばらしいことです。

ではどのようにして天の国に至るのでしょうか。どのような道を経るのでしょうか。そう、イエスの決定的な一言があります。今日語られたものです。「わたしは道である」（6節）。天に昇るための道はイエスです。イエスとのかかわりを生き続けていくこと、愛においてイエスに倣うこと、その歩みに歩を重ねることです。キリスト者であるわたし、キリスト者であるあなた、キリスト者であるわたしたち一人ひとりが、自らの心に問うてみましょう。「どの道を歩いているだろうか」と。天の国へと至らないいくつもの道があります。世俗の道、自分第一の道、利己的な権力の道です。そしてイエスの道があります。身を低くする愛の道、祈りの道、柔和の道、信頼の道、他者に仕える道です。自分が目立つ道ではありません。自分の人生の中心人物であられる、イエスの道です。「イエス様、わたしのこの選択をどのように思われますか。この状況で、あの人々と、あなただったらどうなさるでしょうか」。そのように、あのかたに日々尋ねながら進むのです。天の国へと導いてくださるかた、道であるかた、イエスに聞けばよいのです。わたしたちの聖母、天の后《きさき》よ、天の国を開いてくださるイエスの後をついて行けるよう、わたしたちを助けてください。

復活節第五主日の五月十日（日）正午に、教皇公邸書斎内からの動画配信にて行った「アレルヤの祈り」で、祈りの前に述べたことば（原文イタリア語）。

「アレルヤの祈り」の後、イタリア語で次のように述べた。

「愛する兄弟姉妹の皆さん。

ヨーロッパとアフリカのことを思います。ヨーロッパは、一九五〇年五月九日のシューマン宣言から七十周年を迎えました。それはヨーロッパ融和の歩みを喚起し、第二次世界大戦後のヨーロッパ大陸の民族の和解と、今日なお享受されている長期にわたる安定と平和を可能にしました。シューマン宣言の精神は、調和と協力の精神でパンデミックの社会的・経済的影響に向き合うよう求められるEU首脳陣を駆り立てるはずです。

　そしてアフリカにも目を向けます。四十年前の一九八〇年五月十日、自身の初のアフリカ大陸司牧訪問中だった聖ヨハネ・パウロ二世は、深刻な干ばつに苦しむサヘル諸国の住民の叫びに声を重ねました。今日わたしは、「ラウダート・シ植樹活動」に従事する青年たちをとてもうれしく思います。目的は、サヘル地区に最低百万本の植樹をすることで、「アフリカの巨大森林壁」の一端を担うことです。こうした青年の模範的連帯に、多くの人が続いてほしいと思います。

　今日は多くの国で母の日を祝います。母である皆さんを、感謝と愛をもって思い起こし、天の母マリアの保護に託します。この世から召され、天から見守っているお母さんたちにも思いをはせます。ここでしばらく沈黙のうちに、それぞれご自分のお母さんに思いをいたしましょう」。

イエスへの愛

愛する兄弟姉妹の皆さん、こんにちは。

今日の主日の福音（ヨハネ14・15―21参照）は、おきてを守ることと聖霊の約束という、二つのメッセージを示しています。

イエスは、ご自身に対する愛をおきての遵守に結びつけ、そのことを告別説教で強調しておられます。「あなたがたは、わたしを愛しているならば、わたしのおきてを守る」（15節）。「わたしのおきてを受け入れ、それを守る人は、わたしを愛する者である」（21節）。イエスはわたしたちに、ご自分を愛するよう求めておられますが、それとともにこのように教えておられます。「その愛はわたしへのあこがれや思いにとどまるものではない。そうではなく、その愛は、わたしの道を、すなわち御父のみ旨を歩む意欲を求めている」と。このことは、互いに愛し合いなさい――（具体化する）第一の愛です――というイエスご自身からの命令に要約されています。「わたしがあなたがたを愛したように、あなたがたも互いに愛し合いなさい」（ヨハネ13・34）。イエスは「わたしがあなたがたを愛したように、わたしを愛しなさい」とはいわずに、「わたしがあなたがたを愛したように、あなたがたも互いに愛し合いなさい」といわれました。イエスは見返りを求めずにわたしたちを愛しておられます。イエスの愛は無償の愛です。決して見返りを求めません。そして、ご自分の無償の愛が、わたしたちの具体的な生き方となるよう望んでおられます。それこそが、イエスのみ旨です。

イエスは、弟子たちがその道を歩むのを助けるため、「別の弁護者」（16節）、すなわち慰め主を、ご自分に代わって、ご自分のことばに耳を傾ける知性と、そのことばに従う勇気を弟子たちに与えてくださる擁護者を、遣わしてくださるよう御父に祈ると約束してくださいます。そのかたは、キリスト者の心に注がれる、神の愛のたまものであるかた、聖霊です。イエスが死んで復活した後も、イエスを信じて、父と子と聖霊の名において洗礼を受けた人には、イエスの愛が注がれます。その聖霊は、彼ら一人ひとりを導き、照らし、強め、逆境や難局に見舞われようとも、喜びのときも、悲しみのときも、イエスの道にとどまり人生を歩めるようにしてくださいます。それがまさにかなうのは、聖霊がその力ある存在をもって、心を慰めてくださるばかりか、真理と愛にも開いてくださるよう、聖霊に従順であり続けることによってです。

聖霊は、わたしたちが過ちや罪を犯しても――だれもが犯します――、くじけないよう支え、イエスのことばの意味を把握し、ことごとくあかしできるようにしてくださいます。「あなたがたは、わたしを愛しているならば、わたしのおきてを守る」（15節）。そのおきては、わたしたちのみじめさや一貫性のなさを映し出す鏡として与えられているのではありません。そういうものではありません。神のことばは、いのちのことばとして与えられています。心を、生き方を変えることば、新たにすることば、罪に定めるべく裁くことなく、かえって回復させてゆるそうとしておられる、いのちのことばです。神のあわれみとは、そのようなものです。みことばはわたしたちの足取りを照らす光です。そのすべては、聖霊の働きなのです。そのかたは、神から与えられたかた、神ご自身です。自由な者となるよう、愛することを望み知る者となるよう、生きるとは、主に信頼する者の上に主が働かれる奇跡を告げ知らせる使命であると理解する者となるよう、わたしたちを助けてくださるかたです。

みことばに聞き、聖霊のたまものを受けるすべを知っておられる教会の模範であるかた、おとめマリアがわたしたちを助けてくださいますように。心を温め、歩みを照らしてくださる神の炎、聖霊による支えを自覚しながら、喜びをもって福音を生きられますように。

復活節第六主日の五月十七日（日）正午に、教皇公邸書斎内からの動画配信にて行った「アレルヤの祈り」で、祈りの前に述べたことば（原文イタリア語）。

「アレルヤの祈り」の後、イタリア語で次のように述べた。

「愛する兄弟姉妹の皆さん。

明日は、聖ヨハネ・パウロ二世（一九二〇―二〇〇五年）がポーランドのヴァドヴィツェで生まれて百年になります。わたしたちは彼を、愛慕と感謝をもって思い起こします。明日朝七時に、記念のミサをささげます。その様子は世界に中継される予定で、棺が安置された祭壇で行います。彼は天国で、神の民のために、そして世界の平和のために祈り続けておられます。

信者との典礼祭儀が、いくつかの国で再開されました。可能性を検討している国もあります。イタリアでは明日から信徒とのミサを行うことが可能になります。ただくれぐれも、与えられた規定、ルールを守って進めていきましょう。一人ひとりと民の健康を守るためです。

五月は伝統的に、多くの小教区で初聖体のミサが行われます。もちろんパンデミックのために、信仰にとってすばらしいこの機会と祭儀が延長されています。ですから初聖体を受けるはずだった少年少女の皆さんに、愛を込めて思いを伝えます。愛する友の皆さん。延期された期間を、皆さんの心のよりよい準備期間にしてください。お祈りをして、イエスについてよく知るために信仰教育本（カテキズム）を読み、よい行いと他者への奉仕をよくできるようにして準備しましょう。よい歩みとなりますように。

本日より、来週の日曜日までのラウダート・シ週間が始まります。回勅の公布五周年を記念するものです。わたしたちの共通の家（地球）に心を向ける重要性をいっそう強く自覚させられるこのパンデミックにおいて願います。皆でともに考え行動することで、被造物に心を向ける積極的な姿勢を作り、それを保ち続けることができますように」。

この日の翌日の五月十八日は聖ヨハネ・パウロ二世の生誕百年に当たり、記念のミサが、聖ヨハネ・パウロ二世の棺が安置された、サン・セバスチアノ礼拝堂で執り行われた。ミサの様子はライブ配信された。

なお、新型コロナウイルス感染防止措置として不特定多数が集うミサが中止されていたイタリアで、同十八日から二か月ぶりに、信徒の参加するミサ、結婚式、葬儀、洗礼式などの典礼祭儀が再開されることとなった。マスク着用、参加者どうしの一メートル以上の距離の確保が定められ、手指や備品の消毒、体温測定などのルールに参加者が従うことが条件とされた。公開ミサの開始に伴い、約二か月にわたって行われてきた朝のサンタマルタ館での教皇ミサの動画配信は終了となった。ミサの説教は、テキストにて公開されるこれまでの形式に戻された。五月十七日時点で米国、英国に次いでコロナによる死者が世界第三位（三万一千人以上）であったイタリアでは、三月下旬をピークに新規感染者や死者の数が減少傾向となり、連日五百人を超えていた死者数も、五月には二百名を下回る日が続いていた。

主の昇天

愛する兄弟姉妹の皆さん、こんにちは。

今日は、イタリアや他の国々で、主の昇天の祭日を祝います。福音箇所（マタイ28・16―20参照）は、ガリラヤに集まり、「イエスが指示しておかれた山に登った」（16節）使徒たちのことを伝えます。復活した主と弟子たちが最後に集ったのは、山上でした。「山」には、重要な象徴的な意味があります。山上でイエスは真福八端の教えを告げ（マタイ5・1―12参照）、山に入って祈り（マタイ14・23参照）、その場所で群衆を迎え、病者をいやしました（マタイ15・29参照）。しかし今、山の上におられるのは、わざを行い、教え、いやしてくださる師なるかたというよりも、弟子たちに、行動し、告げ知らせるよう求め、ご自分のわざを続けるよう命じる、復活したかたです。

復活した主は、すべての民に対する使命を弟子たちに託します。主はいわれます。「だから、あなたがたは行って、すべての民をわたしの弟子にしなさい。彼らに父と子と聖霊の名によって洗礼を授け、あなたがたに命じておいたことをすべて守るように教えなさい」（19―20節）。使徒たちに託された使命の内容は、告げ知らせること、洗礼を授けること、教えること、そして師なるかたが歩まれた道を、すなわち生きている福音がたどった道を、歩むことです。この救いのメッセージには、何よりもまず、あかしが伴います。あかしがなければ、そのメッセージを告げ知らせることはできません。現代の弟子であるわたしたちもまた、信仰の道を明らかにするよう求められています。そうした重大な任務を前にしたとき、己の弱さを思うと、自分には無理だと考えてしまいます。使徒たちもきっとそうだったでしょう。それでも、くじけてはなりません。天に昇る前にイエスが使徒たちにいわれたことばを思い起こしましょう。「わたしは世の終わりまで、いつもあなたがたとともにいる」（20節）。

この約束は、イエスの揺るがない、いやしを与える現存を保証しています。それでは、その現存はどのように実現するのでしょうか。各人の人生の同伴者として、歴史を旅するよう教会を導いておられる、ご自分の霊を通してです。キリストと御父から遣わされたこのかた、聖霊は、罪のゆるしのわざを行ってくださり、悔い改め、信頼をもって主の恵みに開かれたすべての人を聖化してくださるかたです。イエスは、世の終わりまでわたしたちとともにいるという約束をもって、この世において、復活した主としての現存のしかたを始めます。イエスはこの世におられますが、別のしかたによるものです。それは、復活した主としてのしかた、つまり、みことばにおいて、秘跡において、聖霊の絶え間ない内的な働きにおいて現される存在です。主の昇天の祭日がわたしたちに伝えるのは、イエスは御父の右の座に栄光のうちに着くために天に昇られましたが、今も、いつも、わたしたちとともにおられるということです。イエスは、聖霊の力をもってわたしたちの間にいてくださる――。まさしくそれが、わたしたちの力、粘り強さ、喜びの源なのです。

　おとめマリアが、母としての保護をもって、わたしたちの旅に寄り添ってくださいますように。わたしたちはこのかたから、復活した主を世にあかしする者となるための、優しさと勇気を学ぶのです。

主の昇天の祭日の五月二十四日（日）正午に、教皇公邸書斎内からの動画配信にて行った「アレルヤの祈り」で、祈りの前に述べたことば（原文イタリア語）。

「アレルヤの祈り」の後、イタリア語で次のように述べた。

「愛する兄弟姉妹の皆さん。

中国のキリスト者の助け手であり保護者であり、上海の佘山《シェシャン》の巡礼聖堂で崇敬されるおとめマリアの祝日を今日祝っておられる、中国のカトリック信者に心を合わせましょう。あの大国のカトリック教会の司牧者と信者を、わたしたちの天の母の導きと保護にゆだねましょう。信仰を強め、兄弟愛を固く結び、喜びをもってあかしし、愛と兄弟愛の希望の推進者となり、正しい市民となれますように。

愛する中国のカトリックの兄弟姉妹の皆さん。皆さんに約束したいと思います。皆さんがその一員として属している普遍教会は、皆さんの希望に心を重ね、人生の試練において皆さんを支えます。教会は、聖霊が新たに注がれるよう祈りをもって皆さんに寄り添います。皆さんの中で、福音の光と美が、信じるすべての人を救われる神の力が、輝きますように。わたしの強い心からの愛を、今一度、皆さんに伝えます。特別な使徒的祝福を送ります。聖母が皆さんをいつも守ってくださいますように。

最後に、扶助者マリアの取り次ぎに、主の弟子と善意あるすべての人をゆだねましょう。この困難なときにあって、平和のため、国家間の対話のため、貧しい人のため、被造物保護のため、身体的・精神的・心理的なあらゆる病に対する人間の勝利のために、世界各地で、情熱をもって真剣に働いておられるかたがたです。

今日は世界広報の日で、今年は物語ることをテーマにしています。この行事がわたしたちを支え、わたしたちは皆、自分の人生を超えた大きな物語の一部であることを、互いに兄弟として真に世話をし合えたなら希望をもって未来が見られることを理解させてくれる、編まれつつある物語を語り、共有できますように。

扶助者マリアの日にあたる今日、サレジオ会系の会員たちに愛を込めて心からのあいさつを送ります。わたしはドン・ボスコの子どもたちから受けた霊的養成を、ありがたく思い出しています。

今日はもともと、アチェッラ（ナポリ県）に出向き、地元の人たちの信仰と、いわゆる〝劫火の地（terra dei fuochi）〟における悲惨な公害との闘いに尽くす人々の取り組みを励ますつもりでした。ですが訪問は延期となりました。司教、司祭、家族、教区共同体すべてのかたがたに、わたしからのあいさつと祝福と励ましを送ります。できるだけ早くお目にかかりたいと思っています。必ずうかがいますからね。

そして今日はさらに、回勅『ラウダート・シ――ともに暮らす家を大切に』五周年に当たります。この回勅をもって、地球と貧しい人の叫びに注意を払うよう呼びかけました。ありがたいことに人間開発のための部署からの企画で、先ほど終了したばかりの「ラウダート・シ週間」（五月十七日―五月二十四日）から、『ラウダート・シ』を記念する特別年が生まれようとしています。今年五月二十四日から来年五月四日までの間の、回勅をしっかりと考えるための特別年です。わたしたちがともに住む家と、もっとも弱い立場にあるわたしたちの兄弟姉妹をいたわるため、賛同くださるようすべての善意の人に呼びかけます。特別年のための祈りは、以下に掲載します。祈ってくだされればと思います」。

ナポリ北部の「死の三角地帯」と呼ばれるアチェッラ、マリリアーノ、ノーラ一帯には、五千に上る違法廃棄物処理場があり、その不法な処理による深刻な公害が発生している。一九八〇年ころから地元のマフィアが有害廃棄物の不法投棄や焼却に関与した影響で、周辺地区では癌や先天性奇形による死亡率が劇的に増加するなど、深刻な健康被害が拡大している。数千トン以上もの未処理のごみの異臭も問題となっており、二〇〇七年から二〇〇八年にそうした大量の放置ごみに憤る住民が廃棄場に放火して起きた火災も激増した。作家ロベルト・サヴィアーノ（一九七九年生）が、マフィアの問題を描いた『死都ゴモラ』（*Gomorra:* 邦訳は、大久保昭男訳、『死都ゴモラ――世界の裏側を支配する暗黒帝国』河出書房新社、二〇〇八／二〇一一年）の中で、この三角地帯を「劫火の地」と名づけた。

＊＊＊

『ラウダート・シ』特別年の祈り

愛にあふれる神、
天地万物の造り主よ。
わたしたちの考えを解き放ち、心に触れてください。
あなたのたまものである被造物の一員でいられますように。

この過酷な日々の中で苦しんでいる人、

とくにもっとも貧しい人、弱い立場にある人に、寄り添ってください。
感染症の世界的流行に立ち向かう中で、
創造的な連帯を示すことができるよう支えてください。
共通善を求めて、
変化を受け入れる勇気をお与えください。
皆が互いに結ばれ、依存し合っていることを
今こそ、感じることができますように。

地球と貧しい人々の叫びに耳を傾け、
こたえられるようにしてください。
今ここにある苦しみが、
いっそう兄弟愛にあふれた、持続可能な世界を築くための、
産みの苦しみとなりますように。

扶助者聖マリアの愛にあふれたまなざしのもと、
わたしたちの主キリストによって祈ります。
アーメン。

聖霊降臨

愛する兄弟姉妹の皆さん、こんにちは。

広場が開放され、今日わたしたちは戻ってくることができました。うれしいです。

今日は、聖霊が最初のキリスト教共同体の上に注がれたことを記念する、聖霊降臨を盛大に祝います。今日の福音（ヨハネ20・19－23参照）は、復活の日の夕方にわたしたちを連れ戻し、高間に逃れていた弟子たちの前に現れた復活されたイエスを示します。弟子たちはおびえていました。「イエスが来て真ん中に立ち、『あなたがたに平和があるように』といわれた」（19節）。復活した主が発した最初のことば「あなたがたに平和があるように」には、あいさつ以上のものがあると考えられます。そこには、ご自分を捨てておいて逃げた弟子たちに与えられたゆるしが表れているからです。和解とゆるしのことばです。わたしたちもまた、だれかとの和解を望むときには、相手をゆるし、自分もゆるされるよう求めます。イエスは、恐れていた弟子たちに、目撃談を、つまり空の墓を信じようとしなかった弟子たちに、マグダラのマリアや他の女性たちの証言を真に受けなかった者たち、まさにそのような弟子たちに、ご自分の平和をお与えになります。イエスはゆるしてくださいます。イエスは必ずゆるしてくださり、ご自分の友に平和を与えてくださいます。どうか忘れないでください。イエスは、うんざりすることなくゆるしてくださいます。ゆるしを請うのにうんざりしてしまうのは、わたしたちのほうなのです。

　イエスは弟子たちをゆるし、ご自分の周りに集めることにより、彼らを教会に、ご自身の教会に、つまりゆるされた、宣教の支度の整った共同体になさいます。和解を得て、宣教の準備が整ったのです。和解がなければ、共同体は宣教できる状態にはありません。つまり自分の内なる声と語り合う状態、内的（対話）の状態にはないのです。復活した主との出会いは、使徒たちを一変させ、勇気にあふれるあかし人にします。事実、その後すぐに主はいわれます。「父がわたしをお遣わしになったように、わたしもあなたがたを遣わす」（21節）。使徒たちは、御父がイエスに託されたその使命を続けるために遣わされることを、このことばははっきりと示しています。「わたしもあなたがたを遣わす」。ですから、もう引きこもったり嘆いたりしているときではありません。主とともに過ごした「幸せなとき」を思い感傷に浸っているときではありません。復活の喜びは偉大ですが、それは広がりゆく喜びであり、自分のもとにとどめておくべきではなく、手渡すものです。復活節の主日には、初めにこのエピソードが朗読され、それから、エマオの弟子たちとの出会い、その次によい羊飼いの話、そして別れのあいさつ、聖霊の約束が続きます。そのどれもが、弟子たちの信仰を――わたしたちの信仰をも――、宣教という使命に向けて強めてくれます。

　まさに宣教を盛り立てるために、イエスはご自分の霊を使徒たちにお与えになります。福音はいいます。「彼らに息を吹きかけていわれた。「聖霊を受けなさい」」（22節）。聖霊は、罪を焼き払い、新しい人間をお造りになる炎であられます。また、弟子たちがそれをもって世に火をつけることになる、愛の炎でもあられます。優しさのあの愛、弱い人、貧しい人、疎外された人……彼らを殊のほか愛する優しさの愛です。洗礼と堅信の秘跡によって、わたしたちは聖霊とそのたまものを受けました。上智、聡明、賢慮、勇気、知識、孝愛、主への畏敬というたまものです。最後のたまもの、主への畏敬というものは、かつて弟子たちを動けなくさせた恐怖とはまったく逆のものです。それは主への愛です。主のあわれみ深さと優しさに対する確信であり、主が示された道を、いかなるときも主とその支えを欠くことなく進むことができるという自信です。

わたしたちの内には、いのちの与え主である聖霊が住んでおられるという自覚を、聖霊降臨の祭日は新たにしてくれます。聖霊はわたしたちにも、小さな集団に過ぎない、わたしたちの「高間」という防護壁の外へ、平穏な生活に甘んじ、不毛な惰性に流されたままでいないで出ていける勇気を与えてくださいます。マリアを仰ぎ見ましょう。聖霊が訪れたとき、マリアはそこに、使徒たちとともにおられました。聖霊降臨の驚きを体験した初期共同体の中心人物であったかたです。宣教への情熱が教会にもたらされるよう、マリアに祈りましょう。

聖霊降臨の祭日の五月三十一日（日）正午に、教皇公邸書斎の窓から、サンピエトロ広場に集まった信者とともに行った「アレルヤの祈り」で、祈りの前に述べたことば（原文イタリア語）。

「アレルヤの祈り」の後、イタリア語で次のように述べた。

「愛する兄弟姉妹の皆さん。

七か月前、アマゾンシノドスが閉幕しました。今日、聖霊降臨の祭日に、聖霊に祈り、教会とアマゾンの社会に、光と力を与えてくださるよう願いましょう。アマゾン地域は今、パンデミックの試練が深刻です。多くの人が罹患し、亡くなっています。とりわけ脆弱な、先住民族のかたがたもそうです。アマゾンの母の執り成しを通して、愛するあの地のもっとも貧しい人、身を守る手立てのないもっとも弱い人のために祈ります。また、世界中の人々のためにも祈ります。どうかだれも医療を受けられずにいることがないよう強く訴えます。人々の治療にあたってください。経済のために出し惜しみしないでください。人々を世話することは、経済よりも大事なことです。わたしたち人間は、聖霊の神殿なのであって、経済のものではありません。

本日は、病気の人との連帯を促す、イタリアの慰めの日に当たります。すべての皆さんに、このような時期にはとくに、隣人の看護をなさったかたや、今看護しておられるかたに、あらためて感謝をお伝えいたします。このパンデミックの最中に、患者を助けて自らのいのちをささげたすべての人を、感謝と賛美をもって思い起こします。黙禱をもって、医師、ボランティア、看護師、福祉士のかたがたと、このたび亡くなられた多くのかたのために祈りましょう。

聖霊降臨の主日、おめでとうございます。聖霊の光と力をわたしたちはとても必要としています。教会が協調して勇気をもって福音をあかししつつ前に進むためには、聖霊が必要です。人類家族全体が、この危機を脱してさらに強く結ばれ、これ以上の分裂を被らないようにするためには、聖霊が必要です。ご承知のとおり、今回のような危機によって、かつてと同じになることはありません。よくなるか、悪くなるかです。変える勇気を、よりよくする勇気をもてますように。以前よりよくするための勇気を、パンデミック後の世界を前向きに築くための勇気をもてますように」。

ローマ市の新型コロナウイルス感染拡大防止措置の段階的解除に伴い、この日、三月一日（日）以来ほぼ三か月ぶりに、教皇公邸書斎の窓から広場に集った信者に向けて「アレルヤの祈り」が行われた。通常晴れた主日には数万人の信者と巡礼者が集うが、この日は数百人が互いに距離を保って参加した。一方、南米ブラジルの新型コロナウイルス感染者は過去一か月足らずで五倍に増えて累計五十万人を超え、この日の時点で感染者数は米国に次ぎ世界で二番目となり、死者数は三万人に迫る勢いで、米国、英国、イタリアに次いで世界四番目となっていた。

教皇はこの日、午前十時からサンピエトロ大聖堂で聖霊降臨の祭日を祝うミサを司式した。ミサには約五十名の信者が互いに距離を保って参加した。当初ミサはサンティッシモ・サクラメント礼拝堂で行われる予定であったが、バチカンの感染拡大措置の段階的解除に伴い、司教座の祭壇に変更された。

この日教皇は、神言修道会の成井大介師を新潟教区司教に任命することを発表した。

三位一体

愛する兄弟姉妹の皆さん、こんにちは。

三位一体の祭日である今日の福音（ヨハネ3・16—18参照）は、ご自分の被造物であるこの世界への神の愛の神秘を、使徒ヨハネの簡潔な言い回しで示します。ニコデモとの短い会話の中でイエスは、この世のための御父の救いの計画をなし遂げるかたとして、ご自分を示しておられます。イエスははっきりといわれます。「神は、その独り子をお与えになったほどに、世を愛された」（16節）。この箇所が伝えようとしているのは、神の三つの位格《ペルソナ》——父と子と聖霊——のわざはただただ、人類と世を救うたった一つの愛の計画、わたしたちのための救いの計画によるものだということです。

神はこの世界をよいもの、美しいものとしてお造りになりましたが、罪の後に、世界には悪と退廃が刻まれています。わたしたちは、男も女も皆罪人です。ですから神は、この世を裁くため、悪を滅ぼし罪人を罰するために、介入することもできたでしょう。しかし神は、人間の罪にもかかわらず世を愛しておられます。神は、わたしたちが過ちを犯してご自分から離れようとも、わたしたち一人ひとりを愛しておられます。父なる神は、世を救うため、ご自分のもっとも大切な独り子をお与えになるほどに、世を愛しておられます。独り子は、人間のためにご自分のいのちをささげ、復活して、御父のもとに昇り、御父とともに聖霊を遣わしておられます。ですから、三位一体の神は愛なのです。救い、再び創造したいと望む、この世のための愛です。今日、わたしたちは父と子と聖霊である神について考え、神の愛について思い巡らしましょう。自分は愛されていると感じられるのは、なんとすばらしいことでしょう。「神はわたしを愛しておられる」、これこそが、今日感じるべきことです。

　イエスによる、御父がご自分の独り子をお与えになったという明言から、わたしたちはすぐに、創世記が語るアブラハムを、その息子イサクがささげられたことを思い浮かべます（22・1―14参照）。これが、神の愛の「限りのなさ」です。神がどのようにモーセにご自分を明かされたかについても考えてみましょう。神は優しさにあふれ、あわれみ深く、恵みに富み、忍耐強く、いつくしみとまことに満ちておられます（出エジプト34・6参照）。出エジプト記が伝えるように、こうした神との出会いにモーセは力づけられ、民と主との間に立つことを恐れず、このようにいいました。「確かにかたくなな民ですが、わたしたちの罪と過ちをゆるし、わたしたちをあなたの嗣業《しぎょう》として受け入れてください」（34・9）。そして、神は御子を遣わすことで、それをかなえてくださいました。わたしたちは、御子において、聖霊の力によって、子らであるのです。わたしたちは神の嗣業なのです。

兄弟姉妹の皆さん。今日の祭日は、神の美に、つまり美と、善と、くみ尽くすことのできない真理に、今一度魅了されるようわたしたちを招きます。美であり、善でもありますが、謙遜な、身近な真理でもあられ、わたしたちの生に加わるために、わたしたちの歴史に、わたしの人生に、わたしたち一人ひとりの人生に加わるために、受肉なさいました。一人ひとりがその真理と出会い、永遠のいのちを受けるためです。信仰とは、愛なる神を受け入れることです。キリストにおいてご自身を与えておられ、聖霊においてわたしたちを突き動かそうとなさる、愛なる神を受け入れることです。神に出会っていただき、神に信頼することです。これが、キリスト者の生き方です。愛すること、神と会うこと、神を求めることです。ですが、まず神がわたしたちを探し、まず神がわたしたちと会ってくださるのです。

三位一体の神を宿されたおとめマリアの助けによって、神の愛を開かれた心で受け入れられますように。神の愛は、わたしたちを喜びで満たし、この世におけるわたしたちの旅に意味を与え、目的地、天の国へといつも導いてくださいます。

三位一体の祭日の六月七日（日）正午に、教皇公邸書斎の窓から、サンピエトロ広場に集まった信者とともに行った「お告げの祈り」で、祈りの前に述べたことば（原文イタリア語）。

「お告げの祈り」の後、イタリア語で次のように述べた。

「愛する兄弟姉妹の皆さん。

ローマ市民と巡礼者の皆さん、信者個人個人で、家族で、修道会で来てくださった皆さんにごあいさつ申し上げます。こうしてこの広場に集まった皆さんにお会いできることは、緊急事態が一部残っているものの、イタリアにおけるパンデミックは終息しつつあることの表れです。それでも気を抜かないでください。まだ勝利宣言はしないでください。勝利に歓喜するには早すぎます。解除されていない規定は、引き続きしっかり守らなければなりません。ウイルスの感染拡大防止のための規定だからです。神のおかげでわたしたちは、最悪のところからは脱しつつありますが、それは行政当局が定めた規定をずっと守ってきたからでもあるのです。残念ながら他の国々では――いくつもの国が思い浮かびますが――、ウイルスによってなおも大勢の死者が出ています。先週の金曜日には、一分間に一人が亡くなった国もありました。何とひどいことでしょうか。わたしは、それらの国の人々、患者とその家族、そして彼らを看護するすべての人に心を寄せていることを伝えたいと思います。祈りのうちに、彼らに寄り添いましょう。

六月は、特別にキリストのみ心にささげられた月です。神の民である、偉大な霊的教師らと普通の人々とを結ぶ、信心の月です。実に、イエスの人としての心臓であり神としてのみ心は、わたしたちがつねに神のあわれみ、ゆるし、優しさをくみ上げることのできる源泉です。福音箇所に目を向けることで、わたしたちはその泉からくむことができ、イエスのしぐさ一つ一つ、ことば一つ一つの中心は愛であること、御子を遣わした御父の愛、わたしたちの内におられる聖霊の愛であることを感じることができるでしょう。また、この愛が秘跡において現存する聖体をあがめることでも、その泉からくむことはできるはずです。そうしてわたしたちの心もまた、イエスのみ心に倣い、少しずつ、より辛抱強く、寛大に、思いやりをもったものとなるでしょう。古い祈りがあります。わたしは祖母から教わりました。「イエス様、わたしの心をあなたの心のようにしてください」。美しい祈りですね。「わたしの心をあなたの心のようにしてください」。短いですがよい祈りです。今月祈ってみてください。今ご一緒に祈ってみませんか。「イエス様、わたしの心をあなたの心のようにしてください」。もう一度、「イエス様、わたしの心をあなたの心のようにしてください」。

キリストの聖体

愛する兄弟姉妹の皆さん、こんにちは。

イタリアや諸外国では今日、キリストの聖体の祭日を祝います。今日の第二朗読で聖パウロは、このコムニオ（聖体／交わり）の神秘に対するわたしたちの信仰をかき立ててくれます（一コリント10・16―17参照）。パウロは、分かち合う杯《さかずき》と裂かれたパンの二つの効力を強調します。すなわち神秘的な効力と共同の効力です。

初めに使徒は、こう断言します。「わたしたちが神を賛美する賛美の杯は、キリストの血にあずかることではないか。わたしたちが裂くパンは、キリストのからだにあずかることではないか」（16節）。このことばは、聖体の神秘的効果、あるいは霊的な効果ともいえるものを表しています。ここで大切なのは、すべての人を救うために、パンとぶどう酒においてご自分を差し出しておられるキリストとの一致です。イエスは聖体の秘跡のうちに現存しておられます。わたしたちの食べ物となるため、消化吸収（同化）されて、わたしたちの中で革新的な力となるためです。立ち止まってしまったり、挫折したりしても、そのたびに、再び活力を与え、やり直す意欲を取り戻してくれる力となります。ですがそれには、わたしたちの同意が必要です。自分を、その考え方や行動のしかたを、変えていただこうとする意欲が必要です。そうでなければ、わたしたちの参加している感謝の祭儀は、中身のない形式だけの儀式となってしまいます。行かなければならないからミサに行く人、社会的に大事なものとして、ただし社交上のものとして、ミサに行く人が大勢います。しかし、神秘はそんなものではありません。わたしたちをはぐくむために来られたイエスが、現にそこにおられるのです。

第二の効力は、共同の力です。聖パウロは次のように説明しています。「パンは一つだから、わたしたちは大勢でも一つのからだです」（17節）。ここで大切なのは、感謝の祭儀《エウカリスチア》の参加者（聖体《エウカリスチア》にあずかる者たち）の相互の交わりによる一致です。裂かれて分配されるのは一つのパンであるように、参加者どうしで一体となるほどに交わるのです。わたしたちは、キリストのからだと血によって養われる共同体です。キリストのからだとの交わりは、一致、交わり、分かち合いの、力あるしるしです。真摯な、相互の兄弟愛に励まなければ、聖体にはあずかれないはずです。ですが主は、わたしたち人間の力だけではそれが十分に果たせないことをご存じです。それどころか、ご自分の弟子たちにもつねに競争、嫉妬、偏見、分裂への傾きがあるだろうことを知っておられます。わたしたちも皆、その自覚はあります。だから主は、実際、具体的で永続するご自分の現存の秘跡をわたしたちに残してくださったのです。そうすることでわたしたちは主と一つになり、兄弟愛のたまものを必ず受けられるようになるのです。「わたしの愛にとどまりなさい」（ヨハネ15・9）とイエスはいわれました。聖体のおかげで、それは可能となります。友情に、愛に、とどまってください。

　聖体のこの二つの実り、一つ目のキリストとの一致と、二つ目のキリストに養われる者どうしの交わりが、キリスト教共同体を生み、それをつねに新たにし続けるのです。教会は聖体をつくりますが、それよりも根源的なのは、聖体が教会をつくることであり、それは、その使命を――たとえ十分にではないにしろ――果たせるようにさせるのです。交わりの神秘、聖体の神秘とは、内側から変えていただくためにイエスを受けること、わたしたちを分裂させるのではなく一致させるためにイエスを受けることなのです。

　おとめマリアの助けにより、イエスがご自分のからだと血の秘跡を残すことで与えてくださったすばらしいたまものを、いつも驚きと感謝をもって受けることができますように。

六月十四日（日）正午に、教皇公邸書斎の窓から、サンピエトロ広場に集まった信者とともに行った「お告げの祈り」で、祈りの前に述べたことば（原文イタリア語）。

「お告げの祈り」の後、イタリア語で次のように述べた。

「愛する兄弟姉妹の皆さん。

リビアでの無残な状況を、非常に案じ、また胸を痛めながら注視しています。ここ数日、わたしの祈りにはいつもリビアがあります。どうかお願いします。国際社会と、政府および軍の責任者のかたがたに強く申し上げます。この国に、和平と安定と一致をもたらすため、確信と決意をもって、暴力停止の道を探ってください。また、数千もの移民、避難民、避難希望者のためにも祈っています。衛生状況が彼らの不安定な境遇を悪化させ、搾取や暴力に対してより脆弱にさせています。むごいことです。国際社会に呼びかけます。どうか彼らの境遇を心に置き、彼らが必要とする支援、尊厳ある暮らし、希望の未来を得られるような道を探り、方策を尽くしてください。兄弟姉妹の皆さん。わたしたちはだれもが、このことに責任があります。無関係だと思ってよい人などいません。皆で、沈黙のうちに、リビアのために祈りましょう。

今日は世界献血者デーです。必要な人に手を差し伸べ関心を寄せる社会となるよう啓発する機会です。ここにいるボランティアのかたがたにごあいさついたします。単純ですがとても大切な、献血という他者を助けるこの行為を実行しているすべての人に感謝を表します」。

　キリストの聖体の祭日は、イエスが聖体を制定した最後の晩餐との関係から、三位一体の主日の直後の木曜日に祝うことになっているが、多くの信者がミサに参加しやすいよう、日本を含む多数の国で三位一体の主日の翌週の日曜日に記念される。この日教皇は、午前九時四十五分から、サンピエトロ広場にてキリストの聖体のミサを司式した。この日も新型コロナウイルス感染拡大防止措置のため、わずかな奉仕者と五十名ほどの信者にミサ参加者は制限された。例年行われている伝統の聖体行列は行われなかったが、ミサの終わりに、聖体賛美式が執り行われた。

　リビアは国家が東西に分裂して内戦状態にある。一月に、欧米や中国、ロシア、トルコなど関係各国が、軍事介入停止や武器禁輸の徹底を盛り込んだ共同声明を採択したものの、五月になって、対立する暫定政権とＬＮＡ（リビア国民軍）に対し、トルコとロシアがそれぞれ介入を強化したことで犠牲者が増大していた。六月一日、和平協議への復帰の合意を国連が発表したが、過去に複数回失敗しており、長期停戦の見込みは不透明であった。リビアはまた、貧困や戦争による避難民が欧州に向かう際に滞在する経由地ともなっているが、数多くの移民希望者が劣悪な環境の収容施設に置かれている。

宣教するキリスト者

愛する兄弟姉妹の皆さん、こんにちは。

今日の主日の福音（マタイ10・26―33参照）の中に響くのは、弟子たちに向けたイエスの招きです。恐れてはならない、人生の困難に直面しても、心を強くして自信をもちなさいと呼びかけ、これから訪れる試練を予告しておられます。今日の箇所は宣教に関する説教の一部です。この説教を通して師なるかたは、神の国を告知する最初の経験のために、使徒たちを備えさせています。イエスは弟子たちに、「恐れるな」としつこく言い聞かせます。恐れは、わたしたちキリスト者の人生における、非常に手ごわい敵の一つです。イエスは言い聞かせます。「恐れるな」、「恐れてはならない」。そうしてイエスは、彼らがこれから直面することになる、具体的な三つの状況を説明なさいます。

まず一つ目は、神のことばをオブラートで包んだり、希釈したり、告げる者を黙らせたりして、みことばを響かないようにする人の敵意です。その状況の中でもイエスは、弟子たちに託した救いのメッセージを広めるよう励ましておられます。主はそれまで、慎重に、ほとんどひそかといってよい状態で、わずかな人数の弟子たちに教えておられました。ところが彼らは、主の福音を「明るみで」、つまり公然と語り、「屋根の上で」――そうイエスはいわれます――、つまり大っぴらに告げなければなりません。

　キリストに遣わされた宣教者が直面する二つ目の試練は、彼らに向けられる身体的な脅威です。つまり、殺されるに至る、彼ら個々人に対しての直接的な迫害です。イエスのこの預言はいつの時代にも起こります。痛ましい現実ですが、それはあかし人の忠実さを立証します。今日も、どれほど多くのキリスト者が世界中で迫害されていることでしょう。愛をもって福音のために苦しむ人々は、現代の殉教者です。そして確実にいえるのは、そうした人は初期の殉教者よりもはるかに多くいるということです。キリスト者だというだけで、こんなにも多くが殉教者となるのです。昔も今も、迫害に苦しむそうした弟子たちに、イエスは助言しておられます。「からだは殺しても、魂を殺すことのできない者どもを恐れるな」（28節）。尊大な態度で、暴力的に、福音宣教の力を封じようとする人々を恐れることはありません。そうした人々は、魂に対して、つまり神との結びつきに対して、実際には何もできません。何人も、それを弟子たちから奪うことはできないのです。それは神からのたまものだからです。弟子たちが恐れるべき唯一のことは、その神のたまものを失うことです。神と親しくあること、神との友情を失って、福音に従って生きるのをやめてしまい、罪の結果である道徳的な死を体験することです。

三つ目の、使徒たちが直面するはずの試練として、イエスは、一部の人たちが覚えるだろう不安感を挙げています。神に見捨てられた、遠く離れてしまい黙殺されている、という感覚です。ここでも、恐れるなと強く説いておられます。いかなる危険に陥ろうとも、弟子たちのいのちは、わたしたちを愛して守ってくださる神のみ手に、しっかりと握られているからです。三つの誘惑といえるもの——福音を甘く包み、薄めてあいまいにすること、二つ目は迫害、三つ目は神に捨てておかれたという不安感です。イエスでさえもこの試練を、オリーブの園で、そして十字架上で、お受けになりました。「父よ、なぜわたしをお見捨てになったのですか」、そうイエスはいっておられます。こうした霊的砂漠を感じることもありますが、恐れてはなりません。御父はわたしたちの面倒を見てくださいます。御父の目には、わたしたちは大切な宝として映っているからです。重要なのは、率直さであり、信仰をあかしする勇気です。それは、「人々を前にして、イエスを認めること」、そして善行をしながら先へと進むことです。

苦境にあって、また危険に見舞われたとき、神に信頼し身をゆだねる模範であるかた、聖マリアが助けてくださいますように。絶望に屈することなく、どんなときも神とその恵みとに身を預けることができますように。神の恵みは、つねに悪よりも強いのです。


年間第十二主日の六月二十一日（日）正午に、教皇公邸書斎の窓から、サンピエトロ広場に集まった信者とともに行った「お告げの祈り」で、祈りの前に述べたことば（原文イタリア語）。

「お告げの祈り」の後、イタリア語で次のように述べた。

「愛する兄弟姉妹の皆さん。

昨日は国連の世界難民の日でした。コロナウイルスによる難局は、避難した人々にも、必要な支援を確保し、彼らの尊厳と安全を守る必要性をはっきり見えるようにしました。あらゆる人の、なかでも、自身や家族に大きな危険が及ぶ状況で避難するしかなかった人々への具体的支援のために、すべての人の革新的で効果的な参与を求めるわたしの祈りに、皆さんも加わってくださるようお願いします。

パンデミックによって考えさせられた別のことは、人間と環境との関係です。ロックダウンにより汚染が減少し、渋滞や騒音が消えた多くの場所で美しさがよみがえりました。さあ、活動の再開とともに、わたしたち皆が、ともに暮らす家の世話にもっと責任をもつべきです。世界各地での、「下から」生まれてその方向に進んでいく、多くの取り組みを尊敬しています。たとえば、ローマでは今日、テヴェレ川の河川敷清掃があります。ほかの場所にも多くの活動があります。そうしたものによって、この欠くことのできない共通善に対する意識の高い市民を盛り立てていけますように。

今日は、わたしの母国やさまざまな地域で父の日、お父さんの日を祝います。父であるすべてのかたに心を寄せて祈ることをお約束します。ご承知のとおり、お父さんは簡単な仕事ではないですからね。ですから彼らのために祈りましょう。そしてまた、天国からわたしたちを見守り続けている、亡くなったお父さんたちのことも思い起こしましょう。

そしてすべての皆さん、愛するローマの信者と、イタリアのさまざまな地域から来てくださった巡礼者の皆さんにごあいさつします。ようやくお会いすることができるようになりました。徐々に、外国からの巡礼者の皆さんともお会いできるでしょう。どなたか――、いくつか旗が見えます。若者の皆さんにとくにあいさつしたいと思います。今日は、聖ルイジ・ゴンザガ（一五六八―一五九一年）のことを覚えてください。神への愛と、隣人への愛にあふれた少年です。彼は若くして、ここローマで亡くなりました。ペストの患者たちの世話に当たっていたからです。世界中の若者を、彼の執り成しにゆだねます」。

福音の要求

愛する兄弟姉妹の皆さん、こんにちは。

今日の主日に福音（マタイ10・37―42参照）は、主に対する同意を、微塵《みじん》も揺るがさずに完全に生きなさいという招きを、力強く響かせています。イエスは弟子たちに、犠牲や労苦を伴うとも、福音の要求を真剣に受け取るよう求めておられます。

ご自分に従う者に向けた最初の要求は、家族への愛情よりも、ご自分への愛を優先させることです。こういわれます。「わたしよりも父や母を愛する者は、わたしにふさわしくない。わたしよりも息子や娘を愛する者も、わたしにふさわしくない」（37節）。もちろんイエスは、父母や子への愛を軽視するつもりではありません。ただ、家族のきずなは、それを最優先にすると、真の善から離れうることをご存じなのです。考えてみてください。政治における腐敗のいくつかは、愛国心よりも身内に対する愛着が勝り、親族を要職に置くことで生じます。イエスに対しても同じです。（身内への）愛がイエス（に対する愛）よりも強くなるのは、よくありません。これについては、多くの事例があります。親族への愛着が反福音的選択とぶつかるような状況については、いうまでもありません。逆に、父母や子に対する愛が、主の愛によって深められ、清められるなら、その愛は豊かに実り、家庭内に、そして家族以外の人々にもよい実をもたらします。イエスはそうした意味で、このような言い方をなさるのです。必要なことを祭壇に、教会に対してしていると主張しながら、父母にはそれを怠っている律法学者たちを、イエスがどのようにとがめたかを思い出しましょう（マルコ7・8―13参照）。イエスは彼らを強く叱《しか》りました。イエスに対するまことの愛は、父母への愛、子に対する真の愛を必要としますが、家族の利益を優先するならば、それは必ず誤った道につながるのです。

それからイエスは、弟子たちにいわれます。「自分の十字架を担ってわたしに従わない者は、わたしにふさわしくない」（マタイ10・38）。これは、近道しようとせず、イエスご自身が歩まれた道を、イエスに従って進むことです。十字架がなければ、つまり、自身で何ら犠牲を払わなければ、真の愛は生まれません。多くの母親が、多くの父親がいうように、わが子のためにその身をささげ、真の犠牲、十字架を忍ぶのは、愛ゆえなのです。しかも、イエスとともに担うならば、十字架は恐ろしくありません。

どんなに困難な試練に直面しようとも、必ずイエスはそばにいて支えてくださり、力と勇気を与えてくださいます。おびえながら自己中心的な姿勢で、自分の生活を守ろうともがくことは無意味です。イエスはこのように戒めておられます。「自分のいのちを得ようとする者は、それを失い、わたしのためにいのちを失う者は、かえってそれを得るのである」（39節）。これが福音のパラドックスです。ですがこれについても、神の恵みにより、山ほど事例があります。ここ最近わたしたちは、それを目にしています。どれほどの人が、どれほど多くの人が、他者を助けるために十字架を担っていることでしょう。彼らは、このパンデミックの中、支援を必要としている人を助けるために身をささげています。まさに、つねにイエスとともにいるからこそ、なせることです。充実した人生と深い喜びは、自らを福音と兄弟姉妹のために、開かれた心で、受け入れる心で、いつくしみ深く、差し出すことによって得られるものです。

そうすることで、神の惜しみのなさと感謝とを、身をもって味わうことができます。イエスはいわれます。「あなたがたを受け入れる人は、わたしを受け入れるのである。……この小さな者の一人に、冷たい水一杯でも飲ませてくれる人は、必ずその報いを受ける」（40、42節）。父なる神の惜しみない感謝は、兄弟姉妹に対するどんなにささやかな愛のわざや奉仕にも及びます。先日、ある司祭から、小教区の少年のことばに感動したという話を聞きました。その子は彼に近づいてこういったのです。「神父様、これはぼくの貯めたお金です。少ししかないけど、貧しい人のために、パンデミックで今困っている人のために使ってください」。ささやかですが、とても大切なことです。それは、感謝する気持ちの感染です。それによって、わたしたちそれぞれは、自分が困っているときに世話してくれた人に感謝するよう促されるのです。だれかが親切にしてくれたとき、そうされて当然だと考えてはなりません。いけません。多くの親切が、何の見返りも求めずに行われています。ボランティア活動のことを考えてみてください。ボランティア活動は、イタリアの社会の、とても優れたことの一つです。このパンデミックで、どれほど多くのボランティアがいのちを落としたことでしょう。彼らは愛に突き動かされ、ただひたすら奉仕の心でそうしているのです。感謝です。感謝の心は、何よりもまず礼儀ですが、同時にキリスト者の記章でもあります。それは、神の国、つまり、見返りを求めない、感謝の思いにあふれる愛の国の、素朴であっても真正なしるしなのです。

ご自分のいのちよりもイエスを愛し、十字架にまでイエスに従った至聖なるマリアの助けを願います。わたしたちがいつも神のみ前に身を置き、使っていただく心づもりで、自分の行いと選びをみことばで判断していくことができますように。

年間第十三主日の六月二十八日（日）正午に、教皇公邸書斎の窓から、サンピエトロ広場に集まった信者とともに行った「お告げの祈り」で、祈りの前に述べたことば（原文イタリア語）。

「お告げの祈り」の後、イタリア語で次のように述べた。

「愛する兄弟姉妹の皆さん。

今度の火曜日、六月三十日に、欧州連合（EU）と国連による「シリアおよび地域の将来の支援」に関する第四回会合が開かれます。この重要な会合のために祈りましょう。シリアの国民と近隣諸国、とくにレバノンの国民の悲劇的状況が改善されますように。現地の深刻な社会的、政治的、経済的危機は、パンデミックによってさらに困難を極めています。お腹をすかせているのに食べ物がない幼い子どもたちがいるこの現実について、考えてみてください。どうか指導者たちが、和平を実現できますように。

イエメンの国民のためにも祈ってください。この地でも、とくに子どもたちが、非常に深刻な人道危機に苦しんでいます。ウクライナ西部の大規模な洪水の被災者のためにも祈ってください。主の慰めと、兄弟姉妹からの助けを、受けることができますように。

ローマの皆さん、そしてイタリア国内外からの巡礼者の皆さんにごあいさついたします。ここから（広場に）旗が見えます。ポーランド、ドイツ、ほかにもあります。とくに、コンゴ民主共和国のために祈り、ここローマで今朝、コンゴ典礼のミサに参加した皆さんにあいさつします。お集まりのコンゴの代表者の皆さん、ようこそおいでくださいました。コンゴの皆さんは立派です」。

言及されている「第四回シリアおよび地域の将来の支援に関する会合」は、長期化するシリア危機について、国際社会による当国と周辺地域への継続的支援と政治的解決への支持確認のための会議で、第四回は二〇一七年からブリュッセルで行われている。パンデミックの影響からオンライン形式で行われた今回の会合には、八十四の国と諸機関が出席し、十年目となるシリア危機では、なお国内緊急支援対象者が九八〇万人に上り、周辺国では九百万人を超える難民や脆弱な受け入れ地域共同体が支援を必要としているといったことが確認された。シリアでは総人口の八〇パーセントが人道支援に頼っているものの、パンデミックのためにそれが滞り、数百万人の子どもが栄養不足で餓死の危機にある。

五年以上にわたる内戦が続くイエメンでは、四月に国内最初の新型コロナウイルス感染者が確認された。その後感染者は増加するものの、内戦により医療機関が機能せず圧倒的に病床も不足している。周辺国では陽性患者が死亡する割合が約二パーセントであるのに対し、同国では二九パーセントとなっている。また、政府発表の感染者と死者の数は実態とかなり隔たっていることが、国境なき医師団などからの発表により明らかになっていた。

ウクライナ西部三州（イヴァノ＝フランキウシク州、チェルニウツィー州、リヴィウ州）では、六月二十日から二十三日にかけて月間平均降水量の七〇パーセントに相当する雨が集中的に降り、一八七の自治体で洪水被害が発生、一三〇の橋や合計四百キロメートル以上もの車道が水没した。

わたしのもとに来なさい

愛する兄弟姉妹の皆さん、こんにちは。

今日の福音（マタイ11・25―30参照）は、三部に分かれます。最初にイエスは、御父に対し、貧しい人や身分の低い人に天の国の神秘を明かしてくださったと、賛美と感謝の歌をささげます。次に、ご自分と御父との間の親密で特別な関係を打ち明けます。そして最後に、ご自身のもとに来て従い、安らぎを得るようわたしたちを招かれるのです。

最初にイエスは、御父をたたえます。御父がみ国の神秘、ご自分の真理の神秘を「知恵ある者や賢い者」（25節）には隠しておかれるからです。イエスがそうした人々のことを皮肉を込めてそう呼ぶのは、彼らが自分を賢く知恵があると過大評価し、そのため、彼らの心はしばしば閉ざされているからです。真の知恵は心の中からも生まれるもので、概念を理解するだけのことではありません。真の知恵は心にも突き刺さります。ですからあなたが多くのことを知っていても、心が閉ざされているなら、賢い者ではないのです。イエスがいわれるように、御父の神秘が明かされるのは、「幼子のような者」、救いのみことばに対して信頼をもって自らを開く者、主を必要と感じ、すべてを主により頼む者に対してです。主に開かれ信頼した心です。

次にイエスが説いたのは、ご自分は御父からすべてを任されていることで、そのかたとの比類のない関係をはっきり示すために、「父（訳注：Padre mio ＝わたしのお父さん）」とお呼びになります。御子と御父の間にのみ、完全な相互関係が成り立ちます。互いに相手を知っており、相手のうちに生きておられます。それにしても、この比類のない交わりは、その美とよさを惜しみなく露わにしようと咲く一輪の花のようです。そして、いよいよ最後、イエスの呼びかけです。「わたしのもとに来なさい」（28節）。イエスは、御父からくみ取ったものを差し出そうとしておられます。わたしたちに真理を与えようとしておられます。しかもイエスの真理は、つねに無償で与えられます。それは贈り物であり、聖霊、真理であるかたです。

御父が、「幼子のような者」に目を掛けているように、イエスもまた、「疲れた者、重荷を担う者」に目を向けておられます。それどころか、ご自分をそうした者たちの中に置かれます。それは、ご自分が「柔和で謙遜な」（29節）かただからだといわれます。真福八端の一番目と三番目の幸いな者、つまり謙遜で心の貧しい人の幸い、そして柔和な人の幸い（マタイ5・35参照）、それがイエスの柔和さなのです。このように「柔和で謙遜な」イエスなのですから、あきらめた人の典型でも、単純な犠牲者でもなく、御父の愛、つまり聖霊が、完全に透けて見える状態の「心を」生きておられるおかたなのです。イエスは「心の貧しい人」の、福音が語る他のすべての「幸いな人」の原型です。それは、神のみ旨を行い、神の国をあかしする人です。

　それからイエスは、ご自分のもとに来るなら休ませてあげよう、といわれます。疲れた人、重荷を負う人にイエスが与える「安らぎ」は、ただの心理的な慰めや、気前よく与えられる施しではなく、福音を伝えられた貧しき者の喜び、新しい人類の作り手の喜びです。喜び、イエスが与えてくださるその喜びこそが、安らぎです。それは比類なきもので、イエスご自身がもっておられる喜びです。これが、わたしたち皆にとってのメッセージ、善意あるすべての人のためのメッセージです。イエスが今も、裕福で権力のある人を称賛する現代世界に向けて、訴えておられるメッセージです。それにしてもわたしたちは、「あんなふうになりたい。お金があって、あれほどの権力をもって、何にも事欠かない、あんな人になりたい」と、どれほど口にしたことでしょう。世間は金持ちで権力ある人を褒めそやします。どんな手段でそれを得たか、時に人間やその尊厳を踏みにじることがあったとしても、それはさして重視しません。わたしたちは毎日それを、貧しい人々が踏みにじられる様子を目にしています。ですからこれは、教会へのメッセージ、いつくしみのわざを行い、貧しい人々に福音を伝え、柔和で謙遜な人になるよう呼ばれている教会へのメッセージです。だから主は、教会に、つまりわたしたちに、そうなってほしいと望んでおられるのです。

　マリアよ、被造物の中でもっとも謙遜でいと高きかた、神に執り成してください。心の知恵を与えられますように。それによりわたしたちが、生活の中で主のしるしを識別し、高ぶる人には隠され、謙遜な人に明かされる神秘にあずかることができますように。

年間第十四主日の七月五日（日）正午に、教皇公邸書斎の窓から、サンピエトロ広場に集まった信者とともに行った「お告げの祈り」で、祈りの前に述べたことば（原文イタリア語）。

「お告げの祈り」の後、イタリア語で次のように述べた。

「愛する兄弟姉妹の皆さん。

今週、国連安全保障理事会は、新型コロナウイルスの影響により打撃を受けた、とくに紛争の脅威にある地域に対してのいくつかの措置を準備する決議案を採択しました。敵対行為の全面的な即時停止の要求で、一刻を争う人道支援を速やかに行うべく治安の確保を求めたものです。この決議が、苦しむ多くの人のために、速やかに実行されることを望みます。安全保障理事会のこの決議が、平和な未来のための勇気ある一歩となりますように。

ローマから、そしてさまざまな国からの巡礼者の皆さん、ようこそ。とくにポーランドの皆さん、ようこそいらっしゃいました。それからラジオ・マリア家族の巡礼団の皆さんもようこそ。皆さんは次の土曜日、聖ヨハネ・パウロ二世（一九二〇―二〇〇五年）生誕百周年記念のチェンストホヴァ巡礼をなさいます。ヨハネ・パウロ二世のモットーは「すべてをあなた（マリア）にゆだねます（Totus tuus）」でした。旅のご加護を祈っています」。

国連安全保障理事会は七月一日、紛争地に人道支援を届けるために、九十日間の停戦を呼びかける決議を全会一致で採択した。グテーレス国連事務総長は三月二十三日には即時停戦を呼びかけていたが、米中が世界保健機関（ＷＨＯ）にどう言及するかといったことで対立し、採択まで三か月以上を要した。

種の落ちる土地

愛する兄弟姉妹の皆さん、こんにちは。

今日の主日の福音（マタイ13・1―23参照）のイエスは、大勢の群衆に、わたしたち皆がよく知る種を蒔《ま》く人のたとえを語っておられます。四つの異なる土地に種が蒔かれるたとえです。種が象徴するのは神のことばで、それは抽象的なことばではなく、キリストご自身、マリアの胎内で受肉した、御父のことばです。ですから、神のことばを受け入れるとは、キリストというかたを、キリストご自身を受け入れることを意味します。

神のことばの受け取り方はさまざまです。すぐに鳥が来て種を食べてしまう路上のように、神のことばを受け取ることもあるでしょう。これは今の時代にいちばんありうる危険、注意散漫な状態といえます。膨大な流言、おびただしい主義主張、家でも外でもひっきりなしに差し出される気晴らしの提案、それらに煩わされて、沈黙、沈思、主との対話がもたらす満足が奪われ、信仰を失うところまでいって、神のことばを受け入れられなくなってしまいます。いちいちすべてに目を向けて、いちいちすべてに、世俗的なものに、気を散らされているのです。

もう一つの可能性は、石だらけで土の少ない土地のように、神のことばを受け取ることです。そこでは種はすぐに芽を出しますが、深く根を張れないのでたちまち枯れてしまいます。これは、瞬間的な熱で、神のことばを受け入れても表面的で、それを自らのものとしようとはしない人の象徴です。そうした場合、人生の苦しみや悩みのような困難を前にした途端に、まだ弱いその信仰は、石だらけの中に落ちた種がしなびてしまうように崩れてしまいます。

さらに、第三の可能性としてイエスがたとえで語られるように、茨《いばら》の茂る土地のように、神のことばを受け取ることもあります。茨は、富、成功、世俗的な悩みといった欺瞞のことです。みことばは少し成長しますが、じゃまされて強くならず、枯れたり実を結ばなかったりします。

最後に第四の可能性として、よい土地のように受け取ることもあります。ここで、しかもここでのみ、種は根を張り実を結びます。この豊かな土地に落ちた種は、みことばを聞き、受け入れ、心に置き、日々の生活でそれを実践する人を表しています。

種を蒔く人のこのたとえは、すべてのたとえ話の「母型」のようなものです。それは、みことばを聞くことについて語っているからです。このことがわたしたちに思い起こさせるのは、みことばは、豊かな実りをもたらす力強い種だということ、神はその種を無駄にすることを惜しまず、気前よく、すべての場所に蒔かれるということです。神のみ心は、まさにそのような心です。わたしたち一人ひとりは、みことばの種が落ちる土地です。だれも例外ではありません。みことばはわたしたち一人ひとりに与えられます。自分はどんな土地なのか、振り返ってみてください。わたしはどんな土地だろうか。道端、石だらけの土地、茨の茂みのようだろうか。もし願うなら、神の恵みによって、みことばの種が実を結べるよう、よく耕されたよい土地となることができます。種は、すでにわたしたちの心の中にありますが、実るかどうかはわたしたち自身にかかっています。その種をどのように受け止めるかにかかっているのです。好奇心をそそる数多くのものや、あまりに多くの呼び声に気を散らしてしまい、あふれる声やことばの中から、自分を自由にしてくださる唯一のかたの声、主の声を聞き分けることができずにいることもしばしばです。だからこそ、神のことばに耳を傾けること、読むことに慣れるのが大切です。ここでもう一度、例のアドバイスをさせてください。小型の福音書をつねに携帯してください。ポケットやバッグに、ポケット版の聖書を入れて持ち歩いてください。そして毎日少しずつ読んでください。そうすれば、みことばを読むことに慣れて、神が与えてくださった種はどんなものかがよく理解できるようになり、自分がどの土地で受けたのかを考えることができるでしょう。

おとめマリア、耕されてよく実る土地の完璧な模範であるかたが、祈りによってわたしたちを助けてくださいますように。わたしたちが、茨も石もないよい土地となり、自分自身と兄弟姉妹のために豊かに実りを結べますように。

年間第十五主日の七月十二日（日）正午に、教皇公邸書斎の窓から、サンピエトロ広場に集まった信者とともに行った「お告げの祈り」で、祈りの前に述べたことば（原文イタリア語）。

「お告げの祈り」の後、イタリア語で次のように述べた。

「愛する兄弟姉妹の皆さん。

七月の第二日曜日の今日は、世界船員の日です。海洋で働くすべての人に愛を込めてあいさついたします。とくに、愛する家族と離れ、故郷を遠く離れておられる人たちを思います。午前中、感謝の祭儀のためにチヴィタベッキア＝タルクィニア教区の港に集まった皆さんにごあいさついたします。

そして海は、わたしの思いをその先へと運びます。イスタンブールへ。アヤソフィアのことを思います。非常に悲しく思っています。

ローマの信者と世界中からの巡礼者の皆さんにあいさついたします。とくに、フォコラーレムーブメント家族の皆さんようこそ。また、ローマ教区の医療司牧者の代表のかたがたには、感謝を込めてあいさついたします。ずっと患者に寄り添ってくださり、このパンデミックにあって、今なお寄り添っておられる、多くの司祭、修道者、信徒の皆さんを思います。感謝です。皆さんがしてこられたこと、今なおしておられることに感謝しています。ありがとうございます」。

教皇庁人間開発のための部署は、毎年七月の第二日曜日を船員の日と定め、海で働く人、とくに船員や漁船員とその家族、また船員司牧に携わる人を思い、彼らのために世界中で祈る日としている。国際海洋機関（ＩＭＯ）によると、新型コロナウイルス感染拡大による移動規制によって、全世界で約四十万人の船員たちが数か月間も海上や港湾内から動けず長期の隔離状態にある。

トルコのエルドアン大統領は、同国の最高行政裁判所（国家評議会）が七月十日、アヤソフィアを博物館からイスラム教礼拝所（モスク）に戻す決定を下したことを受けて、アヤソフィアの管轄権を同国文化庁から宗務庁に移す大統領令を発布した。アヤソフィア大聖堂は東ローマ帝国皇帝ユスティニアヌス一世によって創設され、五三七年の献堂の時点では世界最大のキリスト教教会であった。一四五三年にコンスタンティノープル（現イスタンブール）がオスマン帝国の攻撃で陥落し、モスクに改修されるまで、総主教座聖堂であった。その後、一九三五年に現代トルコの初代大統領によって博物館とされていた。

よい麦と毒麦

愛する兄弟姉妹の皆さん、こんにちは。

今日の福音（マタイ13・24―43参照）でわたしたちは、天の国についてたとえを用いて群衆に説こうとしておられるイエスに再びお会いします。最初の、毒麦のたとえ話だけを取り上げようと思います。このたとえでイエスは、神の辛抱強さについて気づかせ、わたしたちの心を希望へと開いてくださいます。

よい麦が蒔《ま》かれた畑に毒麦も芽を出したと、イエスは語ります。毒麦は、土地を荒らす有害植物全般を指す表現です。今の時代、今日もまた、土地は多くの除草剤や農薬によって荒廃しているともいえます。それらは最終的には植物にも、そして土壌やわたしたちの健康にも、どちらにも害となっています。――少し脱線してしまいました。しもべたちが、毒麦がどこから来たのか確認しに主人のところに行くと、「敵のしわざだ」（28節）と主人は答えます。よい種を植えていたからです。敵が、競争を仕掛ける者が、来て毒麦を蒔いたのです。しもべたちは急いで行って、毒麦が育つ前に抜いてしまおうとします。ですが主人は、そうしてはいけない、雑草――毒麦――と一緒に麦までも抜くかもしれないといって、彼らを止めます。収穫のときまで待たなければなりません。そのときようやく選別されて、毒麦が焼かれるのです。これは、良識的な話でもあります。

　このたとえに、出来事の見方を読むこともできます。そこには、いつもよい種だけを蒔かれる神――畑の主人――だけでなく、麦の成長を妨げる毒麦を蒔く敵もいます。主人は、日の光の下で公然と働き、豊作を目指しています。他方、敵はその逆で、夜の闇を利用し、ねたみと敵意でもって、すべてをだめにしようと働きます。イエスが敵と呼んでいる者には名前があります。悪魔、別名が神の敵です。悪魔の目的は、救いのわざを阻むこと、よこしまな労働者、つまずきの種を蒔く人によって、神の国の建設を阻止することです。よい種や毒麦は、抽象的に善悪を表しているのではありません。わたしたち人間、神にも悪にも従うことができる、人間を表しているのです。平穏な家庭だったのに、争いが始まってねたみが生まれたり、平和だった近隣地域に忌まわしい出来事が起こったり……、ということはよくあります。そうなるとわたしたちはよくこういいます。「だれかが来て、毒麦を蒔いたのだ」とか、「あの家のだれかが余計なおしゃべりで災いの種を蒔いたのだ」。悪いものを蒔けば、必ず崩壊につながります。それをする犯人はつねに、悪魔、もしくはわたしたち自身の傾きです。だれかを終わらせてしまおうと、中傷する誘惑に負けてしまうことです。

しもべたちはすぐに、悪を、つまり悪人を取り除こうとします。ところが主人はしもべたちよりも賢く、その先を見据えています。しもべたちは待つことを覚えなければなりません。迫害と敵意を耐え忍ぶことは、キリスト者の召命の一つだからです。もちろん悪は退けなければなりません。ですが悪人は、辛抱強く見守る必要のある人間なのです。ここでいわれているのは、疑わしさを見えなくする偽善的な寛容ではなく、あわれみの心で冷静でいる義です。イエスが正しい人ではなく罪人を探しに、病んでいない人よりも病者をいやすために来られたのであれば（マタイ9・12―13参照）、イエスの弟子であるわたしたちの行いも、悪い人を成敗するのではなく、彼らを救うことに向けられるべきです。そこにあるのは忍耐です。

今日の福音には、二つの行動のしかた、出来事の中でどう処すべきかが示されています。一方は遠く先を見る主人のまなざしであり、もう一方は、問題に目を向けるしもべたちのまなざしです。しもべたちは毒麦のない畑を思い、主人はよい麦を思います。主は、ご自分と同じまなざしを、よい麦を見つめるまなざしを、毒麦の中でもよい麦を守り抜くことのできるまなざしをもつよう、わたしたちに呼びかけておられます。神のよき協力者とは、他者の限界や欠点を成敗しようとする人ではなく、教会や出来事という畑の中でひっそりと育っているよいものを見つけ、それが豊かに実を結ぶまで世話する人です。それに、善に報い、悪を罰するのは神であり、神だけがそれをなさるのです。わたしたちが神の辛抱強さを理解し、見倣うことができるよう、おとめマリアに助けを祈ります。神は、父なる愛をもって、ご自分の愛する子らを一人も失わないよう望んでおられます。

年間第十六主日の七月十九日（日）正午に、教皇公邸書斎の窓から、サンピエトロ広場に集まった信者とともに行った「お告げの祈り」で、祈りの前に述べたことば（原文イタリア語）。

「お告げの祈り」の後、イタリア語で次のように述べた。

「愛する兄弟姉妹の皆さん。

パンデミックが終息の兆しを見せない中、わたしは、この病気と、その経済的・社会的影響に直面する人々に心を寄せていると約束します。とくに、その苦しみが紛争状態によっていっそうつのる民に心を寄せています。国連安全保障理事会の先日の決議に基づき、一刻を争う人道支援を速やかに行うべく治安を確保するため、敵対行為の全面的な即時停止を今一度求めます。

とくに、このところ、コーカサス地方でアルメニアとアゼルバイジャンの間に、再び武力衝突の緊張が高まっていることを、憂慮をもって注視しています。衝突によって亡くなったかたのご遺族のために祈ることを約束するとともに、国際社会の働きかけと、当事者双方の対話と善意によって、その地のいとしい人民の安寧を心に置いた、恒久的平和のための解決が得られることを願います」。

七月十二日から断続的に発生したアルメニアとアゼルバイジャンの間の軍事衝突では、十八日現在で両国合わせて少なくとも一六人の兵士が死亡した。今回の衝突は、ここ数年で最大規模のものとなった。両国はソ連崩壊に伴い一九九一年に独立して以降、アゼルバイジャン側に位置するナゴルノ・カラバフ自治州の帰属を巡って対立を続けている。

天の国のたとえ

愛する兄弟姉妹の皆さん、こんにちは。

今日の主日の福音（マタイ13・44―52参照）は、マタイが天の国に関するたとえ話に充てた章の最後の部分です。この箇所には三つのごく単純で短いたとえ話があります。隠された宝、高価な真珠、それから湖に投げ降ろされた網のたとえです。

天の国が二つの異なる「高価な」物にたとえられている、最初の二つを見てみましょう。畑に隠された宝と、高価な真珠です。真珠を買った商人と宝を見つけた人の反応は、ほぼ同じです。両者とも、そのときの自分にとってもっとも価値あるものを買い取るため、すべてを売り払います。この二つのよく似たたとえを通してイエスは、キリスト者の生活、天の国の生活の本質的な特徴を示すことで、わたしたちを天の国の建設に加わらせようとしておられます。つまり、み国のためにすべてを尽くす人は、何もかもささげる覚悟をしている人、勇気ある人だということです。実際、二つのたとえの登場人物はどちらも、もっているものをすべて売り払う、つまり物による安心を手放すのです。ここから分かることは、み国の建設には、神の恵みだけでなく、人間側の積極的な意欲も必要だということです。すべてが恵みのわざです。何もかもがです。わたしたちに求められているのは、恵みを拒まずに受けようとする意欲だけです。恵みがすべてをなすのです。ただし、わたしたちにはそれを「わたしの」責任、「わたしの」意欲にすることが求められているのです。

探しに出掛け、自分の持ち物をもっと大切なものを手に入れるために捨てるというこの両者の行為は、覚悟を決めた行為、思い切った行為です。いわば、片道切符の行為です。後戻りできる行為ではなく、片道の行為です。さらにいえば、両者とも宝を見つける喜びを伴って終えます。わたしたちもこの福音の中の二人の登場人物に倣い、健全な落ち着きのなさをもって天の国を探し求める者にならなければなりません。肝心なのは、み国を求め築くことからわたしたちを引き離す、世が教える安心という大きな荷を捨てられるかどうかです。所有欲、儲《もう》けや権力への欲望、自己中心的な考え方です。

ご承知のように、現代の一部の人は、漫然とぼんやりと暮らしています。おそらく、真の宝を探しに行かなかったからなのでしょう。魅力的であっても束《つか》の間のもので、まぶしく見えてもすぐに消えてしまう幻の光で満足しています。み国の光は、作られた花火とは違います。それは光線です。花火は一瞬で終わりますが、み国の光線は、わたしたちの生涯を通して、たえず射し続けます。

天の国は、世が差し出すうわべだけのものの対極にあります。凡庸な人生とは反対のものです。それは、毎日生き方を刷新し、より広大な展望に向かわせるものです。事実、この宝を見つけた人は、創造性と探求心を備えています。新しい道――神を愛し、他者を愛し、自分自身を愛せるようになる道――を造り、そこを進んで、今までのことを繰り返すのではなく新しいものを生み出す心です。み国のこの道を歩いている者のしるしは、創造性であり、その先をいつも探しているということです。創造性とは、いのちを味わい、そしていのちを与え、与えて与えて、与え続けることです。いのちをもたらす種々さまざまな方法を、求め続けることです。

隠された宝であり、高価な真珠であるイエスは、喜びを、世界のあらゆる喜びを、ひたすらもたらされるかたです。人生の意味を見いだす喜び、聖性への冒険に乗り出す喜びを、ひたすらもたらされるかたです。

おとめマリアの助けによって、わたしたちが天の国の宝を日々探し続けられますように。それにより、イエスを通して神から与えられた愛が、わたしたちのことばと行いの中に、はっきりと表れますように。

年間第十七主日の七月二十六日（日）正午に、教皇公邸書斎の窓から、サンピエトロ広場に集まった信者とともに行った「お告げの祈り」で、祈りの前に述べたことば（原文イタリア語）。

「お告げの祈り」の後、イタリア語で次のように述べた。

「愛する兄弟姉妹の皆さん。

イエスの祖父母、聖ヨアキムと聖アンナの記念日にあたり、若者の皆さんに呼びかけたいと思います。お年寄りに、とくに、家や施設に独りでいるお年寄り、何か月も家族に会えずにいるお年寄りのために、優しい行いをしてください。愛する若者の皆さん。そうしたお年寄り一人ひとりは、皆さんのおじいさんおばあさんです。その人たちを孤独にさせないでください。愛の想像力を巡らして、電話をしたり、ビデオ電話をしたり、メールを送ったり、話を聞いてあげたり、感染予防の規定が許すならば、訪問してあげてください。抱擁して、愛を伝えてください。お年寄りは皆さんのルーツです。ルーツから離れて育つことはできません。根がなければ、花は咲かず実もなりません。ですから、あなたのルーツと結ばれ、切れずにいることが大切なのです。「木が花をつけるのは、地中の部分があるからです」というのは、わたしの母国の詩人のことばです。ですから、わたしたちのおじいさんおばあさんに、盛大な拍手を送りましょう。皆さんでどうぞ。

先日ミンスクで、ウクライナ、ロシア、欧州安全保障協力機構（ＯＳＣＥ）の三者コンタクト・グループ（ＴＣＧ）の会合により、ドンバス地域での停戦が合意されたとの報道に触れました。苦しんだあの地に、念願の平和を取り戻すための熱意のしるしとして感謝するとともに、武装解除や地雷除去といった実際的プロセスをもって、合意内容が確実に実行されるよう祈ります。それによってのみ、信頼の回復と、もっとも必要とされ、人々が長く待ち望んでいた和解を実現することができるのです」。

七月二十二日、三者コンタクト・グループの会合によって、ウクライナ東部のドンバス地方におけるウクライナ軍と親ロシア派武装勢力間の停戦合意が発表された。ＯＳＣＥの発表によると、東部ドネツク、ルガンスク両州の紛争地域では、七月二十七日以降、あらゆる攻撃、偵察、妨害行為が禁止された。ドンバス地方では二〇一四年から紛争が続き、過去の停戦合意はたびたび破られ、すでに一万三千人以上の犠牲者を出していた。

五つのパンと二匹の魚

愛する兄弟姉妹の皆さん、こんにちは。

今日の主日の福音は、パンを増やす奇跡を伝えます（マタイ14・13―21参照）。場面は人里離れたところで、イエスは弟子たちとともにそこに退いていたのです。ところが群衆は、話を聞きいやしを受けようと、イエスのところにやって来ます。イエスのことばとわざは、いやしを与え、希望をもたらすからです。夕暮れになっても群衆はまだ残っていたので、実際的である弟子たちはイエスに、彼らが自分で何か食べ物を買いに行けるよう、解散させることを提案します。しかし主はこたえます。「行かせることはない。あなたがたが彼らに食べる物を与えなさい」（16節）。弟子たちの顔が目に浮かびます。イエスは、ご自分がなさろうとしていることをよく分かっていますが、弟子たちの態度を変えたいのです。「彼らを帰らせなさい。自分で何とかさせなさい。食べ物を買いに行かせなさい」というのではなく、「分かち合うために、神の摂理はわたしたちに何をお与えになるだろうか」と問いかけておられます。この二つは正反対の生き方です。イエスは後者の生き方に導こうとしておられます。一つ目の生き方、「彼らを帰し、自分で食べ物を買いに行かせなさい」というのは、実際的であっても寛大さのない人の生き方だからです。イエスは違った考え方をします。この状況を生かして、イエスは、当時と現代の友に、神の論理を教えようとしておられます。では、ここで示されている神の論理とはどのようなものでしょうか。それは他者の重荷を担う論理です。手を引くことをしない論理、目を背けない論理です。他者の負担を担う論理です。「自分で何とかさせる」、それは、キリスト教の辞書には載っていません。

十二人の一人が、現に「ここにはパン五つと魚二匹しかありません」というと、すぐにイエスはおこたえになります。「それをここに持って来なさい」（17―18節）。イエスは食べ物を手に取り、天を仰いで賛美の祈りを唱え、それを裂き、分配するようにと弟子たちに渡し始めます。そして、そのパンと魚はなくならず、数千の群衆が満腹してもまだ余りが出るほどでした。

イエスはこのわざを通して、ご自分の力を、大仰なしかたによってではなく、神の愛、疲れて困り切っているご自分の子らに対する御父の惜しみのなさのしるしとして示しておられます。神はご自分の民の生活の中に身を置き、民の疲れもご存じで、限界もご存じです。それでも、失われたり、弱ったりする人を、だれ一人そのままに放ってはおかれません。ご自分のことばで民を養い、生きていくのに十分な糧を与えてくださいます。

この福音箇所、とくに、賛美の祈りを唱え、パンを裂き、弟子たちにお渡しになり、弟子たちがそれを群衆に配る箇所（19節）は、感謝の祭儀に関連していることにも気づきます。永遠のいのちの糧であるご聖体のパンと、地上のいのちに必要な日ごとの糧が、いかに密に結びついているかに気づかされます。イエスは、救いのパンとしてご自分を御父にささげる前、ご自分に従う人々、ご自分と一緒にいたいがために、食べ物を用意しておくのを忘れていた人々のために、食べ物のことを配慮してくださいます。往々にして、霊的なものと物質的なものは対置されますが、実のところ、精神主義というのは、物質主義と同様、聖書とは異質なものです。精神主義は聖書の用いる言語ではありません。

イエスが群衆に示したあわれみ、優しさは、感傷的なものではなく、人々が必要とするものを自らのものとして担う、愛の具体的な表れです。だからわたしたちは、イエスと同じ姿勢で、つまり、（何よりもまず）他者の困窮にあわれみをもって、聖体の食卓に着くようにと招かれています。このあわれみということばは、イエスが困難な事態に、病者や食べ物のない人に触れるたび、福音書で繰り返されます。「イエスは深くあわれまれた」。あわれみは、ただの身体的な感情ではありません。真のあわれみとは、ともに苦しむこと、他者の苦しみを自らのものとすることです。今日ならば、こう振り返ってみればよいでしょう。わたしはあわれみを抱いているだろうか。戦争、飢餓、パンデミック、そうした数々のニュースに触れ、彼らにあわれみを寄せているだろうか。身近な人にあわれみを駆り立てられているだろうか。彼らとともに苦しむことができているだろうか、それとも目を背けるか、「自分で何とかすればよい」といっているのではないだろうか。「あわれみ」、このことばを忘れないようにしましょう。それは、御父の摂理の愛に信頼を置くことであり、勇気をもって共有することなのです。

今日の福音で主が教えておられる道をたどれるよう、聖マリアが助けてくださいますように。それは兄弟愛の道、この世界の貧しさや苦しみに――とくに、今のような悲惨なときに――立ち向かうのに不可欠なもの、そしてこの世界を越えたところにわたしたちを向かわせるものです。神から始まり、神に立ち戻る旅だからです。

年間第十八主日の八月二日（日）正午に、教皇公邸書斎の窓から、サンピエトロ広場に集まった信者とともに行った「お告げの祈り」で、祈りの前に述べたことば（原文イタリア語）。

「お告げの祈り」の後、イタリア語で次のように述べた。

「愛する兄弟姉妹の皆さん。

マナグアの大聖堂襲撃の被害者である、ニカラグアの民のことを思います。数百年以上信者の生活を見守り支え、広く崇敬されてきた聖堂のキリスト像は、ほとんど壊滅的な状態です。ニカラグアの愛する兄弟姉妹の皆さん。わたしは皆さんに心を寄せ、皆さんのために祈ります。

昨日から今日の午前零時まではアッシジのゆるしの日です。聖フランシスコが、おとめマリアの執り成しで神から授かった霊的恵みです。これは、ゆるしの秘跡と聖体の秘跡を受けて、小教区の教会かフランシスコ会の礼拝堂を訪問して、信条と主の祈りを唱え、教皇とその意向のために祈ることで受け取ることのできる定期免償です。免償は、故人にも与えられます。わたしたちの内で、わたしたちの間で、「天の国を生み出す」神のゆるしをつねに中心に置くことがどれだけ大切か。このゆるしは、あわれみ深い神のみ心からもたらされるのですから。

（広場の信者にあいさつをした後、）中継で結ばれている皆さんにも心を向けています。この時期に多くのかたが数日でも、休息や自然に触れる機会をもてるよう願います。それにより、霊的な英気を養うことができます。そしてまた、政治や経済の指導者全体による集中的な取り組みをもって、仕事が再開できるよう願っています。仕事がなければ、家庭も社会も立ち行かなくなります。貧困、失業――、これは今、そしてパンデミック後にも問題となるでしょう。そのために祈りましょう。この問題の解決には、広い連帯と多くの創造性が必要です」。

ニカラグアのマナグアでは七月三十一日、何者かが司教座聖堂内のキリストの御血礼拝堂に向かって投げた火炎瓶で火災が広がり、およそ四百年の間信心されてきた古いキリスト像が原型をとどめないほど激しく焼けるなど、深刻な被害を受けた。同国では、二〇一八年に示された年金制度改革への抗議デモを機に政府と反対派市民との間で対立が続き、弾圧によって三百人以上が死亡。年金制度改革法案が撤回された後も、大統領とその妻である副大統領の退陣を求める反政府団体と政府の衝突が続いている。また、和解を仲介するカトリック教会が、負傷した抗議者を保護していることで、たびたび親政府集団によって攻撃されている。

アッシジのゆるしの日は、八月の一日と二日に与えられる定期免償の伝統。一二一六年八月一日にアッシジにあるサンタ・マリア・デリ・アンジェリ教会のポルチウンクラ礼拝堂で祈る聖フランシスコの前に、キリストが聖母と天使とともに現れ、フランシスコの求めに応じて、この地を訪れる巡礼者に免償を約束したことが起源。翌日、聖フランシスコが当時の教皇ホノリオ三世にこの出来事を伝え、教皇は、悔い改めて罪を告白し、ゆるしを受けてポルチウンクラ聖堂を訪ねる人には、償いが免除されることを認めた。当時全免償を授けられていたのは十字軍のみで、免償を目的として従軍した者たちの間に混乱が生じるのを避けるため、文書ではなく口頭で認可されたといわれている。その後、この免償について教会はさまざまな文書を公布し、免償の恵みは拡大され、現在はポルチウンクラ聖堂のみならず、アッシジにあるフランシスコ会の聖堂やすべての小教区聖堂において、全免償が受けられる。その際には、告解をすること、ミサに参加して聖体を拝領すること、教皇の意向のために祈ること（少なくとも主の祈り、アヴェ・マリアの祈り、栄唱を各一回）が求められる。また、教皇のことばにあるとおり、この免償は、亡くなった人や煉獄で苦しんでいる霊魂のために譲ることもできる。教皇フランシスコは、二〇一六年八月四日にも当地を訪れ、ポルチウンクラ聖堂で祈りをささげている。

湖の上を歩く

愛する兄弟姉妹の皆さん、こんにちは。

今日の福音箇所（マタイ14・22―33参照）は、波たける湖の上を歩くイエスについて語ります。五つのパンと二匹の魚で群衆を満腹にした――先週の日曜日に考察しました――後、イエスは弟子たちに、舟に乗って向こう岸に帰るようお命じになります。ご自分は、群衆を解散させ、独り、祈るために山に登られます。御父との交わりの中に浸られるのです。

夜に湖を渡っていると、弟子たちの舟は突風に阻まれてしまいます。これは湖ではよくあることです。ある地点で、彼らはだれかが水の上を歩いてこちらに来るのを目にします。仰天して、それを幽霊だと思い、恐怖で叫び声を上げます。イエスは「安心しなさい。わたしだ。恐れることはない」といって、弟子たちをなだめます。するとペトロ――強い覚悟がありました――は、こたえます。「主よ、あなたでしたら、わたしに命令して、水の上を歩いてそちらに行かせてください」。これは一つの挑戦です。するとイエスは彼にいわれます。「来なさい」。ペトロは舟から降りて、数歩前へと進みます。ところが風と波に怖気づき、沈みかけます。「主よ、助けてください」と叫ぶと、イエスは手で彼をつかまえていわれます。「信仰の薄い者よ、なぜ疑ったのか」。

この物語は、人生の中のどんなときも、試練や混乱にあるときはなおのこと、信頼して神に身をゆだねるよう呼びかけています。何もかもが真っ暗な人生の難局で、強い不安や恐れに襲われ沈みそうになったなら、決して恥ずかしがらず、ペトロのように叫んでください。「主よ、助けてください」（30節）。神の心を、イエスの心をたたいてください。「主よ、助けてください」と。これはすばらしい祈りです。何度繰り返してもよいのです。「主よ、助けてください」。そして、すぐに手を伸ばして友の手をつかまえてくださるイエスの姿を、しばらく思い巡らしてください。イエスはそのようなかたです。イエスはそうしてくださいます。イエスは、決してわたしたちをお見捨てにならない御父の手、わたしたちの善益をいつも、ただそれだけを望んでおられる御父の、強く揺るがないみ手です。神は騒音ではありません。嵐でも、火災でも、地震でもありません。預言者エリヤの物語が今も伝えるように、神はそよ風です。それは文字どおり、あの「一筋の朗々たる静けさ」、押しつけることはせず、聞いてほしいと求める声です（列王記上19・11―13参照）。信仰をもつとは、嵐のただ中でも、神に、神の愛に、神の父としての優しさに、心を向け続けることです。イエスはそれをペトロと弟子たちに、そして今日のわたしたちにも、教えようとなさいました。闇の中、悲しみの中にあって、主は、わたしたちの信仰が弱いこと――わたしたちは皆、信仰の薄い者です。わたしたちだれもがそうです。わたしもそうです。皆です――を知っておられます。そして、わたしたちの歩みは逆風によって阻まれ、妨げられることをご存じです。ですが、このかたは復活された主です。それを忘れないでください。わたしたちを救ってくださるために、死を過ぎ越された主です。わたしたちがそのかたを探し始める前から、わたしたちのすぐそばにおられます。そして、落ちたところからわたしたちを引き揚げて、わたしたちの信仰を深めてくださるのです。わたしたちはきっと、暗闇で、主が遠くにおられると思い、「主よ、主よ」と叫ぶでしょう。すると主は、「わたしはここにいる」といわれます。ああそうです。主はわたしとともにおられたのです。主は、そのようなかたです。

　嵐に翻弄される舟は、教会の象徴です。いつの時代にも逆風が吹き、時には、非常に激しい試練に見舞われます。前世紀の、そして今日もなおいくつかの場所で続く、実に長く激しい迫害のことを考えてみましょう。そうした状況になると教会は、神に見捨てられたと考えたくなるかもしれません。しかし実は、そうしたときにこそ、信仰のあかし、愛のあかし、希望のあかしがもっとも強く輝くのです。殉教にまで至るあかしの恵みをもたらし、その恵みから、新たなキリスト者と、全世界の和解と平和の実りを生み出すのは、ご自分の教会における復活したキリストの現存なのです。

マリアの執り成しに支えられ、神への信仰が人生の闇や嵐によって脅かされるときにも、信仰と兄弟愛を持ち続けることができますように。

年間第十九主日の八月九日（日）正午に、教皇公邸書斎の窓から、サンピエトロ広場に集まった信者とともに行った「お告げの祈り」で、祈りの前に述べたことば（原文イタリア語）。

「お告げの祈り」の後、イタリア語で次のように述べた。

「愛する兄弟姉妹の皆さん。

七十五年前の一九四五年、八月六日と九日、広島と長崎に悲劇の原爆が投下されました。わたしは深い感慨と感謝の念をもって、昨年の両地への訪問を思い起こしつつ、核兵器をこの世界から完全になくすため、祈り、尽力するようあらためて呼びかけたいと思います。

このところ、頻繁にレバノンのことを思います。あちらに（広場に）レバノンの国旗が見えます。レバノンの皆さんがおられるのですね。先週火曜日の惨劇は、レバノン人はじめ、すべての人に、愛するその国の共通善のための協力を呼びかけます。レバノンには、特徴的なアイデンティティがあります。それは、長年かけて共生モデルとして培われた、多文化の出会いが生み出したものです。確かに、その共存関係は今、強く揺らいでいます。ですが、神の助けにより、そしてすべての人の誠実なかかわりをもって、自由に強くよみがえることができます。レバノンにある教会に呼びかけます――民に寄り添ってください。カルワリオ（されこうべ）に立つ――このところずっとそこに居続けています――民に寄り添ってください。連帯し、思いやりをもって、分かち合うために心と腕を開き、寄り添ってください。国際社会からも寛大な支援が得られるよう、今一度訴えたいと思います。レバノンの司教、司祭、修道者に願います。民に寄り添ってください。贅沢を避け、福音的貧しさを旨とする生き方をしてください。あなたがたの民が苦しんでいるから、しかもひどく苦しんでいるからです」。

原爆投下から七十五年にあたり、広島と長崎の原爆忌に、教皇は書面でメッセージを寄せたほか、八月六日には次のようにツイッターで呼びかけた。「広島原爆投下七十五年に、心に刻みましょう。軍拡競争に費やす財源は、人々の全人的発展の促進と、自然環境の保護のために用いることのできるものであり、用いるべきものです」。前年十一月の日本への司牧訪問時、教皇は広島と長崎を訪問し、それぞれの地で核兵器廃絶を訴えるスピーチを行った（『すべてのいのちを守るため――教皇フランシスコ訪日講話集』［カトリック中央協議会］収録）。

八月四日夕方、レバノンのベイルート市で二度にわたる大規模な爆発事故が発生し、一九二人が死亡、六、五〇〇人が負傷、最大約三十万世帯の家屋が破壊された。後にこの爆発は、数年前に不法積載した船から没収し、湾岸の倉庫で保管中だった硝酸アンモニウムによって引き起こされたものと報道された。爆発により付近の市の穀物倉庫も破壊され、パンデミックで食糧不足にある中、市に備蓄されていた穀物の約八割が消失した。レバノンは、上位一パーセントの国民が国内総生産（ＧＤＰ）の四分の一近くを稼ぐ、中東でも貧困の格差が大きい国。政治家や特定の権力集団が不正に富を収奪しているとの指摘がなされ、上位〇・一パーセントの収入と下層五〇パーセントの収入額がほぼ同じという、深刻な格差社会となっている。社会不満の高まりで二〇一九年にデモが始まって以降、企業活動が滞り、十六万人以上が失職。国民の三割以上が貧困で、半数近くが食糧の調達に不安を抱える中での惨事であった。教皇庁人間開発の部署経由で、同国の教会あてに第一回支援金として二十五万ユーロが届けられた。

カナンの女

愛する兄弟姉妹の皆さん、こんにちは。

今日の主日の福音（マタイ15・21―28参照）は、イエスとカナンの女との出会いを描いています。イエスは、増え続ける群衆から離れ、しばし弟子たちと過ごすために、ガリラヤ北部に、異邦人の土地におられます。するとそこに、病気の娘を助けてほしいと、一人の女がやって来ます。「主よ、……わたしをあわれんでください」（22節）。それは、苦しみの刻まれた生活からの叫び、娘が悪魔に取りつかれても救うことのできずにいる母親の無力感からの叫びです。イエスは最初、何もおこたえになりませんでした。しかし、この母親は何度も、しつこく願います。師が弟子たちに、ご自分は「イスラエルの家の失われた羊」（24節）にのみ遣わされたのであって、異邦人のもとにではないと伝えてもなお、しつこく願います。彼女が懇願し続けるので、イエスはある時点で、やや辛辣《しんらつ》にも思えることわざを用いてその人を試します。「子どもたちのパンを取って小犬にやってはいけない」（26節）。するとその人は、とっさに機転を利かせて、苦し紛れにこう答えます。「主よ、ごもっともです。しかし、小犬も主人の食卓から落ちるパンくずはいただくのです」（27節）。

　その母親はこのことばによって、イエスにおいて存在する、いと高き神なるかたの優しさが、その被造物のあらゆる窮状へと開かれていることを直感的に理解していることを伝えています。信頼にあふれるこの知恵は、イエスの心を動かし、称賛のことばを引き出します。「婦人よ、あなたの信仰は立派だ。あなたの願いどおりになるように」（28節）。立派な信仰とはどのようなものでしょう。立派な信仰とは、傷をも伴う自分の過去を主の足元にささげ、それをいやしてほしい、それに意味を与えてほしいと願うものです。だれにでも通ってきた道があります。それは必ずしも、汚れのないものとはかぎりません。往々にして、多くの苦悩、苦境、数々の罪にまみれた、つらい過去です。それをどうするのでしょうか。隠すのでしょうか。いいえ。それを、主のみ前に差し出さなければなりません。「主よ、あなたが望んでくだされば、わたしはいやされます」。この女性が、この立派な母親が教えてくれるのは、自分の苦しい過去を、神のみ前に、イエスのみ前に差し出す勇気です。神の優しさに、イエスの優しさに触れる勇気です。その過去を、このわたしたちも差し出してみましょう。各自、ご自分の過去を考えてみましょう。過去には必ず、見苦しいことも含まれています。必ずそうです。イエスのもとに行き、イエスの心の扉をたたいて伝えましょう。「主よ、あなたが望んでくだされば、わたしはいやされます」と。自分の前にいつもイエスのみ顔があれば、キリストの心がどのようなものかが分かっていれば、そうすることができます。キリストの心は、あわれみの心であり、わたしたちの苦悩を担う心、わたしたちの罪、過ち、怠りを担ってくださる心です。

実に、わたしたちの嘘偽りのない、ありのままを愛してくださる心です。「主よ、あなたが望んでくだされば、わたしはいやされます」。だからこそ、イエスのことを知り、イエスに親しむ必要があるのです。いつも申し上げているアドバイスをまた繰り返します。小型のポケット版福音書をいつも持ち歩き、毎日一節読んでください。いつでもイエスに会えるように、バッグやポケットに、携帯電話の中に入れて、福音を持ち歩いてください。そこに、イエスご自身が示しておられる、イエスのありのままの姿を見いだすでしょう。わたしたちを愛し、深く愛してくださり、わたしたちの幸福を心から望んでおられるイエスを見いだすでしょう。この祈りを忘れないでください。――「主よ、あなたが望んでくだされば、わたしはいやされます」。美しい祈りです。主の助けにより、わたしたち皆が、一人の異教徒の女性が教えてくれた、このすばらしい祈りを祈ることができますように。キリスト者でもユダヤ人でもない、異邦人が教えてくれた祈りです。

おとめマリアが、祈りを通してわたしたちを執り成してくださいますように。洗礼を受けたすべての人の中で、信仰の喜びがいや増し、たゆまぬ日々のあかしを通してそれを伝えたいという思いが強められますように。また、イエスのもとに行って、「主よ、あなたが望んでくだされば、わたしはいやされます」、そういえる勇気が与えられますように。

　年間第二十主日の八月十六日（日）正午に、教皇公邸書斎の窓から、サンピエトロ広場に集まった信者とともに行った「お告げの祈り」で、祈りの前に述べたことば（原文イタリア語）。

「お告げの祈り」の後、イタリア語で次のように述べた。

「愛する兄弟姉妹の皆さん。

　引き続きレバノンのために祈りましょう。また、世界中で人々を苦しめている他の悲劇的状況のためにも祈りましょう。わたしは、愛するベラルーシに思いを寄せています。この国の選挙後を注意深く見守り、対話を、暴力の停止を、正義と法の遵守を、訴えます。すべてのベラルーシ人を、平和の后《きさき》である聖母の保護にゆだねます。

今は休暇の季節です。休暇は、からだの回復だけでなく、神の恵みである自然の美しさに触れながら、祈り、沈黙、休息を通して、心を回復させるときにもなります。だからといって、新型コロナウイルスによって生じた問題を忘れてはなりません。多くの家に、働くことのできない家族、仕事を失った家族がおられ、食べ物に困っている人も大勢います。夏休みを、愛と寄り添いの心をもってそうした家庭とともに歩む機会としても過ごせますように」。

ベラルーシでは、一九九四年から実権を握ってきた現職のルカシェンコ大統領が八月九日の選挙で六期目の当選を果たした。しかし、選挙の不正を訴え、やり直しを求める民衆による十万人規模のデモが続く一方で、現職大統領支持者の集会が開かれるなど、国内の対立が深まっている。抗議デモでは参加者数千人が拘束され、死傷者も出ているほか、ロシアが現職政権の支持を表明したのに対し、欧州連合（EU）は選挙の不正を理由にルカシェンコ大統領を認めず、対立の先行きが見通せない状況にある。

あなたはメシア、生ける神の子

愛する兄弟姉妹の皆さん、こんにちは。

今日の主日の福音（マタイ16・13―20参照）は、ペトロがイエスをメシア、生ける神の子だと信じる自身の信仰を告白した場面を伝えています。使徒ペトロのこの告白は、イエスご自身によって引き出されるものです。イエスはご自分とのかかわりにおいて、決定的段階へと踏み出すよう弟子たちを導こうとしておられます。実際、十二使徒をはじめとするご自分に従う人々とのイエスの歩みのすべては、信仰を教える道です。まず、イエスは「人々は、人の子のことを何者だといっているか」（13節）とお尋ねになります。わたしたちのように、使徒たちは人のことを話すのが好きでした。皆ゴシップ好きです。人のことを話すのはまったく気楽ですから、だからわたしたちはそれが好きです。だれかを「丸裸」にしてしまおうとします。この場面では、求められていたのはゴシップではなく、信仰に対する姿勢です。つまり、イエスは「人は、わたしのことを何といっているのか」と尋ねます。そして弟子たちは、さまざまな評価を競って報告しているように見えます。おそらくそれは、彼ら自身の評価とおおむね一致するものでした。使徒たちもまた、人々と同じように思っていました。要するに、ナザレのイエスは預言者の一人だと思っているのです（14節）。

イエスは二つ目の質問で、彼らの核心に迫ります。「それでは、あなたがたはわたしを何者だと言うのか」（15節）。そこで、少しの沈黙が流れたことでしょう。そこにいる各人が、覚悟を決めて、イエスに従う理由を表明するよう求められているからです。ですから、いくらかためらいがあってもしかたがありません。皆さんも、わたしから今「あなたにとってイエスとはだれですか」と聞かれたら、答えるのに少し逡巡するでしょう。シモンはとまどいの空気を打ち破り、勢いよく答えます。「あなたはメシア、生ける神の子です」（16節）。この完全で明白な答えは、彼の衝動的な反応ではなく、高潔さからのものです。ペトロは高潔でした。でもそれは、天の御父の特別な恵みがもたらしたものです。事実、イエスご自身がペトロにいっておられます。「あなたにこのことを現したのは、人間——つまり教養という、あなたが学んだもの——ではなく、わたしの天の父なのだ」（17節）。イエスを告白することは、御父からの恵みです。イエスを生ける神の子、あがない主だと言明することは、わたしたちの願い求めるべき恵みなのです。「父よ、イエスを告白する恵みをお与えください」。そのとき主は、シモンの素早い返答が恵みによるひらめきと知り、荘厳に言い添えます。「あなたはペトロ。わたしはこの岩の上にわたしの教会を建てる。陰府《よみ》の力もこれに対抗できない」（18節）。このように断言することでイエスは、ご自分が与えた新しい名「ペトロ」の意味を本人に理解させます。ペトロがたった今表明した信仰は、神の御子がご自分の教会を、つまり共同体を築こうとしておられる土台となる、揺るがぬ「岩」だということです。そして教会は、つねに、ペトロの信仰を基盤に、イエスが（ペトロにおいて）認めた信仰――そしてイエスは彼を教会の頭《かしら》にします――を基盤に、前に進んでいます。

　今日、わたしたち一人ひとりに向けられたイエスの問いを聞きます。「それでは、あなたがたはわたしを何者だというのか」。わたしたちそれぞれに向けられています。そして各自答えを出さなければなりません。理屈ではなく、信仰に、つまり、いのちにかかわる答えです。信仰とはいのちだからです。「わたしにとってあなたは……」と、イエスについての告白を言明します。最初の弟子たちのように、わたしたちにも求められている応答、御父の声に内的に耳を傾けること、ペトロの周りに集まった教会が告げ続けるものへの調和です。わたしたちにとってキリストは何者なのか、それを理解しているかどうかということです。キリストはわたしたちのいのちの中心であるのか、教会におけるわたしたちの活動の目的であるのか、社会におけるわたしたちの活動の目的であるのかということです。わたしにとって、イエス・キリストとは何者か。あなたにとって、こちらのあなたにとって、あちらのあなたにとって、イエス・キリストとはだれですか。それに毎日答えるべきです。

注意してください。わたしたちの共同体の司牧活動が、各所でのさまざまな貧困状態や緊急事態に開かれていることは、不可欠なことであり、称賛に値することです。愛はつねに、信仰の道の、信仰の完成のための、王道です。ですが、わたしたちが行う連帯のわざ、愛のわざが、主イエスとの結びつきから離れないようにする必要があります。キリスト教の愛は、単なる博愛主義ではありません。他者を、まさにイエスの目で見る一方で、貧しい人の顔に、イエスを見るのです。これこそが、キリスト教的愛の真の道で、つねに、中心とするイエスとともにある道です。信じて幸いとされた聖マリアが、キリストへの信仰の道をたどるわたしたちを導き、模範を示してくださいますように。また、キリストへの信頼によって、わたしたちの愛のわざと、わたしたちの存在すべてに意味が与えられるということに、気づかせてくださいますように。

年間第二十一主日の八月二十三日（日）正午に、教皇公邸書斎の窓から、サンピエトロ広場に集まった信者とともに行った「お告げの祈り」で、祈りの前に述べたことば（原文イタリア語）。

「お告げの祈り」の後、イタリア語で次のように述べた。

「愛する兄弟姉妹の皆さん。

昨日は、宗教および信条を理由にした暴力行為の犠牲者を記念する国際デーでした。そこに含まれるわたしたちの兄弟姉妹のために祈りましょう。そして祈りと連帯をもって、宗教信仰を理由に今日もなお迫害されている多くの人を支えましょう。

明日八月二十四日で、メキシコのタマウリパス州サンフェルナンドで七二人の移民が殺害された事件から十年になります。出身国はさまざまで、少しでもよい暮らしをと願っていた人々です。今日なお、この事件の裁きと真実を求め続けている遺族に連帯の意を表します。主はわたしたちに、希望の旅路がついえたすべての移民について、説明を求めておられます。彼らは使い捨て文化の犠牲者であり続けています。

明日で、イタリア中部地震から四年になります。甚大な被害に遭った世帯、地域が、連帯と希望をもって前に歩んで行けるよう、あらためて祈ります。迅速な再建によって、人々がアペニンのあの美しい土地で、平和な暮らしを取り戻すことができるよう願っています。

国際的なテロ組織によって苦しむ、モザンビーク北部のカーボデルガードの人々に心を寄せていることを、あらためて申し上げます。およそ一年前、愛するあの国を訪問したことを鮮やかに思い出しつつ、申し上げます。

（広場に集まった人や団体にあいさつした後、）それから、コロナウイルスの犠牲者のことを忘れずに、決して忘れないでください。今朝、祖父母に別れを告げられなかった、その日に看取ることのできなかった、ご家族のあかしを聞かせてもらいました。たくさんの苦しみが、多くの死者が、このウイルスによる犠牲者がいます。そして多くのボランティア、医師、看護師、司祭も、いのちを失いました。その苦しみを負うご遺族のことを思い起こしましょう」。

国連は二〇一九年、宗教および信条に基づく暴力行為の犠牲者のための国際デーを決議し、この年はその二回目に当たっていた。背景には、宗教や信条を理由にシリア、イラク、ほか欧米系の国でも多発するテロ行為や、ミャンマー、ナイジェリア、中国内新疆ウイグル自治区に見られる弾圧、虐待、殺害などがある。

モザンビークは豊富な資源により経済成長を続けてきたものの、ここ数年、資源価格の下落や国際債務問題により所得格差が広がり、治安悪化が社会問題となっている。また、北部では二〇一七年以降、過激派組織イスラム国（ＩＳ）系のグループによる襲撃が激化し、情勢が悪化している。八月十九日に教皇フランシスコは北東部ペンバ教区のリスボン司教に直接電話し、つねに心に留め祈っていることと、必要なことは遠慮なく伝えてほしいとの励ましのことばとを伝えたと報じられた。教皇は、前年九月に同国を訪問している。

十字架への招き

愛する兄弟姉妹の皆さん、こんにちは。

今日の福音箇所（マタイ16・21―27参照）は、前回の主日の箇所（マタイ16・13―20参照）の続きです。ペトロが、他の弟子たちの名においても、イエスはメシアであり神の子であるという信仰を告白した後、まさにそのイエスが、ご自分の受難について語り始めます。エルサレムに向かう途中、イエスはご自分の親しい友に、聖都で最後に待ち受けていることを明確に説きます。つまり、死と復活、屈辱と栄光の、ご自分の神秘をあらかじめ告げるのです。ご自分は「必ずエルサレムに行って、長老、祭司長、律法学者たちから多くの苦しみを受けて殺され、三日目に復活することになっている」（マタイ16・21）のだといわれます。しかし、イエスのことばは理解されません。弟子たちの信仰は未熟で、この世の考え方にとらわれすぎているからです（ローマ12・2参照）。彼らは勝利を、どこまでも世俗的に捉えていて、それゆえに、十字架ということばが理解できないのです。

イエスは失敗して十字架上で死ぬだろうと予告されると、ほかならぬペトロが反論してイエスにいいます。「主よ、とんでもないことです。そんなことがあってはなりません」（22節）。ペトロはイエスを信じています。信仰し、イエスを信じ、信頼しています。そしてイエスに従いたいと思っていますが、イエスの栄光は受難を経るということが受け入れられないのです。ペトロと他の弟子たちにとって――そしてわたしたちにとっても――、十字架はよく分からないもの、十字架は「けしからんもの」ですが、イエスは十字架から逃げることを「けしからん」と考えておられます。つまりそれは、御父のみ旨から、わたしたちを救うために御父が託された使命から、逃げることになるからです。ですからイエスはペトロにこたえます。「サタン、引き下がれ。あなたはわたしのじゃまをする者。神のことを思わず、人間のことを思っている」（23節）。十分ほど前には、イエスはペトロを褒めておられました。ご自分の教会の基盤、礎《いしずえ》とするとペトロに約束されました。ところが十分経つと、「サタン」と呼ばれるのです。これをどう理解したらよいでしょうか。これは、わたしたちだれにでも起こることです。敬虔な思いのとき、熱意にあふれるとき、善意のあるとき、隣人に寄り添うときには、イエスを見つめ、前に進みます。ところが、十字架が近づくと、逃げ出すのです。悪魔、サタンが、――イエスがペトロにいわれたように――誘惑するのです。わたしたちを十字架から、イエスの十字架から遠ざけるのは、悪霊の特性、悪魔の特性です。

それからイエスは、皆に向かってこういわれます。「わたしについて来たい者は、自分を捨て、自分の十字架を背負って、わたしに従いなさい」（24節）。このようにイエスは、二つの姿勢を示すことで、真の弟子の道を示しておられます。一つ目の姿勢は、「自分を捨てる」ことです。うわべの変化ではなく、回心を、考え方や価値観の完全な転換を意味しています。もう一つの姿勢は、自分の十字架を背負うことです。日常の苦難を辛抱強く耐えるだけでなく、悪との闘いによる疲労を、苦しみを、信仰と責任をもって背負うことです。キリスト者の人生は、つねに闘いなのです。聖書によれば、キリスト者の生は軍役です。悪霊との闘い、悪魔との闘いなのです。

このように、「十字架を背負う」という決意は、キリストとともに、世の救いに参与することになります。そのことを思い、自宅の壁にかけてある十字架や、首に下げる小さな十字架を、兄弟姉妹、なかでももっとも小さくもっとも弱い人に愛をもって仕えておられるキリストに一致したいという、わたしたちの思いの表れとしましょう。十字架は神の愛の聖なるしるしであり、イエスのいけにえのしるしです。単なるお守りや装飾のネックレスにしてはなりません。十字架のキリスト像を見つめるたびに、主なる神のまことのしもべ、キリストは、罪のゆるしのためにいのちをささげ、血を流してご自分の使命を果たされたことを思い起こしましょう。反対側に引き寄せられ、悪魔の誘惑に陥ってはなりません。ですから、イエスの弟子になりたいのであれば、イエスに倣い、神と隣人への愛のために自分のいのちを与え尽くさなければなりません。

カルワリオ（されこうべ）に至るまで、御子と一つに結ばれておられたかた、おとめマリアが、わたしたちを助けてくださいますように。福音のあかしがわたしたち皆にもたらす試練や苦しみを前に、ひるまずにいられますように。

年間第二十二主日の八月三十日（日）正午に、教皇公邸書斎の窓から、サンピエトロ広場に集まった信者とともに行った「お告げの祈り」で、祈りの前に述べたことば（原文イタリア語）。

「お告げの祈り」の後、イタリア語で次のように述べた。

「愛する兄弟姉妹の皆さん。

明日九月一日は、被造物を大切にする世界祈願日です。この日から十月四日までの間、教派や伝統の異なるキリスト教の兄弟姉妹とともに、アースデーの創設五十年を記念する「地球のジュビリー」を祝います。世界中で進められているさまざまな企画を、なかでも、本日モーリシャスの首都ポートルイスの大聖堂で行われるコンサートを、よろしくお願いいたします。モーリシャスは残念なことに、最近環境災害に見舞われています。

東地中海での緊張と、そこに潜むさまざまな不安定要素を、懸念をもって注視しています。お願いします。どうか、建設的対話と国際法の遵守によって、当地の民の平和を脅かす紛争を解決してください」。

二〇一九年より公式にカトリック教会も参加することになった、エキュメニカルな環境保護企画「被造物の季節」（毎年九月一日から十月四日）は、今年のテーマを「地球のジュビリー」としている。

モーリシャス沖では七月二十五日に、日本の貨物船「わかしお」が座礁し、二つに割れた船体からおよそ千トンの重油が流出していた。インド洋の島国モーリシャスの周辺には、サンゴ礁やマングローブ林、ラムサール条約に基づく国際湿地保護区が広がっており、回復に数十年が見込まれる未曽有の災害となった。重油の回収は手作業で行われている。

ギリシャとトルコは、東地中海で十年前に発見された膨大な埋蔵量の天然ガスをめぐって対立し、両者が領有権を主張する海域にトルコの調査船が配備された八月十日以降、緊張が高まっている。ＥＵは、対立拡大回避のために、厳しい経済措置を含む新たな制裁を科すことをトルコに警告している。

間違いを正すイエスの教え方

愛する兄弟姉妹の皆さん、こんにちは。

今日の主日の福音（マタイ18・15―20参照）は、マタイ福音書におけるイエスの四つ目の説教で、「共同体」、「教会」に関する説教として知られています。本日の箇所は、兄弟を正すことについて語り、キリスト者のあり方の二つの側面について考えるよう招いています。すなわち、交わりを守るという教会の一致を求める共同体としての面と、個々人の意識に目を向け、それを尊重することを求める個人の側面です。

誤りを犯した兄弟を正すため、イエスは相手を立ち直らせるための教育法を示しておられます。イエスの教育法はつねに、立ち直らせる教育法です。イエスはつねに、回復させ、救おうとなさいます。そしてこの回復的教育法は、三つの段階に分けられます。第一段階でこういいます。「二人だけのところで忠告しなさい」（15節）。つまり相手の過ちを公にしてはならないのです。自制をもって兄弟姉妹に向き合うことが大事で、それは相手を裁くのではなく、相手が自分のしたことに気づけるよう助けるためです。わたしたちは何度、こうした体験をしたことでしょう。だれかが来ていいます。「いいですか、よく聞いてほしいのだけれど。これについてあなたは間違っています。そこは少し直したほうがよいでしょう」。最初は腹が立つかもしれませんが、その後、感謝します。それは兄弟愛、交わり、支え、そして回復のわざだからです。

　理由はさまざまですが、イエスのこの教えは簡単に実践できることではありません。相手の兄弟姉妹が反発してしまうのではないか、その人との信頼関係が損なわれるのではないかという不安があります。ほかの理由もあります。けれどもそうするたびに、それはまさに主の道なのだと、わたしたちは実感するのです。

　ただし、善意であっても最初の忠告が通じない場合があります。その場合、あきらめて、「考えが違うようですから、お好きなように」といってしまうのはよくありません。いけません。それはキリスト者らしくありません。あきらめず、他の兄弟姉妹に助けを求めてください。イエスはいっておられます。「聞き入れなければ、ほかに一人か二人、一緒に連れて行きなさい。すべてのことが、二人または三人の証人の口によって確定されるようになるためである」（16節）。これはモーセの律法の教えです（申命記19・15参照）。このことは忠告される側に不利なようですが、実は、誤った告発者から守る助けとなっているのです。イエスは、二人の証人は告発や裁定にではなく、助けのために必要なのだと付け加えておられます。「あなたとわたしで協力しましょう。間違っていて、よくない状態になっているあの人に話しに行きましょう。ただし、兄弟姉妹として話しに行きましょう」。これこそが、イエスがわたしたちに求めておられる、相手を立ち直らせる姿勢です。実際にはイエスは、証人を伴うこの第二の方法も通じない場合を想定しておられます。それは、叱責するのに二人か三人の証人がいれば十分だというモーセのおきてとは異なります。

相手の心がかたくなで、二人や三人の兄弟姉妹の愛では十分でない場合も実際にあります。その場合には共同体に、つまり「教会に申し出なさい」（17節）と、イエスは加えておられます。状況によっては、共同体全体がかかわります。他の兄弟姉妹が無関心でいてはならないことがあるのです。兄弟を立ち直らせるには、より大きな愛が必要なのです。しかしそれでも足りない場合があります。イエスはいっておられます。「教会のいうことも聞き入れないなら、その人を異邦人か徴税人と同様にみなしなさい」（同）。一見するとさげすみのように映るこの表現ですが、実はそれは、その兄弟を神の手にゆだねなさいという呼びかけなのです。御父ただお一人が、兄弟姉妹のすべての愛を合わせたよりも、大きな愛を示すことがおできになるのです。イエスのこの教えは、わたしたちにとって大きな助けとなります。例を挙げてみれば、その理由が分かると思います。兄弟姉妹のだれかが失敗したり、間違ったり、踏み外したりしたのを見ると、わたしたちの最初の行動は大抵、だれかのもとに行ってそれを伝えること、うわさ話です。うわさ話は、共同体に心を閉じさせ、教会の一致を妨げます。うわさ好きの代表格は悪魔です。悪魔は人の悪口を言い触らします。教会を分裂させ、兄弟姉妹を引き離し、共同体を築けないようにする嘘つきだからです。兄弟姉妹の皆さん、どうかうわさ話をしないよう心掛けてください。うわさ話は新型コロナウイルス感染症よりも悪い病です。うわさ話をしない、それを心掛けましょう。それは、徴税人や異邦人を受け入れ、それによって当時の人々の常識を揺るがしたイエスの愛です。しかしそれは、訴えもせずに罪に定めるということではなく、わたしたち人間の試みはうまくいかないこともあり、神の前に立つことによってのみ、その人は自分の良心と自らの行為の責任とに向き合うことができるということを明かしているのです。もし思うように事が進まなければ、沈黙し、間違っているその兄弟姉妹のために祈ってください。決してうわさ話をしてはなりません。

　兄弟姉妹に正しく忠告できるよう、おとめマリアが助けてくださいますように。そしてわたしたちの共同体に、相互のゆるしと、何よりも神のいつくしみの揺るぎない力に基づく新たな兄弟姉妹のかかわりを、たえず生み出すことができますように。

年間第二十三主日の九月六日（日）正午に、教皇公邸書斎の窓から、サンピエトロ広場に集まった信者とともに行った「お告げの祈り」で、祈りの前に述べたことば（原文イタリア語）。

「愛する兄弟姉妹の皆さん。

ローマ市民の皆さん、諸外国からの巡礼者の皆さん、ご家族で、小教区で、団体でいらした皆さんにごあいさつします。

ローマの教皇庁立北米コレジオ、リュブリャナ（スロベニア）の大神学校の神学生の皆さん、ようこそ。（堅信式での）信仰告白の準備をしている、黄色のハンカチを振っているチェルヌスコ・スル・ナヴィーリオの子どもたち、同じくキウーゾとマッジャニコの子どもたちも、ようこそいらっしゃいました。親石であり、よい羊飼いであるイエスのそばに行くようがんばってください。

シエナからローマまでフランチジェナ巡礼路をたどって来られた多発性硬化症患者の女性アスリートの皆さん、チャリティ活動のため自転車で来ているサント・ステファーノ・ロディジャーノの少年少女の皆さんにごあいさつします。どちらもあっぱれです。喜びと自信をもって、ますます前進してください」。

フランチジェナ巡礼路は、イギリスのカンタベリー大聖堂からバチカンを経由し、プーリア州まで続く道。一般には、バチカンまでの約二千キロの道を指す。

人をゆるす

愛する兄弟姉妹の皆さん、こんにちは。

今日の福音で読まれる、あわれみ深い王のたとえ（マタイ18・21―35参照）には、次の願いが二度登場します。「どうか待ってください。きっと全部お返しします」（26、29節）。最初は、主人に一万タラントンという巨額の借金をした家来が口にするものです。今のお金で数百万ユーロにも相当する額です。二番目は、同じ主人の別の家来が口にしたものです。彼も借金をしていますが、主人にではなく、莫大な借金をしていたその家来に対してです。しかもその額はわずかで、一週間の賃金程度です。

このたとえの中心は、巨額の借金を抱えた家来に主人が示した債務帳消しです。福音記者は「主君はあわれに思って」と記し強調しています。あわれに思う――、イエスそのものであるこのことばを決して忘れてはなりません。イエスはいつだって「あわれに思って」くださるのです。「主君はあわれに思って、彼をゆるし、その借金を帳消しにしてやった」（27節）。莫大な借金ですから、帳消しにする額も膨大なのです。ところがその家来は、そのすぐ後で、自分にわずかな借金をしていた仲間に情け容赦なく接します。相手のいうことに耳を貸さず、なじり、借金を返すまで牢《ろう》に入れます（30節参照）。そのわずかな借金を――。主人は事の次第を聞いて憤り、この不届きな家来を呼びつけて叱責します（32―34節参照）。「わたしはおまえをこんなに多くゆるしてやったのに、おまえはこのほんのわずかなことをゆるせないのか」と。

　このたとえ話には二つの姿勢があります。多くをゆるす王が象徴している神――神はつねにゆるしてくださるからです――の姿勢と、人間の姿勢です。神の姿勢において、正義にはあわれみが浸透しています。一方、人間の姿勢は正当性に限定されています。イエスは、思い切ってゆるしの力に開かれるようにと、わたしたちを強く促しています。人生のすべてが、わたしたちが知るとおり、正当性だけでもって解決できるわけではないからです。あわれみ深い愛が必要なのです。このたとえ話の前にある、ペトロの問いに対する主の答えも、このことに基づいています。「主よ、兄弟がわたしに対して罪を犯したなら、何回ゆるすべきでしょうか」（21節）とペトロが尋ねています。そしてイエスはこう答えます。「あなたにいっておく。七回どころか七の七十倍までもゆるしなさい」（22節）。聖書の象徴言語において、この箇所は、必ずゆるすことを求められているという意味になります。

もし、ゆるしとあわれみがわたしたちの生き方であったなら、どれだけの苦しみが、傷が、戦争が避けられたことでしょう。家族の間でも、家庭内ですらそうです。ゆるし合うことができずに崩壊した家庭がどれほどあることか。どんなに多くの兄弟姉妹が心の内に恨みを抱いていることか。夫婦で、親子で、共同体の中で、教会内で、そして社会や政治において、あらゆる人間関係にあわれみの愛を注ぐ必要があります。

今朝、ミサをささげている際、第一朗読のシラ書にはっとさせられ、心を打たれました。このようにいっています。「自分の最期に心を致し、敵意を捨てよ」。すばらしいことばです。最期のことを考えてください。棺桶の中……そこにまで憎しみをもっていきますか。最期のことを考え、憎むのをやめてください。恨むのはやめなさい。感慨深いこのことばを考えてみましょう。「自分の最期に心を致し、敵意を捨てよ」。

ゆるすことは簡単ではありません。冷静なときは、「そうだよな。この人はわたしを困らせてばかりだけれど、わたしだっていろいろしてしまっているし。ゆるされるためにも、この人をゆるしたほうが賢明だ」と思えます。ところがその後も、恨みは夏のうるさいハエのように、何度も何度もわいてきます。ゆるしは、一時のことではありません。何度もわいてくる恨み、憎しみに対して、継続的に行うことです。最期について考え、憎むのをやめましょう。

今日のたとえ話は、主の祈りで唱えるこのことば、「わたしたちの負い目をおゆるしください。わたしたちも自分に負い目のある人をゆるしましたように」（マタイ6・12）の意味をよく理解するのに役立ちます。このことばには決定的な真理が含まれています。わたしたちは、自分の隣人をゆるさなければ、神にゆるしを求めることはできないのです。条件は、最期のことを考える、神のゆるしについて考えること、そして憎しみを断つこと。恨みを、あの何度もしつこくやってくるうるさいハエのような恨みを追い払うことです。ゆるして愛するよう努めなければ、ゆるされず、愛されません。

神の聖母の母なる取り次ぎに身をゆだねましょう。どれほど神に借りがあるかに気づかされ、それをつねに思い起こせるよう、聖母が助けてくださいますように。そうして心を、あわれみと優しさへと開くことができますように。

年間第二十四主日の九月十三日（日）正午に、教皇公邸書斎の窓から、サンピエトロ広場に集まった信者とともに行った「お告げの祈り」で、祈りの前に述べたことば（原文イタリア語）。

「お告げの祈り」の後、イタリア語で次のように述べた。

「愛する兄弟姉妹の皆さん。

ここ数日、レスボス島モリアの難民受け入れ施設を襲った火災で、数千人もが避難所を失っています。仮設の施設すらないのです。当地を訪問し、ヴァルソロメオス全地総主教と、アテネのイエロニモス大主教とともに訴えた記憶は、わたしの中にいつも鮮明にあります。「移住する人、難民、ヨーロッパに逃れようとする人の、人間らしく尊厳をもった受け入れ」（レスボス島訪問時、教皇と主教ら三者による共同声明、二〇一六年四月十六日）の確立を訴えました。わたしはこの悲劇的出来事の犠牲者すべてに連帯し、寄り添うことを伝えます。

さらにこの数週間、世界中で、多くの場所で、著しい緊張状態に達した政治や社会情勢にある市民社会の不満の高まりを示す、市民による多くの抗議デモを目撃しています。平和的な方法で自身の要求を示すデモを奨励するとともに、すべての公的責任者と政府関係者の皆さんが、自国市民の声に耳を傾け、正当な渇望にこたえ、人権と市民の自由を完全に尊重してくださるようせつに願います。最後に、こうした状況にある地の教会共同体に求めます。当地の司教らの導きのもと、対話のために、ひたすら対話のために、そして和解のために、働いてください。わたしたちは、ゆるしについて、和解について話をしたではありませんか。

コロナ禍にあって今年は、毎年行われる聖地のための献金を、聖金曜日から十字架称賛の祝日の前日である今日に移動しました。このところの状況のため、今年の献金はこれまで以上に、希望と、神がわたしたちのために人となって死に復活された地で暮らすキリスト者への連帯のしるしとなります。今日、霊的巡礼を終えます。心の内で、想像の中で、胸の内での、エルサレムまでの旅です。エルサレムは、詩編が歌うようにわたしたちの源（詩編87・5参照）である地ですから、わたしたちはその共同体のために寛大な行為を示すのです。

ローマと諸外国からの巡礼者の皆さんにごあいさついたします。とくに、フランチジェナ巡礼路をパヴィアからローマまで自転車で来た、パーキンソン病患者の皆さん、ようこそいらっしゃいました。よくやり遂げましたね。皆さんのあかしに感謝します。……コムニタ・ラウダート・シの皆さんも見えます。皆さんの活動に感謝します。昨日の、ここでの、被造物の保護のための取り組みを進めるカルロ・ペトリーニ氏ほか指導者のかたがたとの会合にも感謝します」。

九月九日、欧州上陸を目指し、およそ一万二千人が生活するギリシャ・レスボス島モリア難民キャンプ（収容可能人数二千人程度）で大規模火災が発生し、施設の大部分が消失、多くの難民、移民が行き場を失った状態になっている。二〇一六年に教皇が現地を訪問して以降、教皇慈善活動室や教皇庁の難民移民セクションが、キャンプの劣悪な環境改善と人権保護のために積極的に働きかけを続けている。バチカンや聖エディジオ共同体の費用支援で少人数ずつローマでの受け入れを続けているものの、抜本的改革には至っていない。キャンプの一万二千人の中には、四千人以上の子どもや弱者、四百人ほどの高齢者や、孤児、妊婦もいる。

教皇の指摘するデモには具体的に、二〇一九年から続く香港の民主化デモ、七月からのブルガリアの反政府デモ、八月の大統領選に端を発したベラルーシのデモ、イスラエル首相の辞任を要求するエルサレムのデモ、政権退陣や王室改革を訴えるタイのデモ、新型コロナウイルス対策に抗議するフランスやドイツのデモ、八月の警官による黒人容疑者殺害を機にアメリカ全土に広がった人種差別撤廃を訴えるデモなどが挙げられる。パンデミックの最中にあって、ほかにも世界各地で数多くのデモが行われていた。

毎年聖金曜日に行われる、聖地のキリスト教共同体を支援するための献金は、パンデミックにより聖週間の典礼が制限されたことを受け、この日に移動された。十四世紀中ごろ、パレスチナ各地の巡礼所とヨーロッパからの巡礼者の保護が教皇クレメンス六世によってフランシスコ会に委託された。その後、政情不安定な聖地で苦労する修道者らを支援するための献金は聖金曜日にささげられるようになり、教皇レオ十三世の一八八七年の指示以降、全小教区で行われることとなった。現在、各教会からの献金はローマ教皇庁に集められ、イスラエル、ヨルダン、キプロス、パレスチナ自治区内の教会施設の維持管理のほか、聖地の貧しい兄弟姉妹のための福祉・教育施設の運営、奨学金や生活保護に用いられている。

コムニタ・ラウダート・シは、教皇フランシスコの教えから発し、リエーティの教会とスローフード協会が環境保護を目的に設立した、あらゆる宗教や信条、政治思想、国籍、社会的背景に開かれた自由な市民運動共同体。カルロ・ペトリーニ氏が創始者であり会長であるスローフード協会は、イタリアに本部を置く世界的な食の草の根運動組織。

ぶどう園の主人

愛する兄弟姉妹の皆さん、こんにちは。

今日の福音箇所（マタイ20・1―16参照）は、ぶどう園の主人から、日雇いで働くよう呼ばれた労働者のたとえを伝えています。この話を通してイエスは、呼び出しと報酬という主人の二つの姿勢に象徴される、神の驚くべきなさり方を示してくださいます。

まず最初は、呼び出しです。ぶどう園の主人は、六時、九時、十二時、そして午後の三時と五時の、五回にわたって広場に行き、自分のために働くよう呼びかけます。自分のぶどう園のための労働者を探しに何度も広場へ出て行く主人の姿には、心打たれます。この主人は、すべての人に声を掛け、いつ何時でも、つねに呼びかけておられる神を表しています。神は今日もそうしておられます。神は、どんなときも、だれに対しても呼び出しを続け、ご自分の国で働くよう招いておられます。それが神のなさり方です。わたしたちもそれを受け入れ、それに倣うよう求められています。神はご自分の世界に閉じこもらず、「出て行く」かたです。神はいつだって出て行かれ、わたしたちを探しておられます。閉じこもらず、出向かれます。神は、人々を探しに出向き続けておられます。ご自分の愛の計画から、だれもあぶれることのないようになさりたいのです。

　わたしたちの共同体もまた、イエスによってもたらされた救いのことばを、すべての人に伝えるために、ありうるさまざまな種類の「境界」を飛び越えていくよう呼ばれています。それは、いのちの地平に向けて自らを開くということです。生存の危機に瀕している人、キリストとの出会いで得る力と光にまだ触れていない人、あるいはそれを見失った人に、希望を与える地平です。教会は神に倣わなければなりません。つねに出向くのです。教会が出向かなくなったら、その内側でわたしたちがもっている多くの悪によって、教会は病んでしまいます。そして、なぜそうした病が教会内にあるのか。出て行かないからです。外に出れば、事故に遭うおそれがあるのは確かです。しかし、出て行ったことで、福音を告げ知らせることで傷を負うほうが、閉じこもって病むよりもましです。神はつねに出向いておられます。御父でいてくださるから、愛してくださるからです。教会も同じようにすべきです。つねに出向くべきです。

神の姿勢を表す、主人の二つ目の姿勢は、労働者への報酬の出し方です。神はどのように支払いをなさるのでしょうか。主人は、明け方に雇った最初の労働者に「一日につき一デナリオン」（2節）を約束します。その後に雇った人々には、「ふさわしい賃金を払ってやろう」（4節）といっています。そしてその日の終わりに、ぶどう園の主人はすべての労働者に同じ額、一デナリオンを支払うよう命じます。朝から働いていた人たちは憤り、主人に不平をいいますが、主人は断固受け付けません。主人は最後に来た人にまで、すべての人に、最大の報酬を与えたいのです（8―15節）。神はつねに最大のものを払ってくださいます。半分だけということはありません。すっかり払ってくださるのです。ここから、イエスは労働と適正賃金の話をしているのではなく――それは別の問題です――、神の国について、天の御父の優しさについて話しておられるということが分かります。御父は、招くために出向き続け、すべての人に最大の報酬を与えてくださるのです。

　事実、神のなさり方は次のとおりです。時間や結果はご覧にならず、働く意欲を見ておられます。ご自分に仕えようと自らを差し出す惜しみのなさを見ておられます。神のなさり方は、公平さを超えています。公平であるかどうかを超え、恵みとして示されるといえるでしょう。すべては恵みです。わたしたちの救いは恵みです。わたしたちの聖性も恵みです。恵みを与えてくださることで、神はわたしたちに不相応に多くのものを与えてくださいます。ですから、能力に応じて報酬を得るべき、という人間の論理を持ち出す人は、先にいても後になります。「でも、わたしはたくさん働きました。教会でこんなに活動し、大勢の人を助けたのに、最近来た人と同じ報酬しか得られないのですか」。思い出してください。教会で最初に聖人に列せられたのは、よい盗人でした。彼は人生の最後の瞬間に、天の国を「盗み」ました。これこそが恵みです。神はそのようなかたです。わたしたち皆に対してもそうです。自分の報酬を計算する人は当てが外れ、謙虚に御父のいつくしみに身をゆだねる人は、最後にいても、よい盗人のように先になるのです（16節参照）。

聖マリアの助けにより、この世界という神の畑で、教会というぶどう園で、神のために働くよう呼ばれる喜びと驚きを日々感じることができますように。そして、唯一の報酬として神の愛を、イエスとの友情を、得ることができますように。

年間第二十五主日の九月二十日（日）正午に、教皇公邸書斎の窓から、サンピエトロ広場に集まった信者とともに行った「お告げの祈り」で、祈りの前に述べたことば（原文イタリア語）。

「お告げの祈り」の後、イタリア語で次のように述べた。

「愛する兄弟姉妹の皆さん。

パンデミック以前の予定では、今ごろブダペストで国際聖体大会が開かれているはずでした。ですから、ハンガリーの司教と信者、そしてこの教会行事を信仰と喜びのうちに心待ちにしていたすべての人に、一言ごあいさつしたいと思います。大会はブダペストのまま、来年の九月五日から十二日に延期となりました。霊的に結ばれて、準備の旅を続け、教会のいのちと使命の源を聖体に見いだしていきましょう。

今日イタリアは、聖心カトリック大学を祝う日です。この文化的に重要な学校の支援を皆さんに呼びかけます。未来と多くの若者世代に扉を開いていてきた事業に、継続した、また新たな活力を与える使命をもつ学校です。若い世代が、人格の尊厳とわたしたちがともに住む家を大切にすべく訓練を受けることが、何よりも重要です」。

第五十二回国際聖体大会は当初、二〇二〇年九月に開催予定であったが、パンデミックの影響によって延期された。ハンガリーでの開催は、一八八一年に国際聖体大会の定期開催が始まって以来、一九三八年に次ぐ二度目。

ぶどう園と二人の息子

愛する兄弟姉妹の皆さん。

わたしの故郷では「つらいときこそ明るい顔を（訳注：直訳は、悪天候には笑顔）」といいます。その「笑顔」で皆さんにいいます。こんにちは。

神の国に関する説教でイエスは、人々の生活にかかわることなく、良心について問わず、物事の善悪についての責任を問うこともない、宗教のあり方に異議を唱えておられます。そしてまた、マタイ福音書に記されている二人の息子のたとえ（21・28—32参照）をもってそれを示しておられます。ぶどう園に行って働くようにとの父の求めに対し、兄はすぐに「いやです」と答えましたが、その後考え直してそこへ向かいます。一方弟は、「お父さん、承知しました」と即答するものの、実際にはそうせず、行きませんでした。従っているかどうかは、「はい」もしくは「いいえ」と答えることにではなく、つねに、行動するかどうか、つまりぶどう園で働くかどうかにかかっています。この単純なたとえを通してイエスは、外側の習慣的な行為としてのみ理解されている宗教、人々の生活や態度に働きかけることのない宗教を乗り越えようとしておられます。うわべの、単に「儀礼的な」――悪い意味での――宗教心をです。

イエスが非難なさるこうした「うわべ」の宗教心の代表格は、当時の「祭司長や民の長老たち」（マタイ21・23）です。主の忠告によれば、彼らよりも徴税人や娼婦たちのほうが先になります（31節参照）。イエスは彼らにいわれます。「罪人である徴税人や、娼婦たちのほうが、あなたたちよりも先に神の国に入るだろう」。この断定は、神のおきてに従わない人、倫理を軽視し、「どうせ、教会に通っている人のほうが自分よりもなってない」という人が正当化されるとの考えを示そうとしているのではありません。違います。それはイエスの教えではありません。イエスは徴税人や娼婦たちを、人生の模範として示したわけではなく、「恵みを受ける特権をもつ」人として示すのです。この「恵み」ということばを強調したいと思います。回心とはつねに恵みだからです。神が、ご自分に心を開き、ご自分へと回心した人にお与えになる恵みです。事実、そうした人々は説教を聞き、悔い改め、生き方を変えました。その例としてマタイを、祖国の裏切り者である徴税人だった聖マタイのことを考えてみればよいのです。

今日の福音で、よい印象を残すのは兄のほうです。それは父に「いやです」といったからではなく、「いやです」といった後で「はい」へと回心し、考えを改めたからです。神はわたしたち一人ひとりに対して辛抱強く待っておられます。神はあきらめません。わたしたちが「いやです」と答えても、決してあきらめません。ご自分から離れ、過ちを犯す自由すら与えておられます。神の辛抱強さを思うと、ことばを失います。どれほど主は、いつもわたしたちを待っておられるのかと。わたしたちを助けるためにつねに傍らにいてくださり、それでいて、わたしたちの自由も尊重してくださいます。そうしてわたしたちの「はい」を心待ちにしておられます。ご自分の父なる腕に再び迎え入れ、限りないあわれみでわたしたちを満たそうとしておられます。神への信仰は、悪ではなく善を、偽りではなく真理を、利己主義ではなく隣人愛を、日々新たに選ぶよう求めます。罪を犯した後にも、この選択へと回心する人は、天の国に最初に入ります。悔い改める一人の罪人については、九十九人の正しい人についてよりも大きな喜びが天にあるのです（ルカ15・7参照）。

　ですが、心を入れ替える回心とはプロセスで、わたしたちの道徳的に見える外皮を清める過程です。しばしば痛みが伴うプロセスです。何らかの犠牲や霊的闘いのない聖性への道などないからです。善のための闘い、誘惑に陥らないための闘いです。真福八端の平和と喜びをもって生きられるよう、自分でもできるかぎりのことをするのです。今日の福音は、キリスト者の生き方を問うよう求めます。それは、夢と美しいあこがれによってではなく、み旨と兄弟への愛に向けてつねに自らの心を開いておく、具体的な努力によって織り成される生き方です。ですがそれも、どんなにわずかな具体的な努力でさえも、恵みがなければ行えません。回心は、わたしたちがつねに求めるべき恵みです。「主よ、よいものへと向かう恵みをお与えください。よいキリスト者となる恵みを与えてください」。

　聖霊の働きに従順に従えるよう、聖マリアが助けてくださいますように。聖霊は、かたくなな心を柔らかにし、悔い改める覚悟をさせ、イエスが約束してくださったいのちと救いを得られるようにしてくださるかたです。

　年間第二十六主日の九月二十七日（日）正午に、教皇公邸書斎の窓から、サンピエトロ広場に集まった信者とともに行った「お告げの祈り」で、祈りの前に述べたことば（原文イタリア語）。

「お告げの祈り」の後、イタリア語で次のように述べた。

「愛する兄弟姉妹の皆さん。

コーカサス地方での衝突について、心配な報告が届いています。コーカサスの和平のために祈ります。また、両勢力には善意と友愛の具体的行動をとってくださるよう願います。それは、武力ではなく、対話と交渉による問題解決へとつながるでしょう。コーカサスの平和のために、ともに心の内で祈りましょう。

昨日ナポリで、十字架の礼賛者フランシスコ修道女会の創設者である、聖体のマリア・ルイジア、俗名マリア・ヴォレッティ（一八二六―一八八六年）が列福されました。カルワリオの神秘を観想し、たゆまずに愛のわざを続ける模範である、新福者を神に感謝しましょう。

教会は今日、世界難民移住移動者の日を祝います。一年前に祝福した「気づかれぬままの天使」（ヘブライ13・2参照）像の周りにいらっしゃる、難民と移住者の皆さんにごあいさつ申し上げます。今年は、イエスとその家族がそうだったように避難を余儀なくされる、国内避難民に教皇メッセージをささげます。「イエスのように、逃れざるをえない人々」、避難者、移住者もそうです。わたしたちの思いと祈りが、彼らとその支援者のもとにしっかり届きますように。

今日は世界観光の日でもあります。パンデミックは、多くの国にとって重要なこの分野に深刻な打撃を与えました。家族経営の小さな企業や若者をはじめ、観光産業のすべての従事者に励ましを送ります。皆がこの困難から速やかに回復できるよう願っています」。

九月二十七日、アルメニアとアゼルバイジャンの紛争地ナゴルノ・カラバフで、両国軍による近年で最大規模の武力衝突が発生した。両国は同月にすでに二度、ロシアの仲介で停戦合意がなされたものの、いずれも直後に破棄された。これまでに両国の民間人など数千人が死亡、数万人が家を追われた。

ぶどう園と農夫

愛する兄弟姉妹の皆さん、こんにちは。

今日の福音（マタイ21・33―43参照）でイエスは、ご自分の受難と死を予見し、ぶどう園の残忍な農夫たちのたとえを話しておられます。それは、道を踏み外しそうになっている祭司長や民の長老たちに警告するためです。実際、彼らはイエスに悪意を抱いており、イエスを排除しようとしています。

この寓話には、主人が登場します。彼は自分のぶどう園の手入れをしっかりした後（33節参照）、農夫たちにそのぶどう園を任せて旅に出ています。そして実りのころに、収穫のためにしもべたちを送ります。ですが農夫たちはそのしもべたちを待ち構えて袋だたきにし、殺しさえします。主人は、ほかのしもべたちを前よりも多く送りますが、彼らも同じ目に遭います（34―36節参照）。主人が自分の一人息子を送ることにしたとき、この話はクライマックスを迎えます。農夫たちはその息子を敬うどころか、消し去ればぶどう園が自分たちのものになると考え、その息子も殺してしまいます（37―39節参照）。

ぶどう園が象徴しているものは明らかです。それは主がお選びになり、細やかに心を配ってお造りになった民を表しています。主人が送ったしもべは、神から遣わされた預言者を、一人息子はイエスを象徴しています。そして預言者が拒絶されたように、キリストもまた、拒まれて殺されました。

この話の最後に、イエスは民の長老たちに尋ねます。「さて、ぶどう園の主人が帰って来たら、この農夫たちをどうするだろうか」（40節）。彼らは物語の筋書きにとらわれ、自分なりの処罰を述べます。主人はその悪人たちを厳しく罰し、そのぶどう園を「季節ごとに収穫を納めるほかの農夫たちに貸すに違いない」（41節）というのです。

イエスは、このとても厳しいたとえによって、話している相手を、きわめて率直に、その責任に向き合わせておられます。ですがこの警告を、イエスを拒絶した当時の人だけに向けられているものと考えてはなりません。これはどの時代にも、現代にも当てはまります。神は今でも、ご自分のぶどう園から、そこで働くよう遣わした人々が収穫する実りを待っておられるのです。その人々とは、わたしたち皆です。

いつの時代も、権威者は、それがいかなる権威でも、教会内にあっても、神の民に属する者でも、神のためではなく、私利私欲のために働く誘惑に合うはずです。しかもイエスは、真の権威とは、仕えることにあるといっておられます。奉仕です。他者を搾取するのではありません。ぶどう園は主のものであって、わたしたちのものではありません。権威とは奉仕であり、そのように行使されるべきで、すべての人の善益のための、そして福音を広めるためのものです。教会内で権威ある者が自分の利益を求めるのは、見苦しいことです。

今日の典礼の第二朗読で聖パウロは、主のぶどう園の中でよい働き手となる方法を教えています。真実なこと、気高いこと、正しいこと、清いこと、愛すべきこと、名誉なこと、また、徳や称賛に値すること、そのすべてを、自分の務めとして日々実行しなさい、というものです（フィリピ4・8参照）。もう一度、いいます。真実なこと、気高いこと、正しいこと、清いこと、愛すべきこと、名誉なことを、また、徳や称賛に値することがあれば、そのすべてを、自分の務めとして毎日行ってください。それは権威ある者の姿勢であると同時に、わたしたち一人ひとりの姿勢でもあります。わたしたちのだれもが、多少なりとも、ある種の権威をもっているからです。そのようにしてわたしたちは、聖性の実りにおいてさらに豊かな教会になるはずです。そうしてわたしたちは、無限の優しさで愛してくださる御父、わたしたちに救いをもたらし続けておられる御子、そしてわたしたちの心を開き、善の充満へと駆り立ててくださる聖霊に、栄光を帰すことができるでしょう。

ポンペイの聖母巡礼聖堂にお集まりの信者の皆さんと霊的に結ばれつつ、聖マリアに心を向けましょう。そして、十月は、いっそう熱心にロザリオの祈りを行いましょう。

年間第二十七主日の十月四日（日）正午に、教皇公邸書斎の窓から、サンピエトロ広場に集まった信者とともに行った「お告げの祈り」で、祈りの前に述べたことば（原文イタリア語）。

講話の最後に教皇が言及しているのは、ポンペイのロザリオの聖マリア巡礼聖堂で五月八日と十月の最初の主日に行われる、全世界のために嘆願の荘厳な祈りをささげる集いのこと。

「お告げの祈り」の後、イタリア語で次のように述べた。

「兄弟姉妹の皆さん。

昨日は、兄弟愛と社会的友愛のための新しい回勅『兄弟の皆さん』（*Fratelli tutti*）に署名するためアッシジに行きました。前回勅『ラウダート・シ――ともに暮らす家を大切に』と並び、創意を与えてくれたアッシジの聖フランシスコの墓前で、これを神にささげました。時のしるしははっきりと示しています。人類の兄弟愛と被造物の保護が、包括的発展と平和に向かう唯一の道を形づくります。これまで、聖ヨハネ二十三世教皇、聖パウロ六世教皇、聖ヨハネ・パウロ二世教皇によって示されたとおりです。今日は、広場にいる皆さんに、そして広場の外の皆さんにも、オッセルバトーレ・ロマーノの特別号として新しい回勅を贈ることができうれしく思います。またこの号をもって、オッセルバトーレ・ロマーノは紙媒体での発行を再開します。聖フランシスコが、教会において、またあらゆる宗教の信者、そしてすべての人とともに結ぶ、兄弟愛の道に寄り添ってくださいますように。

　九月一日に始まった「被造物の季節」が、今日で終わります。この期間、キリスト教諸教会諸教派の兄弟姉妹とともに、「地球のジュビリー」を祝ってきました。グローバル・カトリック・クライメート・ムーブメント（ＧＣＣＭ）や、ラウダート・シに関連するさまざまなサークル、総合的《インテグラル》なエコロジーの活動にかかわる関連団体の皆さんにあいさついたします。本日、デルタデルポーをはじめ、各地で催されている活動をうれしく思っています。

　百年前の十月四日、ステラ・マリス船員司牧事業（ＡＯＳ）は、海で働く人々を支援するためにスコットランドで誕生しました。この大切な節目の年に、チャプレンと支援者の皆さんを力づけたいと思います。港で、船員や漁師とその家族の間に立って、喜びをもって教会の姿をあかししてください。

　本日、スイス衛兵に所属する新兵の宣誓式に参列されたご家族やご友人の皆さんにごあいさついたします。彼らは皆立派です。スイス衛兵は教会への奉仕、教皇への奉仕で人生を歩みます。二年、三年、四年、あるいはもうしばらく、この地に滞在されるしっかりとした若者たちです。スイス衛兵に温かい拍手を送りましょう」。

バチカンのオッセルバトーレ・ロマーノ紙は、パンデミックの影響で、一時ウェブ版のみとなっていた。

ＧＣＣＭは、回勅『ラウダート・シ』による教皇の呼びかけにこたえ、二〇一五年一月、イエズス会欧州社会センターやアルゼンチンのカトリックアクションなど二十団体で設立されたことに始まる運動体。現在は九百以上の団体や数千の地域教会指導者が所属し、日本ではコロンバン会がかかわっている。『ラウダート・シ』の主要な推進者として、エコロジカルな回心や被造物保護に関するプログラム提供や啓発を行う。オンラインでのトレーニングプログラムを通してすでに百か国以上に二千人を超えるローカルリーダーを擁立し、各教区や小教区、共同体において、回勅に対する造詣を深め実践する養成を行っている。

カトリックの国際組織「船員司牧」（ＡＯＳ）は、この年創立百周年を迎え、正式名称を「ステラ・マリス（海の星）」に変更することが九月二十八日に発表された。ＡＯＳは二〇二〇年現在、五十六か国、三百二十二の港で活動している。

一五〇六年に設立されたスイス衛兵隊の新兵の宣誓式は、一五二七年にカール五世皇帝によるローマ略奪の後、一四七人のスイス衛兵が教皇クレメンス七世を守って殉職した日を記念し毎年五月六日に行われているが、パンデミックの影響で十月四日に延期されていた。スイス衛兵に志願するには、カトリック信者のスイス人で、十九から三十歳までの独身男性、身長一七四センチ以上という条件を満たさなければならない。

婚宴への招き

愛する兄弟姉妹の皆さん、こんにちは。

今日の福音箇所（マタイ22・1―14参照）である婚宴のたとえ話において、イエスは、神が人類のために思い描いておられる計画を説明しておられます。「王子のために婚宴を催した」（2節）王は、御父を象徴しています。御父は、ご自分の独り子を囲む、愛と交わりにあふれる盛大な祝宴を、人類家族全体のために準備しておられるのです。王は招いておいた客を呼びに、二度、家来を使いに出しますが、その人たちは婚宴に来ようとはしません。ほかのこと、畑や商売のことで、頭がいっぱいだったのです。わたしたちもしばしば、招いてくださる主、しかも宴《うたげ》に呼んでくださる主よりも、自分の関心事や物理的な事情を優先してしまいます。しかしこのたとえの中の王は、自分の国の宝を与えたいと思っているので、会場に空席を作りたくありません。そこで、家来にいいます。「だから、町の大通りに出て、見かけた者はだれでも婚宴に連れて来なさい」（9節）。これが神のなさり方です。拒まれても、あきらめず、気を取り直し、町行く人に例外なく声をかけます。神の家からは、だれ一人として除外されていないのです。

　福音記者マタイが用いる元々の語は、街路の境界、つまり市街地の道の終わり、住宅地の外れの、生活がままならない場所、荒野へと続く道の起点を指しています。食卓に着きたいという人がきっと見つかると思い、たとえ話の王が家来を送るのは、そのような大通りの人々のもとです。そうして婚宴会場は、「除《の》け者にされている人」、「外の」人、宴には、婚宴には、およそふさわしくないような客でいっぱいになります。むしろ主人である王は、家来に、「善人も悪人も皆を集めて来なさい。すべての人をです」といいます。神は悪人も招いておられます。「だめです。わたしは悪人です。数々のことをしてしまいましたから……」。神はあなたを呼んでおられます。「来なさい、来なさい、来なさい」と。イエスは、人々から罪人とみなされて評判の悪かった徴税人と一緒に食事をされました。神は、多くの悪行で傷を負ったわたしたちの魂におびえることなどありません。神はわたしたちを愛しておられ、わたしたちを招いておられるからです。そして教会は、現代の大通りへ出向くよう呼ばれています。それは、人間の地理的・実存的周縁、辺境の地、希望を失った人たちが家もなく寝起きしている境遇のことです。大事なのは、居心地のよいところでくつろぐことや、いつもの方法で福音を知らせたり愛をあかししたりすることではなく、わたしたちの心の扉と共同体の扉を、すべての人に向けて開くことです。福音は選ばれた少数のためのものではないのです。辺境にいる人も、社会から拒まれ、見下されている人も、神はご自分が愛するにふさわしいと思ってくださいます。神は、正しい人も罪人も、善人も悪人も、知識人も無学の人も、すべての人のために、宴を準備しておられます。昨晩、ある高齢のイタリア人司祭と電話で話しました。彼は、若いころからブラジルで宣教してきましたが、疎外されている人、貧しい人とともにずっと活動してきました。そして、穏やかな老後を過ごしています。彼は貧しい人々とともに自分のいのちの炎を燃やしてきたのです。これこそがわたしたち母なる教会、往来に出向く神の使者の姿です。

一方で主は、一つの条件を課しておられます。それは、婚礼の礼服を着ることです。たとえに戻ります。婚宴会場が客でいっぱいになったので、王は、来たばかりの客たちにあいさつをしに行くと、婚礼の礼服を着ていない一人の客に気づきます。礼服とは、それぞれの客に贈り物として入り口で渡されるケープのようなものです。人々は自分なりの服装で、装える範囲の服で来ていて、晴れ着を着てはいませんでした。ただ、入り口でケープのようなものを、贈り物として渡されます。無償の贈り物を拒んで、自らを自分で締め出してしまいます。だから王は、彼を放り出すしかないのです。この人は、招待を受けましたが、それは自分には無意味だと決めつけていました。自分のことは自分ですると考える人で、変わりたいとか、主に自分を変えていただきたいとは、望んでいませんでした。婚礼の礼服――このケープ――は、神がわたしたちに無償で与えてくださるいつくしみ、すなわち、恵みを象徴しています。恵みがなければ、キリスト者としての生活の一歩を踏み出すことはできません。すべては恵みなのです。主に従うようにとの招きを受け入れるだけでは十分ではありません。回心の旅を、心を変える歩みを、受け入れなければなりません。神がたえず与えてくださるいつくしみの服、それは神の愛という無償の贈り物です。それこそが恵みです。その贈り物を、驚きと喜びをもって受け取らなければなりません。「主よ、このような贈り物をくださり、ありがとうございます」と。

　聖マリアに助けを求めて祈ります。わたしたちが、自分の枠や狭い見方から出て、この福音のたとえの中の家来たちのようになって、主が救いの恵みを与えよう、贈り物を与えようと婚宴に招いておられることを、すべての人に告げることができますように。

年間第二十八主日の十月十一日（日）正午に、教皇公邸書斎の窓から、サンピエトロ広場に集まった信者とともに行った「お告げの祈り」で、祈りの前に述べたことば（原文イタリア語）。

「お告げの祈り」の後、イタリア語で次のように述べた。

「愛する兄弟姉妹の皆さん。

この惑星のあまりに多くの地域を焼き尽くしている火災の影響を受けている住人、いのち懸けで消火を行うボランティアや消防士に、心を寄せていることをお伝えしたいと思います。念頭にあるのは米国西海岸、とくにカリフォルニア、また南米の中央部、パラグアイのパンタナル湿原地帯、アルゼンチンのパラナ川流域です。火災の多くは長期の干ばつが原因ですが、人間が引き起こしたものもあります。この大惨事の被害を受ける人々を主が支えてくださり、被造物保護に敏感なわたしたちとなれますように。

アルメニアとアゼルバイジャンの、事実上の和平合意を目指した人道目的の一時停戦合意を歓迎いたします。この停戦は非常に危ういものだと分かってはいます。それでもわたしは皆さんが、それを何度も繰り返し、痛みの共有を表すよう励まします。人命の喪失、被った苦しみ、そして家や礼拝所の破壊、そうしたことによる痛みです。犠牲者のため、またいのちの危険にさらされているすべての人のために祈ります。皆さんも祈ってください。

昨日アッシジで、カルロ・アクティッツ（一九九一―二〇〇六年）が列福されました。聖体に魅了された十五歳の少年です。彼は現状維持のぬるま湯に身を置かず、その時代の必要を捉えました。もっとも弱き人の中に、キリストのみ顔を見たからです。そのあかしは、真の幸福は神を第一として、兄弟姉妹の中に、なかでもいちばん弱い立場にある人の中におられる神に仕えることにあることを、今日の若者に示しています。ミレニアム世代の新しい青年福者に盛大な拍手を送りましょう。

　この十月にお願いした祈りの意向を思い出していただきたく思います。「信徒となった人々、とくに女性の信徒が教会の責任ある分野にいっそう参加することができますように」というものです。わたしたちのうちで、洗礼を受けずに司祭や司教になった者はいませんし、わたしたちは皆、信徒として洗礼を受けたからです。信徒が教会のメインキャストです。今日、教会内で女性の立場をより鮮明化させなければなりません。当然信徒の立場も同様ですが、とくに女性の部分を強調すべきです。女性は大概、脇にやられてきたからです。重要な決定がなされる場に女性を組み入れるべく、てこ入れが必要です。洗礼によって信者となった信徒、とくに女性が、教会内の責任を伴う体制に参与できるよう祈りましょう。信徒のカリスマを葬り去り、教会の聖母の顔に泥を塗ることになる聖職者中心主義《クレリカリズム》に陥りませんように」。

　十月十日、ナゴルノ・カラバフ地域をめぐって紛争中のアゼルバイジャンとアルメニアは、モスクワで十時間の協議の末、人道目的で停戦合意した。しかし発効五分後に、それはアルメニアによって破られた。九月二十七日に始まった戦闘で、死者はすでに三百人を超え、数千人が家を失った。

皇帝への税金

愛する兄弟姉妹の皆さん、こんにちは。

今日の主日の福音（マタイ22・15―21参照）は、ご自分に敵意を抱く人々の偽善に立ち向かうイエスを伝えます。その人々は、イエスにおせじを浴びせますが――最初は褒めちぎるのです――、その後、イエスを窮地に追い込み、群衆の前で恥をかかせようと、いやらしい質問をします。「皇帝に税金を納めるのは、律法にかなっているでしょうか、かなっていないでしょうか」（17節）と尋ねます。当時のパレスチナでは、ローマ帝国の支配は耐えがたいものでした。ローマ帝国は侵略者ですから当然です。そこには、宗教上の理由もありました。人々にとって、貨幣に刻まれた像で強調される皇帝への崇拝は、イスラエルの神に対する侮辱だったのです。イエスの相手は、「はい」か「いいえ」以外の答えはないと決めつけています。彼らは、この問いでイエスを追い詰め、罠《わな》にはめられると確信して待ち構えています。しかしイエスは彼らの悪意に気づき、その罠をかわします。イエスは、税として納めるお金を見せなさいといい、その銀貨を手に取ると、だれの肖像と銘が刻まれているかとお尋ねになります。「皇帝のものです」と彼らは答えます。そこでイエスはお答えになります。「では、皇帝のものは皇帝に、神のものは神に返しなさい」（21節）。

　こう答えることで、イエスはご自分を論争よりも上に置かれます。イエスは、つねに上におられます。イエスは、貨幣に刻まれている像はローマ皇帝のものですから、皇帝への税を納めなければならないことを認める一方――わたしたちも皆、税金は払わなければなりません――、何よりも思い出させてくださるのは、一人ひとり自らの内にそれとは違う肖像があって、その肖像を心に、魂に携えているということです。それは、神の肖像です。ですから、それぞれの人が自らの存在、人生について債務を負うのは、神に対して、神お一人に対してなのです。

　イエスのこの裁定には、政治と宗教の領域を区別するための基準だけでなく、現代をも含む、あらゆる時代の信者の使命にとっての明確な指標が示されています。税金を納めることは、国の正当な法の遵守としても市民の責務です。ですがそれとともに、人の生活や人生における神の優越性を肯定して、神に属するすべてのものに対する神の請求にこたえなければなりません。

そこから、神について語り、それぞれの時代の人々に神をあかしするという、教会とキリスト者の使命が生じているのです。洗礼を受けたわたしたちはそれぞれ、福音と聖霊の息吹によって社会に霊感を与えることで、社会における生きたあかしとなるよう求められています。それは、謙虚でありながら勇敢に力を尽くし、そうして正義と兄弟愛が支配する愛の文化を築くために貢献するということです。

至聖なるマリアの助けによって、すべての人があらゆる偽善を退け、誠実で協力的な市民となれますように。そして、神こそが中心であり生きる意味であることをあかしする使命をもった、わたしたちキリストの弟子を支えてくださいますように。

年間第二十九主日の十月十八日（日）正午に、教皇公邸書斎の窓から、サンピエトロ広場に集まった信者とともに行った「お告げの祈り」で、祈りの前に述べたことば（原文イタリア語）。

「お告げの祈り」の後、イタリア語で次のように述べた。

「愛する兄弟姉妹の皆さん。

今日は世界宣教の日で、テーマは「わたしがここにおります。わたしを遣わしてください。兄弟愛の紡ぎ手」です。「紡ぎ手」ということばは美しいものです。キリスト者はだれもが、兄弟愛の紡ぎ手となるよう召し出されています。世界の広い畑に福音を蒔《ま》く宣教者——司祭、奉献生活者、信徒――はとくにそうです。彼らのために祈り、具体的な支援をしましょう。その意味で、待ち望んでいたピエル・ルイジ・マッカーリ神父の解放を神に感謝します。彼を拍手でたたえましょう。ニジェールで二年前に拉致された司祭です。また、彼とともにほか三人の人質が解放されたこともうれしく思います。宣教者とカテキスタのために、また世界各地で迫害を受ける人、拉致された人のためにも祈り続けましょう。

一月以上リビアに足止めされている漁師とその家族に、励ましと支援のことばを伝えたいと思います。海の星マリアに身をゆだね、彼らがすぐまた、愛する家族を抱きしめられるとの希望を持ち続けられますように。国家間レベルでのさまざまな話し合いのためにも祈ります。それが、リビアの未来のために重要なものとなりますように。兄弟姉妹の皆さん。今こそ、あらゆる形態の対立をやめ、国内の平和と安定と一致につながる対話を重視するときです。漁師とリビアのために黙禱をもってともに祈りましょう」。

マッカーリ神父はアフリカ宣教会のイタリア人司祭で、ニジェールの小教区司牧に当たっていた二〇一八年九月に、イスラム過激派とみられる武装集団に拉致されたが、その解放が十月八日に報じられた。ともに解放されたのは、二〇一六年に拉致された援助活動家のフランス人ソフィー・ペトロナン氏、二〇二〇年三月に選挙活動中に拉致されたマリの著名政治家スマイラ・シセ氏、二〇一九年に自転車旅行中に行方が分からなくなっていたイタリア人のニコラ・キアッキオ氏。その前週にマリ政府は収監中の過激派百人超を釈放しており、捕虜交換によって解放されたとみられている。今年四月には、マッカーリ神父の二十三秒の生存ビデオが公開されていたが、その後消息は不明だった。解放の約一か月後の十一月九日に、神父は教皇との対面を果たした。

九月一日、南地中海で操業中の漁船が、リビア巡視船によって領海侵犯容疑で捕らえられた。チュニジア人六人を含む乗員一二人のこのイタリア漁船はベンガジで、クリスマス直前の解放まで一〇八日間拘束された。

もっとも重要なおきて

愛する兄弟姉妹の皆さん、こんにちは。

今日の福音箇所（マタイ22・34―40参照）では、一人の律法の専門家がイエスに尋ねます。「どのおきてがもっとも重要でしょうか」（36節）、つまり、神の律法全体の中でいちばん重要なおきてはどれでしょうか、と。イエスはただ、「心を尽くし、精神を尽くし、思いを尽くして、あなたの神である主を愛しなさい」（37節）だとお答えになります。そしてすぐ、「第二も、これと同じように重要である。『隣人を自分のように愛しなさい』」（39節）と付け加えておられます。

イエスの答えは、神がモーセを通してご自分の民にお与えになった二つの基本的なおきて（申命記6・5、レビ19・18参照）を取り上げて組み合わせたものです。こうしてイエスは、ご自分を「試そうと」（マタイ22・35）する計略をかわします。イエスの対話の相手は、実は、律法の専門家の間で行われている、おきての優先順位に関する議論にイエスを引き入れようとしています。ところがイエスは、あらゆる時代の信者にとって本質的な二つのおきてを打ち立てます。それはわたしたちの人生における本質的な二つのおきてでもあります。一つ目は、道徳的、宗教的な生き方は、不安や無理強いによって従うものへは矮小《わいしょう》化されないということです。不安から、あるいは強要されて、おきてを守ろうとする人がいます。そこでイエスがわたしたちに分からせようとするのは、道徳的、宗教的な生き方とは、不安や強制によって従うものへと矮小化されるものではなく、その原理を愛とするものであるということです。二つ目の要点は、愛は神に対してと隣人に対して、同時に不可分に向けなければならないということです。これは、イエスの革新的な教えの一つです。ここから、隣人愛によって表されないものは神への真の愛ではなく、それと同様、神との関係から引き出されたものでなければ、それは真の隣人愛ではない、そう理解させられます。

イエスはご自分の返答を、次のことばで締めくくられます。「律法全体と預言者は、この二つのおきてに基づいている」（40節）。つまり、主がご自分の民にお与えになる教えはすべて、神への愛と隣人への愛に結びついているのです。間違いなくすべてのおきては、この不可分な二重の愛を実践し、表すためにあります。神への愛は、とくに祈りの中で、なかでも賛美の祈りによって表現されます。わたしたちは神への賛美を怠りがちです。感謝の祈りや、何かを求める懇願の祈りはしますが、賛美はおろそかにしています。神を賛美することは、祈りの本質です。兄弟愛とも呼ばれる隣人愛は、他者に寄り添うこと、耳を傾けること、分かち合うこと、心を砕くことでなされます。わたしたちはよく、煩わしいから、時間がかかるからといって、他者の話を聞きません。また、他者を支えたり、苦境や試練にある人に寄り添ったりもしません。でも、おしゃべりの時間は必ず作ります。必ずです。苦しんでいる人を慰める時間はなくても、うわさ話の時間はたっぷりあるのです。どうか気をつけてください。使徒ヨハネは記しています。「目に見える兄弟を愛さない者は、目に見えない神を愛することができません」（一ヨハネ4・20）。ですから、この二つのおきては一つだと分かるのです。

　今日の福音でイエスは、愛がほとばしる生きた泉に向かうよう、わたしたちを再度励ましてくださいます。この泉は神ご自身であり、何ものにも、だれによっても引き裂くことのできない交わりをもって完全に愛してくださる泉です。交わりは、日々願い求めるべき贈り物であると同時に、この世の偶像に隷属させられないよう努める各自の営みでもあります。そして、わたしたちが回心と聖性の道を歩んでいるかどうかは、つねに隣人愛によって確かめられます。「わたしは神を愛します」といっておきながら隣人を愛さない、それではうまくいかない――このように検証できるのです。神を愛していることの証左は、隣人を愛していることに求められます。兄弟姉妹に心を閉ざしているかぎり、イエスが望んでおられる弟子とは程遠いのです。それでもイエスのいつくしみは、わたしたちを落胆させてはおかず、福音を生き続けるために、日々、新たに歩み始めるよう呼びかけておられます。

聖マリアの取り次ぎによって、わたしたちの心が開かれ、「もっとも重要なおきて」を受け入れることができますように。神の律法のすべてを要約しているもの、わたしたちが救われるかどうかを左右する、二つの愛のおきてです。

年間第三十主日の十月二十五日（日）正午に、教皇公邸書斎の窓から、サンピエトロ広場に集まった信者とともに行った「お告げの祈り」で、祈りの前に述べたことば（原文イタリア語）。

「お告げの祈り」の後、イタリア語で次のように述べた。

「愛する兄弟姉妹の皆さん。

ナイジェリアで、このところ続いている警察と青年デモ隊との暴力的衝突のニュースを心配しながら見ています。主に祈りましょう。何であれ暴力は絶対に避け、正義と共通善の促進による社会的調和を追い求めていけますように。

十一月二十八日、待降節第一主日前日に、新枢機卿一三名の任命のために枢機卿会議を開催します。（一三名の氏名を発表し、）新枢機卿のために祈りましょう。キリストに従う彼らを強めてくださり、彼らを、神の聖なる忠実なすべての民に仕えるローマの司教、わたしの役務の助け手としてくださいますように」。

ナイジェリアでは十月八日以降、警察の対強盗特殊部隊への抗議を手始めとして、若者を中心とした大規模なデモが国内各地で行われていた。特殊部隊が若者を殺害した様子とされる動画がＳＮＳで出回ったことがデモへと発展したと報じられた。かねてよりこの部隊は、不法な拘束や拷問、銃撃などによって人権を侵害しているという批判があり、政府は十月十一日に部隊の解散を発表したが、抗議の声は収まらなかった。警察全体の強権姿勢に対する不満があると見られている。警察との衝突により、十月二十一日現在、少なくとも五六人が死亡した。

枢機卿に叙任されることが発表された一三人のうち、九人が教皇選挙権を有する八十歳未満。そのうち、米国ワシントン教区のウィルトン・グレトリー大司教は、アフリカ系米国人初の枢機卿。選挙権のない八十歳以上の四人の中には、長年教皇つき説教司祭を務めてきたラニエロ・カンタラメッサ神父がおり、カプチン・フランシスコ修道会士として初の枢機卿となる。この叙任後には、コンクラーベ（教皇選挙）に参加できる枢機卿は計一二八人となり、定員一二〇人を超過する状態が続いている。

永遠のいのち（二）――諸聖人の祭日

愛する兄弟姉妹の皆さん、こんにちは。

諸聖人の祭日である今日、教会は、キリストの復活に根ざす大きな希望について考えるようわたしたちを招きます。キリストは復活し、わたしたちもキリストとともにあり続けます。聖人と福者は、キリスト者の希望のもっとも確かなあかし人です。彼らは、うれしいときも苦しいときも、人生の中でその希望をしっかりと生き抜き、イエスが教えてくださり、今日の典礼祭儀で響きわたった真福八端（マタイ5・1―12参照）を実践したからです。真福八端こそが聖性への道です。今日は、二番目と三番目の、二つの幸いについて考えてみようと思います。

二番目の幸いは、「悲しむ人々は、幸いである、その人たちは慰められる」（4節）です。これは何だか矛盾しているようにも思えます。悲しみは、喜びや幸せのしるしではないからです。悲しみや苦しみの原因は、死、病、倫理的な困難、罪、過ちです。

もろくて欠点にまみれた、困難が付きものの日常生活そのものです。不義理や無理解によって、たびたび傷つき、試される人生のことです。そうした現実に涙を流す人、そして何があっても主を信頼し、主の保護の下に身を置く人は幸いであると、イエスは明言しておられます。この人たちは、無関心なわけではなく、苦しみに心をかたくなにしているのでもなく、神からの慰めを辛抱強く希望し続けているのです。そうして彼らはその人生において、すでにその慰めを経験しているのです。

三番目の幸いについて、イエスは断言します。「柔和な人々は、幸いである、その人たちは地を受け継ぐ」（5節）。兄弟姉妹の皆さん、柔和であってください。柔和さはイエスの人柄であり、ご自分でもいわれています。「わたしは柔和で謙遜な者だから、……わたしに学びなさい」（マタイ11・29）。柔和な人とは、自分をコントロールできる人、相手を受け入れる余裕をなくさない人、相手の話を聞き、その生き方やニーズ、願いを含めて、相手を尊重する人です。相手をやり込めたり、ないがしろにしたりはしない人、いつでも上に立って支配したいとは思わない人、相手に不利益になるような自分の考え方や関与を押しつけない人です。この世の考え方では評価されることのないこうした人々こそ、神の目には尊いものとして映ります。神はこの人々を、約束の地、つまり永遠のいのちを受け継ぐ者としてくださいます。この幸いもまた、この世で始まり、天の国で、キリストにおいて完成します。――柔和さ。世界中で、生きていく中ではこの瞬間も、闘争心があふれています。日常生活においてさえ、わたしたちからまずわき出てくるのは、攻撃性と自己弁護です。聖性への道を歩むためには、柔和さが必要です。耳を傾け、尊重し、責め立てない、これが柔和さです。

愛する兄弟姉妹の皆さん。飾らなさ、柔和さ、あわれみの心を選ぶこと、貧しい心で、苦しみの中にあって主にゆだねることを選ぶこと、正義と平和のために献身すること、これらすべては、この世的な考え方、所有文化や無意味な快楽を追求する文化、いちばんの弱者に対して傲慢な文化、それらに逆行するものです。この福音の道は、聖人と福者が歩んだ道です。すべての聖人を祝う今日の祭日は、聖性への個人的で普遍的な召し出しを思い出させてくれると同時に、一人ひとりがそれぞれ独自のしかたで、固有のしかたで歩むこの道のりの確実な模範を示してくれます。聖人たちに見られるたまものや具体的な物語の、無尽蔵な多様性を考えてみれば十分です。彼らはだれ一人同じではなく、それぞれ、その人ならではの個性をもち、その個性に応じて、聖性に向けて人生を送ったのです。わたしたちもそれぞれ、それができます。その道を行くのです。柔和さです。柔和になってください。そうすれば聖性に向かうことができます。

キリストの忠実な弟子たちで成るこの大家族には、母が、おとめマリアがおられます。マリアは、諸聖人の元后という名で崇敬されていますが、彼女はほかでもなく聖母であられ、わたしたち一人ひとりに、御子を受け入れ、御子に従うことを教えてくださるかたです。わたしたちが真福八端の道を歩みながら、聖性への願いを深めることができるよう、マリアが助けてくださいますように。

諸聖人の祭日の十一月一日（日）正午に、教皇公邸書斎の窓から、サンピエトロ広場に集まった信者とともに行った「お告げの祈り」で、祈りの前に述べたことば（原文イタリア語）。

「お告げの祈り」の後、イタリア語で次のように述べた。

「愛する兄弟姉妹の皆さん。

昨日、アメリカ合衆国のハートフォードで、コロンブス騎士団の創設者、マイケル・マクギブニー司祭（一八五二―一八九〇年）が列福されました。福音宣教に身をささげ、困窮者を助けることに尽力し、相互援助に力を注ぎました。新しい福者に盛大な拍手を送りましょう。愛の福音をよりいっそうあかしできるよう、彼の模範から刺激を得られますように。

この祭日に、はかない休戦を挟んで武力衝突を続けるナゴルノ・カラバフで起きていることを忘れないようにしましょう。犠牲者や、住居、インフラ施設、礼拝所の破壊が悲劇的に増える中、民間人を巻き込む例が爆発的に拡大しています。悲劇です。紛争に関係する指導者に、心から、あらためてお願いします。「無辜の血が流されるのを止めるいち早い介入……を求めます」（回勅『兄弟の皆さん』192）。今ある論争の解決に暴力で訴えるのではなく、真摯な交渉をもって、国際社会の協力のもと、取り組むことを考えてほしいのです。わたしは、苦しむ人すべてに心を寄せています。この地域の安定的平和のために、聖人たちの取り次ぎを祈ってくださるよう皆さんにもお願いいたします。

二日前、大地震に襲われたエーゲ海地域の皆さんのためにも祈りましょう。

ローマ市民と諸国からの巡礼者の皆さんにごあいさついたします。とくに、ドン・ボスコ・ネル・モンド基金による諸聖人レースに参加する皆さんにあいさつを送ります。今年は各自がリモートで競争することとなりました。パンデミックの影響で距離を取る必要から、小グループでの開催となりましたが、このスポーツ大会には諸聖人の宗教祭儀を民間で祝うという側面があります。皆さんの発意に、皆さんの存在に感謝します。

明日の午後、バチカンの墓地、テウトニコ墓地に眠る死者のためにミサをささげます。そして、世界のあらゆる場所で、公衆衛生上の規則を守りつつも、愛する人の墓前で祈りをささげる人々に心を重ねたいと思います」。

これまで教皇が何度も言及している、ナゴルノ・カラバフを巡るアルメニアとアゼルバイジャンの紛争では、二〇二〇年九月以降、三度の停戦合意がそれぞれ翌日には死文化されてきた。十月三十日に両国の外相は、スイスで仲介にあたっているアメリカ、ロシア、フランスの代表を交えて和平協議を行い、民間人や民間施設への攻撃の中止、遺体の回収引き渡し、捕虜交換において合意したものの、停戦については言及されなかった。一か月以上続く軍事衝突により、十月三十一日現在、双方の死者は公表されただけで一、三〇〇人近くに上っていた。

十月三十日昼ごろ、トルコとギリシャに囲まれるエーゲ海海域を震源として、マグニチュード七の巨大地震が起きた。余震による被害も含め、両国における死者は一一六人、負傷者一、〇三五人となった。

諸聖人レースは、毎年諸聖人の祭日に開かれるランニングイベント。十キロと三キロのコースがある。ピオ十二世広場をスタートして市内中心部をめぐり、同広場がゴールになる。

永遠のいのち（二）――死者

　ヨブは、打ちのめされ、いえそれどころか、病にむしばまれて死人同然に、ほとんど骨だけとなって、肉がそげ落ちた皮膚だけで、人生が尽きようとする中、確信をもっていったのです。「わたしは知っている、わたしをあがなうかたは生きておられ、ついには塵《ちり》の上に立たれるであろう」（ヨブ19・25）。たたかれ、たたかれ、たたきのめされているまさにそのときに、ヨブに確信をもたせる光と温もりの抱擁があります。――わたしはあがない主を仰ぎ見る。ほかならぬこの目で見る。「このわたしが仰ぎ見る、ほかならぬこの目で見る」（ヨブ19・27）。

　人生がまさに終わろうとする瞬間におけるこの確信、それはキリスト者の希望です。恵みである希望です。自分ではもちえないものです。求めなければならない恵みなのです。「主よ、わたしに希望をお与えください」と。絶望へと導き、結局すべては敗北だと、死んだら何もなくなるのだと思わせる、つらいことがたくさんあります。それでも、ヨブの声が何度も聞こえてきます。「わたしは知っている、わたしをあがなうかたは生きておられ、ついには塵の上に立たれるであろう。……このわたしが仰ぎ見る」、この目で見る。

「希望はわたしたちを欺くことがありません」（ローマ5・5）、そうパウロは教えます。希望はわたしたちを引き寄せ、わたしたちの人生に意味を与えます。死後のことは分からないものの、それでも希望は神からの恵みとして、わたしたちをいのちへと、永遠の喜びへと引き寄せてくれます。希望は錨《いかり》であり、わたしたちを向こう側に固定して、ロープでつないで支えます（ヘブライ6・18—19参照）。「わたしは知っている、わたしをあがなうかたは生きておられ、わたしはそのかたを仰ぎ見る」。ですからこのことばを、喜びのときも、つらいときも、臨終のときも、繰り返してください。そうことばにしましょう。

　この確信は、神からの恵みです。わたしたちは決して、自分の力で希望を手にすることはできないのです。それを願い求めなければなりません。希望とは、無償で与えられるものであり、何かの見返りに得られるものではないのです。それは与えられるもの、贈り物です。恵みなのです。

　それに主は、この希望は決して裏切ることはない、そう固く約束しておられます。「父がわたしにお与えになる人は皆、わたしのところに来る」（ヨハネ6・37）。希望の目的とは、イエスのもとに行くことです。ですから「わたしのもとに来る人を、わたしは決して追い出さない。わたしが天から降《くだ》って来たのは、自分の意志を行うためではなく、わたしをお遣わしになったかたのみ心を行うためである」（ヨハネ6・37―38）。錨のある場所、そこでわたしたちを迎えてくださるかた、主なる神です。希望のある人生とは、錨が向こうにあると知って、ロープを固く握りしめて生きるようなものです。しかもこの錨は決して期待を裏切りません。失望させません。

　今日は、亡くなった大勢の兄弟姉妹を思い起こしながら、墓に目を向け、そして天を仰いだらよいでしょう。そしてヨブのように今一度ことばにしたらよいでしょう。「わたしは知っている、わたしをあがなうかたは生きておられ、このわたしは仰ぎ見る、ほかならぬこの目で見る」と。これが、希望によってもたらされる力です。希望は、無償で与えられる恵み、希望という徳なのです。主がわたしたち皆に、これを与えてくださいますように。

十一月二日（日）の午後四時、バチカンのテウトニコ墓地に付属する聖堂で司式した、死者の日のミサでの説教。

サンピエトロ大聖堂の後方に隣接するバチカンのテウトニコ墓地は、皇帝ネロの競技場があった一角に位置する。その競技場は、かつて多くのキリスト教信者が殉教したことで知られ、墓地の起源はその当時にまでさかのぼる。七九九年、レオ三世教皇からこの地を譲り受けたカール大帝が、ここにドイツ人巡礼者のための宿を設立した。その後、その宿は教会となり、ローマで亡くなったカール大帝の臣下の墓地となった。さらに一四五〇年、聖年に合わせて、老朽化した教会と墓地が改修整備され、一九五四年にはドイツ人聖職者が基金を設立して整備が完成した。その後この墓地には、伝統的にドイツやフランドル系の人々が埋葬されている。

永遠のいのち（三）——十人のおとめ

愛する兄弟姉妹の皆さん、こんにちは。

今日の主日の福音箇所（マタイ25・1―13）は、諸聖人の祭日と死者の日に始めた、永遠のいのちに関する考察を深めるよう招いています。イエスは、婚宴に招かれた十人のおとめのたとえを話されます。婚宴は、天の国を象徴しています。

イエスの時代、婚宴は通常、夜に行われていました。そのため招かれた客たちはともし火をもっていなければなりませんでした。数名のおとめは愚かで、ともし火はあっても、その油を用意していません。一方賢いおとめたちは、ともし火と一緒に油ももっていました。花婿が遅れていてなかなか来ないので、彼女たちは皆、眠り込んでいました。もうじき花婿が来るという声が聞こえてやっと、愚かなおとめたちは、ともし火のための油が足りないことに気づきます。油を分けてほしいと賢いおとめたちに頼みますが、彼女たちは、全員の分はないので分けてはあげられないと答えます。

愚かなおとめたちが油を買いに行っている間に、花婿が到着します。賢いおとめたちは花婿と一緒に婚宴の席に入り、戸が閉められます。ほかのおとめたちは、来るのが遅すぎたので追い返されます。

このたとえ話を通してイエスが伝えようとしているのは、ご自分と会うときのために備えていなければならないということであるのは明らかです。終わりの日に会うときにだけでなく、その日の出会いに思いをはせつつ、日々の大小さまざまな出会いにおいても、信仰のともし火は十分ではないのですから、愛と善行の油が必要です。わたしたちを真にイエスと結ぶ信仰は、使徒パウロがいうように「愛の実践を伴」（ガラテヤ5・6）うものです。賢いおとめたちの姿勢がまさにそうです。思慮深く、賢明であるということは、神の恵みにこたえるために終わりの時を待つのではなく、今すぐに積極的にそれにこたえること、今するということです。「はい。あの、そのうち回心するつもりでいて……」。「今日、回心してください。生き方を変えるのは、今日です」。「ええ、まあ、……明日にでも」。そして明日も同じことをいって、決してやらないのです。今日なのです。終わりの日の主との出会いに備えたいのであれば、今すぐ、主のために協力し、主の愛に促されて、よい行いを果たしていかなければなりません。

残念ながらわたしたちは、人生の目的、つまり神と決定的に顔と顔を合わせることを忘れて、待ち望むという気持ちを失い、今現在だけを絶対視してしまうこともあります。今現在を絶対視すると、現在にしか目を向けず、待ち望むという気持ちをなくしてしまいます。そうした気持ちは、きわめて美しく、本当に必要なもので、一時の矛盾からわたしたちを引きはがしてもくれます。そうした態度、つまり待ち望むという気持ちを失うと、死後の世界のことをいっさい考えなくなります。あの世に旅立つことなど決してないかのように、あらゆることを行います。そうなると、所有すること、目立つこと、地位を確保することなどで頭がいっぱいになり、さらにそれに拍車が掛かるようになります。自分にとって魅力的に思えること、自分が好きなこと、自分の利益の追求、そうしたことに振り回されると、人生は不毛になってしまいます。自分のともし火のために予備の油を蓄えずにいれば、主と会う前に火は消えてしまいます。わたしたちは今日を生きなければなりません。ですが、その今日は明日へと向かうものであり、あの出会いへと、希望に満ちた今日へと続くものです。一方、わたしたちが目を覚ましていて、よい行いをして主の恵みにこたえていれば、花婿の到着を落ち着いて待つことができます。主はわたしたちが寝ている間に来られるかもしれませんが、だからといって心配することはありません。主を待ち望みながら、日々のよい行いによって貯めた油の蓄えがあるからです。主がすぐにでも来てくださり、ご自分と一緒に連れていってくださいますように。

聖マリアの執り成しを祈りましょう。マリアがなさったように、行動につながる信仰を生きることができるよう助けてくださいますように。信仰は、明るいともし火です。それがあれば、闇を進み死を超えて、いのちの祝宴にたどり着くことができるでしょう。

年間第三十二主日の十一月八日（日）正午に、教皇公邸書斎の窓から、サンピエトロ広場に集まった信者とともに行った「お告げの祈り」で、祈りの前に述べたことば（原文イタリア語）。

「お告げの祈り」の後、イタリア語で次のように述べた。

「愛する兄弟姉妹の皆さん。

昨日、バルセロナで、ホアン・ロイグ・イ・ディグル（一九一七―一九三六年）が列福されました。十九歳でスペイン内戦で殉教した信徒です。仕事を通してイエスをあかしし、いのちという最高のものをささげるほどにイエスに忠実でした。彼の模範によって、すべての人、とくに若者の心に、最後までキリスト者の召命を生きる意欲が駆り立てられますように。この福者に、勇敢だった青年に、拍手を送りましょう。

（広場に、）先日巨大ハリケーンの被害を受けた中央アメリカの人々を思い出させる旗が見えます。ハリケーンは多くの犠牲者と甚大な被害を生じさせ、パンデミックによる困難な状況が悪化したところへの追い打ちとなりました。主に願います。亡くなった人々を迎え入れ、遺族に慰めを、疲弊した人々に支えをお与えください。また、彼らのために尽くすすべての人を支えてください。

エチオピアからの報道を憂慮をもって見ています。武力衝突に走る誘惑を拒むよう訴えるとともに、祈り、兄弟としての尊重、対話、対立の平和的解決を皆さんにお願いします。

今日チュニジアで、当事者間による「リビアの政治的対話フォーラム」の会合が始まります。この会合の重要性に鑑み、心から願います。長期にわたって苦しむリビアの民が、この難しいときに解決を見いだせますように。また先日結ばれた停戦協定が、遵守、実行されますように。フォーラム参加者のために、リビアの平和と安定のために祈りましょう。

イタリアでは今日は感謝祭です。「水は大地の祝福」がテーマです。水は農業に欠かせないものであり、また生命にも不可欠なものです。祈りと愛情をもって農業界に、とくに小農のかたがたに心を寄せています。このような危機にあって、彼らの働きはなおいっそう重要になっています。共有財産である水を守るよう促すイタリア司教団に、わたしも加わります。あらゆる場所へと向かう水の流れを尊んで、水を使用しなければなりません」。

三日から五日にかけて、カリブ海沿岸の中米の国々を通過した大型ハリケーン「エタ」による大雨の影響で、各地で洪水や地滑りが発生し多くの被害が出ていた。グアテマラやホンジュラスでは合わせて七十人以上が死亡した。

エチオピアでは四日、北部のティグライ州に駐屯する政府軍の基地が州政府の軍事部門によって攻撃されたことに対し、アビー首相が反撃を命じて軍事行動を起こし、双方の兵士合わせて五百人以上が死亡した。国連難民高等弁務官事務局が二十五日までに登録した避難民は四、二〇〇人だが、実数はさらに多いと見られる。アビー首相は、隣国エリトリアとの長年の紛争を終わらせ、国内で民主化を進めたことが評価されて二〇一九年にノーベル平和賞を受賞した人物。アフリカ連合の委員長は即時停戦と市民の保護を訴えて仲裁を申し出ており、また国連のグテーレス事務総長も緊張緩和を呼びかけているものの、アビー首相は戦闘の継続姿勢を崩していなかった。

十一月九日、国連の主導で、リビア内戦で対立している西部のシラージュ暫定政権と東部の代表議会などによる和平協議が隣国チュニジアで始まった。七十人以上が出席したが、代表議会と共闘するリビア国民軍（ＬＮＡ）の関係者は参加しなかった。

タラントンのたとえ

愛する兄弟姉妹の皆さん、こんにちは。

典礼暦の最後から二番目の主日である今日、福音は有名なタラントンのたとえ（マタイ25・14―30参照）を示します。これは、受難と死と復活を目前にした最後の時にイエスがなさった説教の一部です。ある金持ちが旅行に出掛ける際に、長期間の留守を見越して、自分の財産を三人のしもべに預けるというたとえ話です。最初のしもべには五タラントン、二人目には二タラントン、三人目には一タラントンを預けます。イエスは、分配は「それぞれの力に応じて」（15節）行われたと明言されます。主は、わたしたちすべてに対して、そうしておられます。主はわたしたちのことをよくご存じです。わたしたちは同じではないこともご存じです。だれかを優遇するために他の人に損をさせることはありません。ただ、各人に対し、それぞれの能力に見合う財産を預けておられます。

　主人が留守の間、最初の二人のしもべは、忙しく働き、預かった額を倍増するまでになります。しかし三人目のしもべはそうではありません。タラントンを穴に隠します。危険から守ろうとそこに置いておきますが、それでは泥棒からは守れても、利益は生みません。主人は帰ってくると、しもべたちに精算を求めます。最初の二人のしもべは、自分が預かった額から得た利益を差し出します。二人は働き、主人はそれを褒め、その報酬として、祝宴に参加して喜びをともにするよう招きます。それに引きかえ三人目のしもべは、自分が間違っていたことに気づいて、すぐに言い訳を始めます。「ご主人様、あなたは蒔《ま》かないところから刈り取り、散らさないところからかき集められる厳しいかただと知っていましたので、恐ろしくなり、出掛けて行って、あなたのタラントンを地の中に隠しておきました。ご覧ください。これがあなたのお金です」（24―25節）。彼は主人の「厳しさ」を非難することで、己の怠慢を弁護します。わたしたちも同じようなことをしがちです。他者を非難することで言い逃れをすることが少なくありません。けれども、他者が悪いのではないのです。自分が悪いのです。悪いのはわたしたちのほうなのです。このしもべは他者を非難します。自分を正当化するために主人を非難します。わたしたちもよく、同じことをします。ですから主人はそのしもべを叱《しか》ります。「怠け者の悪いしもべ」（26節）と呼び、タラントンを取り上げて、家から追い出します。

このたとえはすべての人に当てはまりますが、いつものとおり、とくにキリスト者にこそ重要です。しかも今日という日に、非常に意味があります。今日は貧しい人のための世界祈願日で、教会はわたしたちキリスト者にこういいます。「貧しい人に援助の手を差し伸べなさい。貧しい人にあなたの手を差し伸べなさい。あなたは独りで生きているのではありません。あなたを必要としている人がいます。利己的にならずに、貧しい人に手を差し伸べなさい」。わたしたちは皆、人間としての「財産」、人間らしい富を、何らかのかたちで神から授かっています。それに、キリストの弟子として信仰、福音、聖霊、秘跡、その他多くのものも授かっています。それらのたまものは、よい行いのため、この人生の中で、神と兄弟姉妹のしもべとしてよい行いをするために、役立てなければなりません。そして今日、教会はあなたに、わたしたちに、こう呼びかけています。「神が与えてくださったものを用いてください。貧しい人に目を向けてください。見てください。こんなに多くの貧しい人がいます。わたしたちの町にも、町の中心にも、大勢います。よい行いをしてください」。

悪いことをしないのがキリスト者であると考えがちです。悪いことをしないのはよいことです。でも、よいことをしないのは、よくありません。よい行いをすべきですし、自分自身から出て、目を向ける、困窮している人に目を向けるべきです。飢えている人はたくさんいます。わたしたちの町の中にもいます。それでもわたしたちは往々にして、無関心の論理に入り込んでいます。貧しい人がいても、素知らぬ顔です。貧しい人に手を差し伸べてください。その人はキリストです。「あの司祭たち、あの司教様がたは、貧しい人のことばかり話しているが、永遠のいのちのことを話してもらいたいものだ」という人もいます。いいですか、兄弟姉妹の皆さん。貧しい人が、福音の中心です。貧しい人に語りかけるようわたしたちに教えておられるのは、イエスなのです。イエスこそ、貧しい人のもとに行かれたのです。貧しい人に、あなたの手を差し伸べてください。あなたはたくさんのものを受けたのに、自分の兄弟と姉妹を飢え死にさせておくのですか。

　愛する兄弟姉妹の皆さん。イエスが今日、語りかけておられるこのことばを、それぞれの胸の内でいってみましょう。心の中で繰り返しましょう。「貧しい人に手を差し伸べなさい」。それからイエスは、別のこともいっておられます。「その貧しい人はわたしだ」と。

　おとめマリアは、偉大な贈り物を授かりました。まさしくそれはイエスです。ですがマリアは、イエスを自分のもとには留め置かず、世に、イエスの民に、差し出されました。貧しい人に手を差し出すすべを、マリアから学びましょう。

年間第三十三主日の十一月十五日（日）正午に、教皇公邸書斎の窓から、サンピエトロ広場に集まった信者とともに行った「お告げの祈り」で、祈りの前に述べたことば（原文イタリア語）。

「お告げの祈り」の後、イタリア語で次のように述べた。

「愛する兄弟姉妹の皆さん。

強い台風の被害、とくに洪水によって苦しむフィリピンの人々に心を寄せ、祈っています。こうした天災にさらされる貧しい家族に連帯を示すとともに、救援に当たる人々への支援を表明します。

そして今日、国民平和の日を祝っているアイヴォリー・コースト（コートジボワール）へと思いをはせています。社会的・政治的緊張状態にあり、不幸にも多くの犠牲者が出ています。国内融和の恵みを主に願う祈りにわたしも心を重ねます。そして、愛するこの国のすべての子らに、和解と平和的共存のために協力して責任を果たすよう求めます。とくに政治責任を負う要人のかたがたには、相互の信頼と対話の風土を取り戻し、共通善を保護し促進するための正しい解決策を追求するよう、励ましを送りたいと思います。

昨日、新型コロナウイルス感染症患者が多く入院しているルーマニアの病院で火災があり、犠牲者も出ています。彼らに心を寄せ、祈っていることをお伝えします。彼らのために祈りましょう」。

十一日から十二日にかけて、台風二十二号（ヴァムコー）がフィリピンのルソン島に接近し、首都マニラやその周辺では、洪水や土砂崩れによる被害で三九人が死亡し、多くの負傷者や行方不明者が出ていた。十一月に入ってからの台風十八号（モラヴェ）、十九号（ゴニ）と合わせ、死者は百人以上に上る。マニラ付近では三百万戸が停電し、金融市場は休場した。

コートジボワールでは、十月三十一日に行われた大統領選挙で現職のワタラ大統領が再選されたが、憲法が定めた三選禁止に違反していると批判して投票をボイコットした野党側が抗議し、暫定政府を立ち上げると発表、国内の緊張が高まっていた。ここから発展した衝突により、少なくとも三人が死亡、八千人以上が隣国に避難した。十一月十二日、事態鎮静化のためにワタラ大統領と野党代表の間で、約四十分の会談が行われた。

十一日、ルーマニア北東部ピアトラニアムツの病院で火災が発生した。新型コロナウイルス感染症患者一六人を収容する集中治療室が焼け、患者一〇人が死亡、医師を含む七人が意識不明の重体となっていた。新型コロナウイルスの感染者はルーマニアでも急増しており、十一月十九日現在、三十八万人以上が感染、九、五〇〇人近くが死亡していた。

王であるキリスト

愛する兄弟姉妹の皆さん、こんにちは。

今日は、王であるキリストの祭日です。一年を通してキリストの神秘が展開される長大なたとえ話ともいえる典礼暦年は、この日をもって締めくくられます。キリストは、アルファでありオメガです。つまり、歴史の始まりであり完成でもあります。そして今日の福音は「オメガ」、終着点に焦点を当てています。歴史の意味は、その頂点を目の当たりにすることで理解されます。終わりは目的でもあります。だからこそ福音記者マタイは、今日の主日の福音（25・31―46）である、最後の審判に関するイエスの説教を、公生活を伝える記述の最後としたのです。イエスはまさに、人間を裁く最高の裁判官です。イエスは、その死と復活を通して、ご自分が歴史の主、宇宙の王、万民の裁判官であることを示されます。けれどもキリストの教えにおける逆説は、裁判官である主は恐るべき権威をまとった者ではなく、柔和といつくしみに満ちた牧者であるということです。

イエスは、最後の審判に関するこのたとえ話で、牧者のイメージを用いておられます。それは、イスラエルのよこしまな牧者たちからご自分の民を守るために、神の介入を説いた預言者エゼキエルを思わせる姿です（エゼキエル34・1―10参照）。その者たちは、残忍で、搾取家で、群れのことよりも自分たちを養うことに熱心でした。そこで神は、ご自身でその群れの世話をし、不正義や虐待から守ると約束されます。神がご自分の民に対してなさったこの約束は、イエス・キリスト、牧者であるかたによって完全に実現しました。イエスこそがよい羊飼いです。イエスご自身もそういっておられます。「わたしはよい羊飼いである」（ヨハネ10・11、14）。

今日の福音箇所では、イエスはご自分を王である牧者としてだけでなく、失われた羊であると名乗られます。「二重のアイデンティティ」といえるでしょう。王である牧者イエスは、ご自分を羊だと、つまり兄弟姉妹の中でもっとも小さく貧しい者だといっておられるのです。そして裁きの基準をお示しになります。裁きは、そうした人々に対して実際に愛を差し出したのか、それともそれを拒んだのかが基準となります。裁判官ご自身が、彼ら一人ひとりの中におられるからです。このかたは裁判官であり、人となられた神であられますが、貧しい人でもあります。ご自身がまさにここでいっておられるように、このかたは隠れておられ、貧しい人の中におられるのです。イエスはいわれます。「はっきりいっておく。わたしの兄弟であるこのもっとも小さい者の一人にしたのは（しなかったのは）、わたしにしてくれた（してくれなかった）ことなのである」（40、45節参照）。わたしたちはいずれ、愛について裁かれます。裁きは愛についてです。感情についてではありません。行為について裁かれます。近づいて、優しい手助けとなる思いやりに関して、裁かれるのです。

わたしは、病者、貧しい人、苦しむ人、とらわれた人、正義に飢え渇く人の中におられる、イエスのそばに駆け寄っているだろうか。そこにおられるイエスのもとへ歩み寄っているだろうか。これが今日の問いです。

ですから、世の終わりに主は羊の群れをお調べになりますが、それを羊飼いの視点からだけでなく、羊の視点からもなさいます。イエスは羊にご自分を重ねておられるからです。そして、こうお尋ねになります。「あなたは少しは、わたしのような羊飼いになれたか」。「困窮した人々の中にいたわたしを、世話をする羊飼いであったか。それとも無関心でいたのか」と。兄弟姉妹の皆さん、すぐに頭に浮かぶ、無関心の論理について考えてみましょう。問題が起きても目を背ける、あの行為についてです。「よいサマリア人」のたとえを思い起こしましょう。追いはぎに襲われ、半殺しで道に置き去りにされたあわれな男が、独りそこにいます。祭司が通りがかり、一瞥《いちべつ》して去り、知らぬふりでした。レビ人も通りかかり、見掛けても、目を背けて行き過ぎました。自分はどうか。困っている兄弟姉妹を前に、この祭司やレビ人のように、無関心に目を背けているだろうか。困窮している人の中におられるイエスに、どのように接したか、どのように目を向けたか、――これについてわたしたちは裁かれるのです。このような論理ですが、わたしがいっているのではなく、イエスがいっておられることです。「あなたがこの人やあの人にしたことは、わたしに対してしたこと。あの人やこの人にしなかったことは、わたしに対してしなかったこと。わたしはそこにいたのだから」。イエスからこの論理を学ぶことができますように。もっとも苦しんでいる人の中におられるイエスに、愛をもって駆け寄り、寄り添う論理を――。

　仕えることで治めるすべを教えてくださるよう、おとめマリアに願いましょう。聖母は天に昇り、御子から栄冠をお受けになりました。愛の道を行く御子に忠実に従った、第一の弟子であったからです。謙虚で惜しみない奉仕の扉を通って、神の国へ今から入ることをマリアから習いましょう。さあ、このことばだけを携えて家に帰りましょう。「わたしはそこにいたのだ、ありがとう」。そうでなければ「あなたはわたしのことを忘れていたのだ」といわれてしまいます。

王であるキリストの祭日に当たる十一月二十二日（日）正午に、教皇公邸書斎の窓から、サンピエトロ広場に集まった信者とともに行った「お告げの祈り」で、祈りの前に述べたことば（原文イタリア語）。

「お告げの祈り」の後、イタリア語で次のように述べた。

「愛する兄弟姉妹の皆さん。

壊滅的な被害となった地震から四十年を迎える、カンパニアとバシリカタの住人に特別の思いを寄せたいと思います。イルピニアを震源とし、死と破壊をまき散らした地震でした。もう四十年にもなります。物的被害もまだ完全には復興していない悲惨な出来事でしたが、イタリア人の寛大さと連帯が輝いた出来事でもありました。被災地の姉妹都市や、今なお強いつながりをもっている北部や中部地域が、その証人です。そうしたかかわりは復興の難しい歩みを後押しし、何より、半島の多くの共同体の友好関係を深めることになりました」。

教皇はこの日、午前十時からサンピエトロ大聖堂で王であるキリストの祭日を祝うミサを司式した。ミサの終わりの祝福の前に、ワールドユースデー（ＷＹＤ）のシンボルである、十字架と聖母イコン「サルス・ポプリ・ロマーニ」（ローマ市民の救い）が、前回世界大会（二〇一九年）開催地パナマの青年から、次回開催地リスボン（ポルトガル）の青年へと手渡された。ＷＹＤの十字架の引き継ぎ式は枝の主日に行われる予定だったが、パンデミックの影響でこの日に延期されていた。引き継ぎ式に先立ち、教皇は次のように述べ、二〇二一年以降、世界青年の日を枝の主日から王であるキリストの祭日に移すことを発表した。

「ミサの終わりに、ここにおられるすべての皆さん、そしてメディアを通して参加しておられるすべての皆さんに、心よりごあいさつ申し上げます。とくに、間もなく行われるＷＹＤのシンボルである十字架とサルス・ポプリ・ロマーニを引き継ぐ重要なセレモニーを行う二組の代表者、パナマとポルトガルの若者たちにあいさついたします。これは、二〇二三年のリスボン大会へとわたしたちを導く、巡礼の重要な一歩です。

そして、ＷＹＤ次回大会の準備に合わせて、地方教会で祝うこの記念日を見直したいと思います。世界青年の日の制定から三十五年が経ち、わたしはさまざまな意見を聞き、また青年司牧を管轄する、信徒・家庭・いのちの部署の助言も求めたうえで、来年より、教区単位で祝う世界青年の日を、受難の主日から王であるキリストの祭日に変更することを決定いたしました。ＷＹＤの創始者であり保護者である聖ヨハネ・パウロ二世教皇がいつも強調していたように、この記念日の中心が、人類のあがない主イエス・キリストの神秘であることに変わりはありません。

愛する若者の皆さん。生涯をかけて叫び続けてください。キリストは生きておられる、キリストは治められる、キリストは主である、と。皆さんが黙ったままでいれば、石が叫び出すでしょう（ルカ19・40参照）」。

ミサには、オンラインで開かれたＷＹＤ国際準備会議の締めくくりとして、会議参加者がバーチャルで参加していた。

待降節

愛する兄弟姉妹の皆さん、こんにちは。

待降節第一主日の今日から、新しい典礼暦年が始まります。典礼暦を通して教会は、イエスの生涯と救いの歴史における主要な出来事を記念しつつ、時の流れを刻みます。母である教会は、そうすることでわたしたちの生きる道を照らし、日々の出来事の中でわたしたちを支え、キリストとの最終的出会いへと導いています。今日の典礼は、最初の「大事な季節」として待降節を過ごすよう呼びかけています。待降節は、わたしたちを降誕祭に向けて備えさせる、典礼暦年の最初の季節であり、待ち望む季節、希望の季節です。期待と希望です。

聖パウロは（一コリント1・3―9参照）、待ち望む対象を明らかにしています。それは何でしょうか。「わたしたちの主イエス・キリストの現れ」（7節）にほかなりません。使徒は、コリントの信者に、そしてわたしたちに、イエスとの出会いに注意を向けるよう呼びかけています。キリスト者にとってもっとも大切なことは、主と会い続けることで、主とともにあることです。そうして、いのちの主とともにあることを日常とすることで、その出会いに向けて、永遠に神のもとにとどまるときに向けて、自らを備えるのです。この最終的出会いは、世の終わりに訪れます。ですが主は毎日来てくださり、恵みによって、わたしたちが自分や他者の生活の中でよい行いができるようにしてくださいます。わたしたちの神は、来てくださるかたです。このことを忘れないでください。神は来てくださる神、つねに来てくださるかたです。神は、わたしたちの期待を裏切ることはありません。主は、決して裏切らないのです。もしかしたら、わたしたちの期待を膨らませるために、闇の中で少しの間待たせることがあるかもしれませんが、期待を裏切ることは決してありません。主はいつも来ておられ、つねにわたしたちのそばにいてくださいます。時には姿が見えないこともありますが、それでも必ず来てくださいます。まさに、歴史の中に来てくださり、わたしたちの罪をご自分が担うために、人となられました。降誕祭は、歴史の中におけるイエスの最初の到来を記念します。そしてイエスは、最後の審判の時となる、終わりの時にも来られます。そして、またさらに、第三のかたちでも来られます。イエスは毎日、ご自分の民のもとを訪れておられます。みことばを通して、秘跡を通して、そして兄弟姉妹を通してイエスを受け入れる、すべての人のもとに来られるのです。聖書が伝えるように、イエスは戸口におられ、扉をたたいておられます。毎日です。わたしたちの心の扉の前におられます。たたいておられます。扉をたたくかた、今日あなたのもとに来ておられるかた、執拗に、アイデアをもって、インスピレーションを携えて、あなたの心の扉をたたいておられるかたに、耳を傾けることができますか。このかたはベツレヘムに来られ、世の終わりに来られますが、毎日、わたしたちのもとにも来ておられるのです。どうか注意を怠らないでください。主がたたいておられるとき、心の内に何を感じるか、見つめてください。

　人生には浮き沈み、光と影があることを、わたしたちは知っています。だれもが、落胆したり、失敗したり、戸惑ったりといった経験をします。そのうえ、今はパンデミックに見舞われ、大勢の人に、心配や恐れや失望が広がっています。悲観的に、閉鎖的に、無関心になるおそれがあります。こうしたすべてのことに、どう対処したらよいでしょう。今日の詩編がそれについて教えてくれます。「われらの魂は主を待つ。主はわれらの助け、われらの盾《たて》。われらの心は喜ぶ」（詩編33・20―21）。つまり、待ち望む心をもち、主を信頼して待つことによって、わたしたちは人生の闇においても、慰めと励ましを得られるのです。その勇気と信頼は、どこから生まれたのでしょうか。

何から生じたのでしょう。それは、希望から生まれたのです。希望は決して人をがっかりさせません。希望の徳は、主との出会いに目を向けることで前に進めるよう、わたしたちを導いてくれます。

待降節は、希望へのたえざる呼びかけです。神は歴史の中におられ、歴史を最後の目的地へと、その充満へと、つまり主なるかた、主イエス・キリストへと導いておられることを思い起こさせてくれます。神は人間の歴史の中におられ、「わたしたちとともにおられる神」です。神ははるか遠くにおられるのではなく、いつもわたしたちとともにおられ、しかも、わたしたちの心の扉を何度もたたいておられます。神は、わたしたちを支えるために、すぐ傍らを歩いておられます。主は決してわたしたちを見捨てません。人生のさまざまな場面で、わたしたちに寄り添い、旅する意味、日常生活の意味に気づけるよう助け、試練や痛みに立ち向かえるよう勇気を与えてくださいます。人生の嵐のただ中で、神はいつもわたしたちに手を差し伸べておられ、脅威から救ってくださいます。なんとすばらしいことでしょう。申命記にはとても美しい一節があります。預言者が群衆にこう語る箇所です。「われわれの神、主のような、身近におられる神をもつ民がどこにあるだろうか」。わたしたちのほかに、神がそばにいてくださるという恵みを得た民はありません。わたしたちは神を待ち望み、神がご自身を示されるよう願っていますが、神もまた、神に対してわたしたちが自分を示すことを望んでおられるのです。

聖マリア、待つかたが、この新しい典礼暦年の初めに立つわたしたちの歩みに寄り添い、使徒ペトロが示してくださったイエスの弟子としての務めを果たせるよう助けてくださいますように。その務めとは何でしょうか。それは、わたしたちの抱いている希望について、いつでも弁明できるよう備えていることです（一ペトロ3・15参照）。

待降節第一主日の十一月二十九日（日）正午に、教皇公邸書斎の窓から、サンピエトロ広場に集まった信者とともに行った「お告げの祈り」で、祈りの前に述べたことば（原文イタリア語）。

「お告げの祈り」の後、イタリア語で次のように呼びかけた。

「愛する兄弟姉妹の皆さん。

大型ハリケーンに見舞われた中央アメリカの人々に心を寄せていることを、あらためてお伝えいたします。とくに、サンアンドレス島、プロビデンシア島、サンタカタリナ島、そしてコロンビア北部の太平洋岸のことを心に留めています。今回のハリケーンで被災した国々のために祈ります。

ローマから、そしてさまざまな国からの巡礼者の皆さん、ようこそ。とくにポーランドの皆さん、ようこそいらっしゃいました。なかでも、残念ながらごく限られていますが、明日の午後に行われる枢機卿叙任式のために来られたかたがたを歓迎いたします。枢機卿団に加わる新たな一三名のために祈りましょう」。

十一月上旬、ハリケーン「エタ」の上陸で、中米諸国での死者行方不明者は二百人以上、被災者は三百万人に上った。その二週間後、同地域は、最強のカテゴリー五のハリケーン「イオタ」に再び襲われた。十九日時点でニカラグアでは一八名が死亡、十六万人以上が避難している。ホンジュラスでは死者一四名、避難者六万人となった。この年の大西洋のハリケーンシーズンには、名前がつけられた熱帯低気圧が過去最高の三十個発生し、うち十三個がハリケーンとなり、六個が大型へと発達した。ハリケーン数としては過去二番目に多く、五年連続で平年を上回る活動となっている。

この日午前十時から、サンピエトロ大聖堂で行われた待降節第一主日のミサには、前日二十八日午後、教皇フランシスコにとって七回目となる公開枢機卿会議で新枢機卿に叙任された枢機卿らも参加した。ミサには新枢機卿と、新枢機卿の名義教会から司祭や管理者一二名、そしておよそ百名の信者が参加した。

回心の呼びかけ

愛する兄弟姉妹の皆さん、こんにちは。

今日の主日の福音（マルコ1・1―8）は、洗礼者ヨハネの姿とその活動を示します。洗礼者ヨハネは、当時の人々に信仰の道を教えました。その道は、降誕祭に主を迎えるべく備えるわたしたちに、待降節が示すものと同じです。この信仰の道は、回心の歩みです。それでは、「回心」とはどのような意味でしょうか。聖書では、何よりもまず方向転換を意味します。ですからそれは、考え方を変えることでもあります。道徳的、霊的な生き方においては、回心とは悪から善へ、罪から神の愛へと向かうことです。これこそが、ユダヤの荒れ野で「罪のゆるしを得させるために悔い改めの洗礼をのべ伝えた」（4節）洗礼者ヨハネが教えていたことです。洗礼を受けることは、彼の説教を聞いて悔い改めを決心した人の回心の、表に出る見えるしるしです。その洗礼はヨルダン川に、水に、身を浸すことによってなされましたが、もし悔い改めて生き方を変えたいという意志が伴っていなければ、それはただのしるしで無意味になってしまいます。

回心には、犯した罪に対する悔恨と、その罪から解放されたいという願いと、自分の人生からそれを永遠に取り除きたいという覚悟を要します。罪を取り除くためには、罪と結びついているものをすべて退けなければなりません。罪と結びついているために拒まなければならないものには、世俗的な考え方、快適さの過剰な重視、娯楽や繁栄や富への執着が挙げられます。今日の福音の洗礼者ヨハネの姿にも、それらからの離脱の模範を見ることができます。彼は、余計なものを捨て、本質を追求する禁欲的な人です。回心の第一の側面は、罪と世俗から離れることです。それらから離れる道を歩み始めるのです。

回心のもう一つの側面は、歩む目的です。つまり、神と神の国とを求めることです。世俗的なことから離れて、神とみ国とを求めるのです。快適さや世俗的な考え方を捨て去ること自体が目的なのではありません。回心は、贖罪のためだけの苦行ではありません。キリスト者は「苦行者」ではないのです。目的は別にあります。離れることそのものが目的ではなく、目的ははるかに偉大なこと、すなわち神の国、神との交わり、神との親しい関係を実現させることです。しかし簡単ではありません。わたしたちは多くのしがらみによって罪と結びついているので、回心は容易ではありません。誘惑によっていつもいつも引き戻され、罪にわたしたちを近づけるもの、不安、失望、悪意、不健全な環境、悪事などにかかわってしまうので、簡単ではありません。主を求める気持ちがとても弱くなり、神がまるで沈黙しておられるように感じられるときがあります。主の慰めの約束も、今日のイザヤ書の朗読にあった、優しく世話する羊飼いの姿も（イザヤ40・1・11参照）、はるかかなたの非現実的なものに思えます。そうして、真に回心することなどできないといいたくなります。このように失意に陥ったことが、幾度あったことでしょう。「わたしには無理です。少しやってみましたが、また元に戻ってしまいます」。これではいけません。ですが、できます。できるのです。くじけそうになったときには、そこにとどまっていてはなりません。それは泥沼のような状態です。泥沼です。凡庸という泥沼です。凡庸です。歩み出したいのにできないと思ってしまうときには、どうしたらよいのでしょう。まず、回心は恵みであることを思い出してください。自分の力で回心できる人はいません。回心は主から与えられる恵みなのですから、強く神に願わなければなりません。わたしたちを回心させてくださいと、主に願うのです。真に回心し、神の美と善と優しさに心を開けるよう神に願うのです。神の優しさを考えてみてください。神はひどい父親でも、いじわるな父親でもありません。違います。優しい父親です。神は、群れの中の一匹を探し回るよい羊飼いのように、わたしたちを深く愛しておられます。神は愛であり、回心は神の恵みなのです。一歩を踏み出すようあなたを突き動かしておられるのは、まさにこのかたなのですから、歩き始めてください。そうすれば、主がどのように来てくださるかが分かります。祈って、歩いてください。そうすれば、あなたは必ず一歩前に進みます。

明後日、無原罪の御宿りを記念する聖マリアの助けによって、罪と世俗から離れ、わたしたちを立ち直らせ救ってくださる神に、そのことばに、その愛に、心を開くことができますように。

待降節第二主日の十二月六日（日）正午に、教皇公邸書斎の窓から、サンピエトロ広場に集まった信者とともに行った「お告げの祈り」で、祈りの前に述べたことば（原文イタリア語）。

「お告げの祈り」の後、イタリア語で次のように呼びかけた。

「愛する兄弟姉妹の皆さん。

ご覧のとおり、広場にクリスマスツリーが立てられ、プレゼピオの設営も進められています。この数日は、多くの家庭でこの二つのクリスマスのシンボルの準備が行われています。

子どもたち、そして大人だって、うれしくなるものです。どちらも希望のしるしであり、こうした苦しい時期にはなおさらです。しるしだけで終わらせるのではなく、その意味へと、イエスへと、イエスが明かしてくださった神の愛へと向かうこと、世で輝かせてくださった果てしない善へと向かうことです。いかなるパンデミックも、危機も、この光を消し去ることはありません。この光を心に迎え、もっとも困っている人に手を差し伸べましょう。そうして神は、わたしたちの中に、わたしたちの間に、再びお生まれになってくださるでしょう」。

サンピエトロ広場には、十一月三十日早朝にクリスマスツリーが設置された。ツリーは、スロベニアの南東にある森深いコチェーヴィエ産の、高さ三十メートル、直径約七十センチ、重量七トンの欧州唐檜。スロベニアからの寄贈は、一九六六年に続き二度目となる。一方プレゼピオは、イタリアのアブルッツォ州テーラモ県カステッリからの寄贈で、古くから当地の特産であった陶製のもの。クリスマスについての学習用に、一九六五年から七五年にかけて現地のデザイン高校の教師と生徒によって制作されたものの中から、五十四の像が選ばれ展示される。恒例の点灯式は、新型コロナウイルス感染拡大の予防措置で規模が縮小されたが、十二月十一日午後四時半から行われた。

喜びなさい

愛する兄弟姉妹の皆さん、こんにちは。

喜びへと招かれるのが待降節の特徴です。イエスの降誕を待ち望むこと、喜びへの期待をわたしたちは味わいます。長い間会っていない友人や、親戚といった、大好きな人の訪問を待ちわびるのに似ています。わたしたちは喜んで待っているのです。そしてこの喜びという要素は、待降節第三主日、聖パウロの勧めである「主にあっていつも喜べ」（入祭唱。フィリピ4・4、5参照）をもって始まる今日、とりわけ顕著に表れます。「喜んでください」。キリスト者の喜びです。この喜びの理由は何でしょう。「主はすぐ近くにおられます」（5節）ということです。主が近くにおられるほど、喜びは膨らみます。主が遠くなればなるほど、悲しみがつのります。それがキリスト者というものです。ある哲学者が、これと似たようなことをいっていました。「今どき、信じるとは何なのか、わたしには分からない。信じているといっている人が、お通夜のような顔をしているのだから。あの人たちは、イエス・キリストが復活された喜びをあかししてはいない」。確かに、多くのキリスト者がそのように、お通夜のような顔、悲しい顔をしています。いいですか、キリストは復活されたのです。キリストはあなたを愛しておられるのです。それでも喜びを感じないのですか。このことについて少し考え、自らに問うてください。「わたしは、主がわたしのすぐ近くにおられることを、わたしを愛してくださることを、わたしをあがなってくださったことを、喜んでいるだろうか」。

今日、ヨハネによる福音書は、メシアを待ち続け、その到来を見届ける喜びを最初に、だれよりも深く味わった聖書の人物——聖母マリアと聖ヨセフを除いて——を示しています。もちろん、洗礼者ヨハネのことです（ヨハネ1・6—8、19—28参照）。

福音記者は、この人物を荘厳な表現で紹介しています。「神から遣わされた一人の人がいた。……彼はあかしをするために来た。光についてあかしをするためである」（6—7節）。洗礼者ヨハネは、ことばといのちのたまものをもって、イエスをあかしした最初の人です。どの福音書も、イエスをキリストであると、つまり、預言者によって約束された神から遣わされたかたであると示すことで、洗礼者ヨハネが自らの使命を果たしたことを描こうとしています。ヨハネは当時の先導者でした。その名声はユダヤ全土を超え、ガリラヤにまで及んでいました。それでも彼は、注目されたいという誘惑に一瞬たりとも屈しませんでした。彼はつねに、これから来られるかたのほうを向いていました。こういっていました。「わたしはその履物のひもを解く資格もない」（27節）。つねに主を指し示していました。「この人が何かいいつけたら、そのとおりにしてください」といわれた聖母マリアと同じように、つねに主を指し示していました。主はつねに中心におられます。諸聖人はその周りにいて、主を指し示しています。主を指し示さない人は、聖なる人ではありません。

キリスト者の喜びの第一の条件は、自らを中心に考えるのをやめ、イエスを中心にすることです。これは、自己疎外とは違います。イエスはまさに中心におられ、この世界に誕生するすべてのいのちに十全な意味を与える光だからです。愛も同じダイナミズムだといえます。愛は、自分自身から出るようわたしたちを導きます。それは、自分自身を失うためにではなく、自分を与えつつ、相手の幸せを求めつつ、かえって自分を見いだすためなのです。

洗礼者ヨハネは、イエスをあかしするために長い道のりを歩みました。喜びの道のりはハイキングとは違います。つねに喜んでいるには、苦労も必要です。ヨハネは若いころに、神を最優先し、身も心もささげてみことばに耳を傾けるため、すべてを捨て去りました。もっと自由に聖霊の息吹に従えるよう、荒れ野にこもり、余計なものすべてを捨てました。確かに、彼の人柄にはユニークで真似できない部分もあり、だれにでも勧められるものではありません。しかし彼のあかしは、自分の人生の意味を探求し、真の喜びを見つけたいと思っている人にとって手本となるものです。とくに、キリストを他者に告げ知らせるよう招かれている教会の人々にとって、洗礼者ヨハネは模範です。我を通すことをやめ、世俗の道理から離れ、人々の注目を自分にではなく、イエスに向けて初めて、キリストを告げ知らせることができるのです。喜びとは、イエスのほうを向くことです。わたしたちの信仰は、喜びをその特質とすべきです。闇の中にいても、心の中には喜びがあります。主がわたしとともにおられること、わたしたちとともにおられること、主が復活されたことを知っている喜びです。主！主！　主！　このかたこそがわたしたちの人生の中心、わたしたちの喜びの中心です。今日は次のことをよく考えてみてください。自分はどのように振る舞っているだろうか。キリスト者であることの喜びを伝えるすべを知る、喜ぶ者でいるだろうか。それとも、先ほどの話のようにお通夜の顔を、いつも悲しい顔をした者でいるだろうか。自分が信仰の喜びを感じていなければ、それをあかしすることはできませんから、ほかの人々は、「信仰がそんなに悲しいのなら、信仰をもたないほうがよいだろう」ということになるでしょう。

ここでお告げの祈りをささげることによって、これらのことのすべてが、おとめマリアのうちに完全に実現していることを見つめましょう。マリアは神の救いのみことばを静かに待ち、聞き、受け入れ、身に宿されました。マリアを通して、神は近づいてくださいました。だからこそ教会は、マリアを「よろこびの源」と呼ぶのです。

待降節第三主日の十二月十三日（日）正午に、教皇公邸書斎の窓から、サンピエトロ広場に集まった信者とともに行った「お告げの祈り」で、祈りの前に述べたことば（原文イタリア語）。

「お告げの祈り」の後、イタリア語で次のように呼びかけた。

「愛する兄弟姉妹の皆さん。

ローマ市民と巡礼者の皆さんにごあいさついたします。

とくに、セントロ・オラトニ・ロマーニ主催行事の「幼子イエス像」の祝福にローマから代表として集まったご家族と子どもたちに、ごあいさついたします。今年はパンデミックのために広場に集まれた人はわずかですが、たくさんの子どもたちや少年少女が、礼拝堂や自宅に集い、メディアを通して見ています。皆さん一人ひとりを祝福し、また、希望と喜びのしるしである、飼い葉桶に寝かされたイエスの像を祝福いたします。沈黙のうちに、幼子イエスの祝福を行いましょう。「父と子と聖霊のみ名によって」。お家で、家族と一緒に飼い葉桶の前でお祈りをするときは、幼子イエスの柔らかさに心奪われて、愛を注いでいただきましょう。わたしたちの中に、貧しく、傷つきやすくお生まれになったかたです。

喜びを忘れないでください。キリスト者は心に喜びをもつ者です。試練の中にあってもです。イエスの近くにいられるので喜んでいるのです。わたしたちに喜びをくださるのはイエスです」。

受胎告知

愛する兄弟姉妹の皆さん、こんにちは。

待降節最後の主日、第四主日に福音は、受胎告知の物語を示しています。「おめでとう」、天使はマリアにいいます。「あなたは身ごもって男の子を産むが、その子をイエスと名付けなさい」（ルカ1・28、31）。それは、おとめマリアに喜びをもたらす、ただただ喜ばしい知らせのように思えます。当時の女性の中に、メシアの母となることを夢見ない人などいたでしょうか。しかしこの知らせはマリアに喜びとともに、大きな試練も予告しました。なぜでしょうか。マリアはそのとき、ヨセフの「いいなずけ」（27節）でした。モーセの律法は、その期間に、関係や同居があってはならないと定めていました。ですから、身ごもることで、マリアは律法に背いたことになりました。そうした女性には、石打ちという残酷な刑が待っていました（申命記22・20―21参照）。神からの知らせが、マリアの心を光と力で満たしたことは疑いようもありませんが、それでもマリアは、自分の命運を左右する決断をしなければなりませんでした。すべてを懸けて、自分のいのちさえも懸けて神に「はい」と答えるか、それともその呼びかけを断って、普通の生活を続けるかという決断です。

　マリアはどうなさるのでしょう。このようにお答えになります。「おことばどおり、この身になりますように」（ルカ1・38）。――そのようになりますように（fiat）。ところが福音が書かれた言語においては、これは単に「そうなるように」を意味するのではありません。この口述表現は、強い願望を表します。事が起きるよう望む強い意向を表しています。つまりマリアがいったのは、「そうなってしまうなら、それでかまいません。どうにもならないのなら……」ではないのです。あきらめではありません。マリアは気弱で従属的な受け入れの姿勢を示したのではなく、強い意欲を、活力にあふれる意欲を示しました。マリアは、受動的ではなく能動的です。神に屈服しているのではなく、神に協力しています。マリアは、主なる神に全面的に直ちに仕える用意のある、神に心奪われている女性です。少し考えさせてくださいとか、これから起こることをもっと説明してくださいと頼むこともできたでしょう。もしかしたら、いくつか条件をつけることもできたかもしれません。けれどもそうしたことはせず、マリアはすぐにおこたえになりました。神を待たせることも、先延ばしにすることもありません。

ここで、自分のことを振り返ってみましょう。わたしたちは人生において、霊的生活においてさえも、何度先延ばしをしたことでしょう。たとえば、祈るのはよいことだと分かっていても、今日は時間がないから……と。「明日、明日、明日には、また明日に……」、そうやって事を後回しにします。明日にはします。人を助けるのは大切なことだと分かっています、そうすべきです――明日やります。まさに明日への連鎖で、事が先延ばしにされます。降誕祭の扉の前にいる今日、マリアは先延ばしにせずに、「はい」と答えるよう招いています。「祈るべきでしょうか」、「はい、祈ります」。「人を助けるべきでしょうか――はい」。どうしたらよいでしょうか。行動するのです。先延ばしせずに。どの「はい」にも苦労は付きものです。「はい」の一つ一つに犠牲が伴います。けれど、あの勇敢な「はい」が、あの迷いのない「はい」が、わたしたちに救いをもたらした、あの「おことばどおり、この身になりますように」が、マリアに強いた苦労を越えるものはどこにもありません。

それでは、わたしたちがいえる「はい」とは何でしょうか。この困難なときに、パンデミックのためにできないことについて不平をいうのではなく、自分よりも恵まれない人々のために行動しましょう。自分や自分の友人に贈り物をする代わりに、だれにも顧みられることのない貧しい人に贈り物をしましょう。そしてもう一つ、アドバイスがあります。イエスがわたしたちのもとにお生まれになるのですから、心の準備をしましょう。祈りましょう。消費主義に「流される」ことのないようにしましょう。「プレゼントを買わなくては……。これも、あれもしなければ……」と。多くの用に追われるあの狂乱……。大切なのはイエスです。兄弟姉妹の皆さん。消費主義は、わたしたちからご降誕を取り上げてしまいました。ベツレヘムの飼い葉桶には、消費主義はありません。そこには現実があり、貧しさがあり、そして愛があります。マリアに倣って、心の準備をしましょう。悪から解放された心、神を迎え入れるために、受け入れる準備ができた心です。

「おことばどおり、この身になりますように」。これは、待降節の最後の主日に読まれる、おとめマリアの決定的なことばであり、降誕祭に向けて具体的に歩むようにとの招きです。もし、イエスの誕生が、わたしたちの――わたしの、あなたの、すべての人の――人生を動かさなければ、いのちに触れなければ、それはむなしく過ぎ去ります。ここでささげるお告げの祈りを通して、わたしたちもまた、「おことばどおりになりますように」と声を発します。降誕祭のためによく準備する残り数日の生活をもって、心構えをもって、これをことばにできるよう、おとめマリアがわたしたちを助けてくださいますように。

待降節第四主日の十二月二十日（日）正午に、教皇公邸書斎の窓から、サンピエトロ広場に集まった信者とともに行った「お告げの祈り」で、祈りの前に述べたことば（原文イタリア語）。

「お告げの祈り」の後、イタリア語で次のように呼びかけた。

「愛する兄弟姉妹の皆さん。

コロナウイルスのパンデミックは、船舶従事者に特別の苦しみをもたらしました。彼らの多く、全世界でおよそ四万人が、契約日数を超えて船にとどめられ、帰宅がかなわずにいます。海の星、おとめマリアに願います。この人々を、また苦しみを味わっているすべての人を慰めてください。愛する人のもとに戻れるよう、政府にはできるかぎりの取り組みに尽くすよう強く望みます。

今年は、うれしい発案によって、「一〇〇体のプレゼピオ」展覧会が柱廊にて行われます。神の民の信仰にとってカテケージスとなる、たくさんの降誕場面があります。柱廊に置かれた飼い葉桶を訪れ、どのようにイエスのご降誕の様子を描こうとしているかをご覧ください。柱廊にあるたくさんの飼い葉桶は、わたしたちの信仰にとってすばらしいカテケージスです。

まもなく訪れるご降誕が、わたしたちそれぞれにとって、内的刷新、祈り、回心、信仰の歩み、互いの友愛、そうした機会となりますように。周りを見回してください。とくに貧しい人に目を向けてください。苦しむ兄弟姉妹、その人がどんな場所にいようとも、苦しむ兄弟たちはわたしたちの兄弟です。それは、飼い葉桶のイエスです。苦しんでいる人は、イエスなのです。そのことを少し考えてみてください。そしてクリスマスが、その兄弟、その姉妹の中におられるイエスに近づくこととなりますように。そこに、その困っている兄弟のうちに、わたしたちが連帯の心をもって駆け寄るべき飼い葉桶があります。それが、生きたプレゼピオです。プレゼピオを通してわたしたちは、困っている人々の中におられるあがない主と真に出会います。聖夜に向けて歩み、救いの神秘が満ちるのを待ち望みましょう」。

「一〇〇体のプレゼピオ」展は、クリスマスシーズンにプレゼピオを飾るイタリアの習慣が、外国から入ってきたクリスマスツリーに移行してしまうことを危惧したマニロ・メナグリア氏によって、一九七六年から始まった展覧会である。メナグリア氏の娘の意向で、二〇一八年から企画主催が教皇庁新福音化推進評議会に移行され、二〇一九年には、使徒的書簡『感嘆すべきしるし（二〇一九年十二月一日）』（*Admirabile signum*: 邦訳は『教皇フランシスコ講話集7』に収録）公布記念行事として、バチカンのピオ十世ホールで開催され、教皇も鑑賞に訪れた。四十五回目を迎えたこの年には、サンピエトロ広場を囲むベルニーニの柱廊で行われた。

降誕祭を前に

愛する兄弟姉妹の皆さん、おはようございます。

降誕祭を間近に控え、今回の講話では、クリスマスを祝う準備のポイントをいくつかお伝えしたいと思います。降誕祭の夜半のミサには、天使が羊飼いたちに告げたことばが響きわたります。「恐れるな。わたしは、民全体に与えられる大きな喜びを告げる。今日ダビデの町で、あなたがたのために救い主がお生まれになった。このかたこそ主メシアである。あなたがたは、布にくるまって飼い葉桶の中に寝ている乳飲み子を見つけるであろう。これがあなたがたへのしるしである」（ルカ2・10―12）。

羊飼いたちを模倣し、わたしたちの心もまた、霊的にベツレヘムへ、マリアが厩《うまや》で――ルカによれば「宿屋には彼らの泊まる場所がなかったからである」（2・7）――御子を産んだ地へ向かっています。クリスマスは、世界中で祝われるようになり、信者でない人もこの日の魅力に胸躍らせています。けれどもキリスト者は、クリスマスとは神がこの世界に永遠の炎をともしてくださったという決定的な出来事であることを知っており、それを刹那のものと混同してはならないのです。肝心なのは、降誕祭を単なるロマンティクなイベントや消費文明のイベントにしてはならないということです。この前の主日にこの問題を取り上げ、消費主義がわたしたちを降誕祭から遠ざけていると指摘しました。それではいけません。降誕祭を、単なるロマンティックな、あるいは消費文明のお祭りに、つまりプレゼントやお祝いのあいさつは盛んに交わしても、キリスト教の信仰に乏しく、また人間らしさに乏しいものにしてはなりません。ですから、わたしたちの信仰の熱気の核をつかめていない世俗的な考え方を食い止める必要があります。核とはすなわちこれです。「ことばは肉となって、わたしたちの間に宿られた。わたしたちはその栄光を見た。それは父の独り子としての栄光であって、恵みと真理とに満ちていた」（ヨハネ1・14）。これこそが、降誕祭の核、まさしく降誕祭の真理です。これのほかにはありません。

　降誕祭が考えるよう招いているのは、罪によって傷ついた人間が、たえず真理を求め、あわれみを求め、あがないを求め続ける歴史の物語についてであり、と同時に、救いをもたらしてご自分の友情といのちにあずからせてくださる真理であるかたのことを伝えるために、わたしたちのもとに来てくださる神の優しさについてです。しかも、これは恵みのたまものです。純然たる恵みであり、わたしたちの功績によるものではありません。こんなふうにいっている教皇がいます。「ところで、あちらを、こちらを、かなたをご覧なさい。自分の功績を探しても、恵みのほかには何も見つかりません」。すべてが恵みです。恵みのたまものです。わたしたちはその恵みのたまものを、降誕祭の質素さと人間らしさを通して受け取りますが、このたまものはわたしたちの心から、パンデミックのために最近さらに拡大している悲観的な見方を取り除くことができます。低くされ貧しく、人目につかない無防備な幼子こそが、わたしたちのために人となられた神ご自身であるとあらためて気づかされることで、敗北や失敗に打ちのめされることなく、混乱した不安な思いを乗り越えることができます。第二バチカン公会議は『現代世界憲章』の有名な箇所をもって、この出来事はわたしたち一人ひとりにかかわることだと伝えています。「神の子は受肉によって、ある意味で自分をすべての人間と一致させたからである。彼は人間の手で働き、人間の知性をもって考え、人間の意志に従って行動し、人間の心をもって愛した。彼は処女《おとめ》マリアから生まれ、真にわれわれの中の一人となり、罪を除いては、すべてにおいてわれわれと同じようであった」(22)。イエスがお生まれになったのは二千年も前のことなのに、どうしてわたしとかかわりがあるのでしょう。いいですか、この出来事は、あなたにも、わたしにも、わたしたち一人ひとりにかかわることなのです。イエスはわたしたちの中のおひとりとなられます。神は、イエスにおいて、わたしたちの中のおひとりとなられるのです。

この事実は、大きな喜びと勇気を与えてくれます。神はわたしたちを高みから、遠くから見下しておられたのではなく、わたしたちの脇を通り過ぎたのではなく、わたしたちのみじめさにうんざりしておられたのではなく、表面だけ人間の肉をまとわれたのではなく、むしろ、わたしたちの本性と人間である状態を、完全にその身に負われたのです。罪のほかには、何ものをも除外なさいませんでした。ないのは罪だけです。人間性のすべてが主のうちにあります。わたしたちの状態を、まさにそのままに引き受けられたのです。これは、キリスト教信仰を理解するうえで不可欠なことです。聖アウグスティヌスは、自らの回心の旅を振り返りながら、『告白』に次のように記しています。「実際わたしは、わが神である謙遜なイエスをまだ謙遜な態度をもってとらえておらず、イエスの弱さが教えているものを悟りませんでした」（*Confessions* VII, 18〔山田晶訳、『世界の名著14』中央公論社、一九六八年、二四六頁〕）。それでは、イエスの弱さとは何なのでしょうか。イエスの「弱さ」とは「教え」です。それがわたしたちに、神の愛を明らかにするからです。降誕祭とは、受肉した愛であるかた、わたしたちのためにお生まれになった愛を、祝う日です。イエス・キリストは、人間存在と歴史全体に意味を与える、闇に輝く人類の光なのです。

　兄弟姉妹の皆さん。この短い考察が、降誕祭をしっかりとした認識をもって祝う助けとなるよう望みます。ところで、もう一つの準備の方法があります。それは、あなたにも、わたし自身にも思い起こさせたいもので、だれにでもできることです。プレゼピオの前で、しばし黙想するということです。プレゼピオは、あの事実についてのカテケージス、福音書をもって聞いた、あの年のあの日の出来事を伝えるカテケージスです。ですから昨年わたしは書簡を記しましたが、これを読み返すとよいと思います。『感嘆すべきしるし』（*Admirabile signum*）という書簡です。アッシジの聖フランシスコの学びやで、降誕の場面をじっと見つめることで小さな子どもとなり、神がこの世に来られた「感嘆すべき」姿に対する驚きを、自らのうちに再び生み出すことができます。驚きの恵みを願い求めましょう。この神秘を前に、このあまりに温かく、あまりに美しく、あまりにわたしたちの心に近いこの場面を前に、主が、驚く恵みを与えてくださり、そうしてわたしたちをご自分と出会わせ、ご自分に引き寄せてくださるよう、わたしたち皆を引き寄せてくださるよう願いましょう。そうすれば、わたしたちの中に温かさがよみがえるでしょう。先日科学者のかたがたと話をした際、人工知能（AI）とロボットが話題になりました。ロボットは、あらゆる人と物事のためにプログラムされており、その進歩はさらに続きます。そこでわたしは、「ロボットに無理なことは何ですか」と尋ねました。科学者たちは考え、いくつかの仮説を示しましたが、最後に一つの結論に達しました。温かさです。それはロボットには生み出せません。これこそ、神が今日、わたしたちにもたらそうとしておられるものなのです。つまり、神がこの世に来ようと望まれた感嘆すべき姿であり、そしてそれがわたしたちの中に温かさをよみがえらせます。神の温かさに似た、人間の温かさです。そして今日、これほどの悲惨さを前に、わたしたちは多くの温かさを必要とし、人間らしい触れ合いを強く必要としているのです。パンデミックにより、互いに距離を取るよう強いられていても、イエスは、プレゼピオから、近しい者となり、人間らしい者となるよう、心温まる道を示しておられます。その道を歩んでいきましょう。よい降誕祭をお迎えください。

十二月二十三日（水）午前九時十五分から、教皇公邸書斎内からの動画配信にて行った一般謁見での講話（原文イタリア語）。

降誕祭ミサ説教

今宵《こよい》、イザヤの大いなる預言が実現します。「ひとりのみどりごがわたしたちのために生まれた。ひとりの男の子がわたしたちに与えられた」（イザヤ9・5）。

ひとりの男の子がわたしたちに与えられた――。生涯で最大の喜びは子の誕生だとは、よくいわれることです。それは特別なことであり、何もかも一変させ、エンジンがかかったように信じられない力がわき出て、疲労も、不自由も、睡眠不足も、物ともしなくなります。子の誕生は、何も苦労とは思えないほどの大きな喜びをもたらすからです。ご降誕もまた同じです。イエスの誕生とは新しさであり、それが毎年、わたしたちを内的に生まれ変わらせ、どんな試練にも立ち向かえる力をイエスから受け取らせてくれるのです。そうです。このかたの誕生は、わたしたちのためにあるのです。わたしのために、あなたのために、わたしたち皆のために、一人ひとりのためにです。ために――、これが、この聖夜に繰り返されることばです。イザヤが預言した「ひとりのみどりごがわたしたちのために生まれた」、「今日わたしたちのために救い主が生まれた」との詩編での唱和（『典礼聖歌』88「きょうわたしたちのために」参照）、イエスは「わたしたちのためにご自身をささげられた」（テトス2・14）との聖パウロの表明。そして福音書で天使が告げたもの、「今日……、あなたがたのために救い主がお生まれになった」（ルカ2・11）です。わたしのために――、あなたのために――。

　では、このことは何を伝えようとしているのでしょうか。神の独り子、本性から聖なるかたが、わたしたちを恵みによって聖なる子らとするために来られるということです。そうなのです。神は、わたしたちを神の子らとしてくださるために、子としてこの世に来てくださるのです。なんとすばらしい贈り物でしょう。今日神は、わたしたちを驚かせ、一人ひとりに語っておられます。「お前は奇跡なのだよ」と。姉妹よ、兄弟よ。気を落としてはなりません。自分を出来損ないだと思ってしまいそうになっていませんか。神はあなたにいっておられます。「まさか。お前はわたしの子なのだよ」。うまくやれないという気持ち、駄目だという不安、苦難を抜け出せないのではないかとの恐怖がありますか。神はあなたにいっておられます。「元気を出しなさい。わたしはお前とともにいる」。神は口ではおっしゃいませんが、あなたのために、再生のたびごとの起点となる、自分は神の子どもであるというあなたの自覚のために、ご自分をあなたのような子どもになさることで伝えてくださいます。これが、いかなる再生にとっても出発点となります。これこそが、わたしたちの希望にある確たる芯《しん》、人生を支える熱気の核なのです。自分の出来や欠陥より深いところに、過去の傷や過ちよりも強く、将来への不安や心配よりも強く、この真実があるのです。——わたしたちは愛を受けた子らです。さらにいえば、わたしたちに対する神の愛はわたしたち次第ではありません。そうなることはありません。無償の愛なのです。この夜に、そのほかの説明はありません。恵みというだけです。すべては恵みです。この贈り物は無償のもので、わたしたちそれぞれの手柄とは無関係で、ただただ恵みです。今宵、聖パウロは教えてくれます。「神の恵みが現れました」（テトス2・11）。これほどまでに貴重なものはありません。

　ひとりの男の子がわたしたちに与えられた——。御父がわたしたちに与えてくださったのは、何かモノではなく、まさにご自分の独り子、ご自分の喜びのすべてであるかたです。もっとも、神に対する人間の忘恩、多くの兄弟姉妹に対する不正義を見れば、ためらいが生じます。主なる神はこんなにもよくしてくださったけれど、今でもわたしたちに期待していただいてもよいのだろうか。わたしたちを買いかぶり過ぎておられるのではないだろうか。そうなのです。買いかぶっておられるのです。神がそうなのは、わたしたちを、死に至るまでに愛しておられるからです。ただただ愛さずにはいられないのです。そのようなかたです。わたしたちとはまったく異なるかたです。神は、わたしたちが自分を愛するよりもずっと、わたしたちのことが好きでたまらないのです。それが、わたしたちの心に入るための神のなさり方です。神は、わたしたちを救う方法、内奥でわたしたちをいやす唯一の方法は、愛することだとご存じです。それ以外に方法はないのです。神の不屈の愛、変わることのない——けれどもわたしたちを変えてくださる——愛を受け入れさえすれば、わたしたちはもっとよくなることをご存じなのです。イエスの愛だけが人生を変え、深い傷をいやし、不満と怒りと文句の悪循環から解き放ってくださるのです。

　ひとりの男の子がわたしたちに与えられた——。暗い馬小屋のみすぼらしい飼い葉桶の中に、まさにその場所に、神の御子がおられます。もう一つの疑問が浮かびます。なぜ御子は、最高にすばらしい宮殿で、最高の王として生まれるべきだったのに、闇夜に、優雅な宿もなく、貧しいところで、迷惑だと断られるところで、お生まれになったのでしょうか。なぜなのでしょう。わたしたち人間の境遇をどれほど愛しておられるのかを分からせるためです。ご自分の具体的な愛をもって、わたしたちのもっとも醜悪なみじめさに触れるまでに愛しておられます。神の御子は、迷惑がられている人も皆神の子どもだと教えるために、ご自分も迷惑がられる中でお生まれになったのです。か弱く、助けが必要な者、生まれ出る赤子としてこの世に来られることによって、わたしたちが自分の弱さを優しく受け入れられるようにしてくださいます。また、大切なことに気づかせるためです。つまり、ベツレヘムでの出来事と同じくわたしたちにも、神はわたしたちの貧しさを用いて偉大なことをなさるのを好まれるのです。このかたは、わたしたちの救いのすべてを、馬小屋の飼い葉桶の中に寝かせたかたで、わたしたちの貧しさを恐れておられません。ですからそのかたのあわれみによって、わたしたちのみじめさを変えていただきましょう。

　これが、ひとりの男の子がわたしたちのためにお生まれになった、そうことばにする意味です。ですがほかにもまだ別の〝ために〟があります。天使が羊飼いに伝えたことです。「布にくるまって飼い葉桶の中に寝ている乳飲み子……、これがあなたがたへのしるしである」（ルカ2・12）。このしるし、飼い葉桶の中に寝ている乳飲み子は、わたしたちのためのしるし、人生を導くためのしるしでもあります。ベツレヘムは「パンの家」という意味ですが、その場所で神は飼い葉桶に寝かされています。それはまるで、わたしたちは生きるために、そのかたをパンとして食べる必要があることを思い出させようとしているかのようです。わたしたちは、そのかたの無償の、飽くことのない、具体的な愛にわが身を通過してもらう必要があります。それなのに、娯楽や成功や世俗のことを必死に求め、満足は得られずむなしいままにされるものに人生を費やすことを、幾度繰り返すことでしょう。主なる神は、預言者イザヤの口を用いて嘆きを語ります。牛もろばも飼い葉桶を知っているのに、神の民であるわたしたちは、自分のいのちの源である神を見分けない（イザヤ1・2―3参照）と。本当のことです。飽くことを知らない所有欲で、いくつもの空の飼い葉桶に首を突っ込み、ベツレヘムの飼い葉桶を忘れているのです。あの、すべてにおいてみすぼらしくも愛においては豊かな飼い葉桶は、いのちの糧とは、神からの愛に身をゆだねることであり、そして他者を愛することだと教えます。イエスは実例を示しています。つまり、神のことばであるかたは乳飲み子で、話すことはできずとも、いのちを与えているのです。わたしたちはといえば、ことば数が多くとも、善については無知であるばかりです。

　ひとりの男の子がわたしたちに与えられた――。乳飲み子がいるかたは、どれほどの愛と忍耐が求められるかを知っています。乳をやり、面倒を見て、きれいにしてやり、弱い部分を世話して欲求にこたえ――しかも大抵は訳が分からないで――なければなりません。神が幼子に生まれたのは、他者を世話するようわたしたちを促すためです。幼子の柔らかな泣き声は、わたしたちの多くのわがままがどれほど無用かを、それなのにどれだけわがままでいるのかを、悟らせてくれます。幼子の無防備で無邪気なかわいらしさは、自分の時間を自分をあわれむためではなく、苦しむ人の涙をふくために用いることに、気づかせてくれます。神は、貧しく弱った姿でわたしたちのそばに住まわれ、わたしたちは貧しい人に仕えることで神を愛することになると教えてくれます。詩人が詠《よ》むように、この夜より、「神の住居はわたしの家と隣合わせ／その家具調度は――愛（God's residence is next to mine, his furniture is love）」（エミリ・ディキンソン、谷岡清男訳、『愛と孤独と――エミリ・ディキンソン詩集1』ニューカレントインターナショナル、一九八七年、三二八頁）となったのです。

ひとりの男の子がわたしたちに与えられた――。それはあなた、イエス、わたしを子としてくださる御子です。あなたは、そのままのわたしを愛してくださいます。わたしが望むわたしではなく、ありのままのわたしです。それをわたしは知っています。飼い葉桶の幼子のあなたを抱くことで、自分の人生を今再び抱きしめるのです。いのちのパンであるあなたをいただくことで、わたしもまた、このいのちを差し出そうと思うのです。わたしを救ってくださったあなたは、仕えることを教えてくれるのです。わたしを独り捨てておくことのないあなたは、あなたの兄弟姉妹を慰めるようわたしを助けてくださいます。今宵、彼らは皆わたしの兄弟姉妹となったことを、あなたは知っておられるからです。

十二月二十四日（木）の午後七時三十分から、サンピエトロ大聖堂で司式した主の降誕の夜半ミサでの説教。

イタリアでは、新型コロナウイルス感染症による一日あたりの死者が、第一波の三月末の九六九人を上回る過去最高の九九三人（十二月三日）となる第三波のただ中にあり、クリスマス前後の二十一日から二〇二一年一月六日までの間は州をまたぐ移動が禁止され、クリスマスとその翌日と元旦には、自宅のある自治体から出ることも禁止された。また、二十四日から二十七日、三十一日から一月三日、五日から六日には、生活に必須なものを扱うのではない店舗は閉鎖され、仕事か通院か緊急の用事以外の外出が禁じられた。これによりバチカンでのミサも、通常よりも参列者の人数を制限したものとなった。

降誕祭メッセージ（ローマと全世界へ）

愛する兄弟姉妹の皆さん、クリスマスおめでとうございます。

この祝いの日に、教会が預言者イザヤのことばをもって告げるメッセージを、皆さんにお届けしたいと思います。「ひとりのみどりごがわたしたちのために生まれた。ひとりの男の子がわたしたちに与えられた」（イザヤ9・5）。

ひとりのみどりごがお生まれになりました。誕生は、つねに希望の源です。開花するいのちであり、未来の約束です。しかも、この幼子、イエスは「わたしたちのために」お生まれになりました。境界も特権も排除もなく、「わたしたち」のためにです。ベツレヘムでおとめマリアからお生まれになった幼子は、すべての人のためにお生まれになったのです。このかたこそ、神が人類家族全体にお与えになった「御子」です。

幼子イエスのおかげで、わたしたち皆が、神に「父よ」、「お父さん」と呼びかけて、立ち帰ることができます。イエスは神の独り子であり、イエスよりほかに、御父を知る人はいません。イエスがこの世に来られたのは、まさに御父のみ顔をわたしたちに示すためです。ですから、この幼子のおかげで、わたしたちは皆が互いを兄弟姉妹と呼び合い、真に兄弟姉妹となれるのです。どの大陸にいようと、いかなる言語や文化の出身であろうと、独自のアイデンティティをもち、違いがあっても、それでも皆、兄弟姉妹です。

生態系の危機と深刻な経済的・社会的な格差が際立ち、新型コロナウイルス感染症のパンデミックによりそれがさらに悪化しているこの時代には、兄弟愛がこれまで以上に必要です。神はご自分の独り子イエスを遣わすことで、わたしたちに兄弟愛をもたらしてくださいます。それは、美辞麗句、抽象的な観念、移り変わる感情などで成る兄弟愛ではありません。それとは違います。実際の愛に根ざした兄弟愛です。自分とは異なる人と向き合い、相手の苦しみに共感し、自分の家族でもなく、民族や宗教が違っていても、歩み寄り、心を配ることができる愛に根ざした兄弟愛のことです。どんなに自分と違う相手でも、わたしの兄弟姉妹なのです。このことは、民族間、国家間の関係にも当てはまります。皆、兄弟姉妹です。

降誕祭には、この世に来てくださるかた、キリストの光を祝います。このかたが来られるのは、すべての人のためです。一部の人のためにではありません。今日、パンデミックのために闇と不安にまみれた今の時にも、幾筋もの希望の光が現れます。まるでワクチンが開発されたかのようにです。けれどもそうした光が照らされ、世界中に希望をもたらすには、それがすべての人に届かなければなりません。閉鎖的ナショナリズムのために、本来そうあるべき真の人間家族として生きることが妨げられるようではいけません。極端な個人主義というウイルスに冒され、他の兄弟姉妹の苦しみに無関心になるようでもいけません。他よりも己を優先して、愛のおきてや人類の健康よりも、市場の法則や開発特許法を優先するようではいけません。わたしは、すべてのかたに、政府首脳、企業、国際組織に対して、競争ではなく協力を促進させるよう、そしてすべての人のための解決を目指すよう求めます。すべての人のためのワクチンを、とくに、世界中のどの地域でも、もっとも脆弱《ぜいじゃく》な人ともっとも貧しい人にこそ、行き渡らせるべきワクチンです。もっとも脆弱な人、もっとも貧しい人が最優先です。

ベツレヘムの幼子がわたしたちを助けてくださいますように。そうしてわたしたちがとくに、もっとも脆弱な人、病者、パンデミックの経済的影響による失業者や苦境にある人、この状況下で家庭内暴力に遭っている女性、こうした人々のために、いつでも手を差し伸べられる者、寛大な者、連帯する者となれますように。

際限なく広がる難題を前に、防御壁を築くことはできません。わたしたちは皆、同じ一つの舟に乗っています。どの人も、わたしの兄弟です。一人ひとりに、神のみ顔が映し出されています。苦しむ人の中に、わたしに助けを求めておられる主を見ます。病者、貧しい人、仕事を失った人、社会の片隅に追いやられている人、移住者や難民の中に、すべての兄弟姉妹の中に、わたしは主を見ます。

みことばが幼子となるこの日、世界中の多くの子どもたちに、とりわけ、今なお紛争の犠牲となっているシリア、イラク、イエメンの子どもたちに目を向けましょう。彼らの顔が、善意の人の良心を動かし、それによって紛争の原因に対処し、平和な未来を築くために勇気をもって力が尽くされますように。

今こそ、中東地域と東地中海における緊張緩和の好機となりますように。

幼子イエスが、シリアの愛する人々の傷をいやしてくださいますように。十年もの間の紛争とその影響で困憊《こんぱい》しているうえに、このパンデミックによってさらに苦しんでいる人々です。イラクの人々に、また和平プロセスに携わるすべての人、なかでも、紛争後期から著しい被害を受けているヤジディ教信者を慰めてくださいますように。リビアに平和をもたらし、国内のあらゆる対立を終結させる交渉に、新たな局面をもたらしてくださいますように。

ご降誕が見届けられたその地に、ベツレヘムの幼子が兄弟愛のたまものを与えてくださいますように。イスラエルとパレスチナの人々が、正義にかなう永続的な平和に向けて信頼関係を取り戻し、直接の対話によって暴力を乗り越え、これまでの憎しみに終止符を打ち、兄弟愛のすばらしさを世界にあかしできますように。

聖夜の輝く星が、レバノンの人々の導きと励ましになりますように。そうして彼らが、今は困難に直面していても、国際機関に支えられ、希望を失わずにいられますように。平和の君がこの国の首脳陣を支え、一部の人の利益を優先せず、真摯に、誠実に、透明性をもって努力することで、レバノンが改革の道を進み、自由と平和的な共存に向けた使命を継続できますように。

いと高きかたの御子が、ナゴルノ・カラバフおよびウクライナ東部における停戦維持と、平和と和解の唯一の道である対話を促進する国際機関と関係諸国の取り組みを支えてくださいますように。

神の独り子が、深刻な人道危機に見舞われているブルキナファソ、マリ、ニジェールの人々の苦しみを和らげてくださいますように。その危機は、過激派や武力紛争だけでなく、パンデミックや他の自然災害からも引き起こされています。また、衝突によって大勢の人が避難を余儀なくされている、エチオピアにおける暴力行為を終わらせてくださいますように。国際テロの暴力の犠牲となった、モザンビーク北部のカーボデルガードの住人を慰めてくださいますように。南スーダン、ナイジェリア、カメルーンの指導者を、始まったばかりの兄弟愛と対話の歩みをさらに進められるよう励ましてくださいますように。

御父の永遠のみことばが、新型コロナウイルス感染拡大の著しいアメリカ大陸の希望の源となってくださいますように。汚職や麻薬取引によるその地の多くの苦しみは、コロナウイルスによってさらに深刻になっています。チリの社会的な緊張を和らげ、ベネズエラの人々の苦しみを終わらせてくださいますように。

天の王が、東南アジア、とくにフィリピンとベトナムで天災の犠牲となった、すべての人を守ってくださいますように。度重なる台風のために洪水が起き、人命が奪われ、その地に住む家族が壊滅的な被害を被ると同時に、環境と地域経済にも損害が生じています。

アジアを思うとき、ロヒンギャの人々のことを忘れるわけにはいきません。貧しい人の間に、貧しくお生まれになったイエスが、苦しみの最中の彼らに希望を与えてくださいますように。

親愛なる兄弟姉妹の皆さん。

「ひとりのみどりごがわたしたちのために生まれた」(イザヤ9・5)。わたしたちを救うために来られたのです。痛みと悪には最終決定権がないと告げておられます。暴力と不正義に屈服することは、降誕祭の喜びと希望を拒むということです。

この祝いの日に、わたしがとくに思いを抱いているのは、逆境に屈することなく、かえって、苦しむ人を助け、孤独な人に寄り添うことで、希望と慰めと助けを届けるべく尽力している人々です。

イエスは馬小屋で生まれましたが、おとめマリアと聖ヨセフの愛に包まれました。肉あるものとしてお生まれになることで、神のみ子は、家族の愛を聖なるものとしてくださいました。わたしは今、家庭のことを思います。今日、集うことがかなわない家族、家にとどまらざるをえない家族のことを思います。すべての人にとってこの降誕祭が、いのちと信仰のゆりかごである家庭を、心地よい愛の場、対話の場、ゆるしの場、兄弟愛に根ざした連帯の場、分かち合う喜びの場、全人類の平和の源として、あらためて尊ぶ機会となりますように。

皆さん、クリスマスおめでとうございます。

主の降誕の祭日の十二月二十五日（金）正午に、バチカン宮殿内の祝福の間で、動画配信にて発表した降誕祭のメッセージ（原文イタリア語）。

聖家族

愛する兄弟姉妹の皆さん、こんにちは。

降誕祭から数日が経ち、典礼はイエス、マリア、ヨセフの聖家族に目を向けるようわたしたちを招きます。神の御子が、ほかの子どもと同じように家族のぬくもりを必要としておられたという考えはすてきです。ナザレの聖家族は、まさにイエスの家族であるがゆえに、家庭の模範です。世界中のすべての家庭が、聖家族に自らの確かな基準と信頼の導きを見いだすはずです。神の御子は、ナザレで聖霊の働きによっておとめマリアの胎《たい》に宿られたとき、人間としてのいのちの春を芽吹かせました。イエスは、マリアの母としての心配りと、ヨセフ——このかたを通して、イエスは神のいつくしみを見ることができたのです（使徒的書簡『父の心で』2参照）——の世話に包まれた、だれをも温かく迎えるナザレの家の中で、喜びのうちに幼年期を過ごされました。

わたしたちは、聖家族に倣うことで、家庭がもっている教育的価値を再認識するよう呼びかけられています。家庭は、希望の地平を開くことできずなを取り戻させてくれる、愛に根ざすよう求められています。家庭では、そこが祈りの家であるならば、愛情が真摯で深く純粋であるならば、ゆるしが不和に勝るならば、いたわり合いと神のみ心に心から従順であることで日常生活での苦労が和らげられるならば、本当の交わりを味わうことができます。このように家庭は、喜んで与えることのできるすべての人に神が与えてくださる、喜びへと開かれているのです。また家庭では、外側へと、他の人々へと、兄弟姉妹への奉仕へと、より新しくよりよい世界構築のための協働へと開かれる心の力を得ることで、前向きな刺激を与える存在となれるのです。家庭は、生き方の模範をもって、福音を伝えるのです。もちろん、どの家庭にも問題はあり、けんかになることもあります。「神父様、口げんかをしてしまいました……」。わたしたちは人間です。弱い者です。だれしも、家庭内でもめることはあります。ここで一つ、いわせてください。家族でもめたとしても、その日のうちに仲直りしてください。「そうなんです。言い争いをしてしまって」。それでも、その日のうちに仲直りしてください。なぜだか分かりますか。明くる日まで続く冷戦は、とても危険だからです。何にもなりません。ですから、家庭には三つのことば、つねに忘れてはいけない三つのことばがあります。「いいですか」、「ありがとう」、「ごめんなさい」です。相手の生活に図々しく立ち入らないよう「いいですか」というのです。「いいですか――、こうしてもいいかな。わたしはこうしたいのだけれど、差し支えないですか」と。「いいですか」。どんな場合にも、図々しく振る舞ってはなりません。「いいですか」、これがまず最初のことばです。次は「ありがとう」です。家庭内にはたくさんの支え合い、助け合いがあります。いつも感謝してください。感謝は崇高な魂の血脈です。「ありがとう」。そしてもっともことばにしにくいもの、「ごめんなさい」です。わたしたちは必ずひどいことをしてしまい、それによってだれかが傷つくことは少なくないからです。「ごめんなさい」。「ごめんなさい」。三つのことばをどうか忘れないでください。「いいですか」、「ありがとう」、「ごめんなさい」です。家族の間に、家庭環境の中に、この三つのことばがあるなら、その家族はうまくいきます。

　使徒的勧告『愛のよろこび』の中で強く説かれているように、家庭を通して福音を伝える手本となるよう、今日のこの祝日は呼びかけ、夫婦と家族の愛をあらためて示しています。この勧告は来る三月十九日に公布五周年を迎えます。その日から、『愛のよろこび』について考える特別年が始まります。この年は、その内容について深める機会となるでしょう（期間は、二〇二一年三月十九日―二〇二二年六月）。

　その考察は、教会共同体と家庭が歩みをともにするために役立つでしょう。今のところ皆さんには、この特別年に企画される取り組みや、信徒・家庭・いのちの部署がコーディネイトする取り組みに参加してくださるようお願いします。世界中の家族とともに歩むこの道のりを、ナザレの聖家族に、とりわけ、勤勉な夫であり父である聖ヨセフにゆだねましょう。

これからささげるお告げの祈りが向かうかた、おとめマリアの助けによって、世界中の家族に、聖家族の福音的な模範にますます魅了されますように。そうして彼らが、新たな人類のための、そして具体的で普遍的な連帯のための、パン種となれますように。

聖家族の祝日の十二月二十七日（日）正午に、教皇公邸書斎内からの動画配信にて行った「お告げの祈り」で、祈りの前に述べたことば（原文イタリア語）。

「お告げの祈り」の後、イタリア語で次のように呼びかけた。

「愛する兄弟姉妹の皆さん。

メディアを通してこのお告げの祈りを視聴しておられる皆さん、ご家族、グループや個々の信者の皆さんに、ごあいさつ申し上げます。とりわけ、パンデミックの影響で肉親を亡くされたかたや、苦しんでおられるご家族のことを思います。また、医師、看護師、あらゆる保健医療従事者のかたがたのことも思っています。感染拡大の最前線で必死に奮闘してくださることで、家庭生活に大きな結果がもたらされています。

今日、わたしはすべての家庭を主にゆだねます。とくに、困窮した生活によって、また無理解や分断の傷によって、苦しんでいる家庭をゆだねます。ベツレヘムにお生まれになった主が、よい道を一致して歩んでいくための冷静さと力を、すべての人に与えてくださいますように。

また、家族が一つに結ばれて暮らすうえで、とても役に立つあの三つのことばを忘れないでください。図々しくしないよう、相手に敬意を払って「いいですか」――、家庭で互いに感謝し合う「ありがとう」――、そしてひどいことをしたときには「ごめんなさい」――と。そしてこの「ごめんなさい」を、けんかをしたらその日のうちに伝えてください。その日のうちに仲直りしてください」。

付録

使徒的書簡 聖書への思い

――聖ヒエロニモ没後一六〇〇年記念

FRANCISCI PP.
SUMMI PONTIFICIS

EPISTULA APOSTOLICA

SCRIPTURAE SACRAE AFFECTUS

XVI SAECULIS ELAPSIS AB OBITU SANCTI HIERONYMI

聖書への思い、書きつけられた神のことばへの熱く甘美な愛――これは聖ヒエロニモが、その生涯と著作を通して教会に残した遺産です。この聖人の典礼上の記念日から引用されたこの表現[1]は、没後一六〇〇年に、教会史における傑出したこの人物と、彼のキリストへの深い愛を理解するうえで欠かせない、鍵となる解釈を示しています。この愛は、いくつもの支流をもつ大河のように、彼のさまざまな著作の中に注がれています。聖書に精通し情熱的に平易な説明を行う、不屈の研究者、翻訳者、釈義学者として、聖書テキストの流麗な解説者として、キリスト教の真理の熱烈で時に激烈な擁護者として、厳格で芯《しん》の強い隠修者として、また寛大さと優しさを備えた優れた霊的指導者としての著作です。一六〇〇年を経た今日、二十一世紀のキリスト者にとってもなお、その姿は色あせることなく現代的意義を有しています。

はじめに

四二〇年九月三十日、ヒエロニモは、ベツレヘムのご生誕の洞窟の近くに自らが設立した共同体で、地上での生涯に幕を下ろしました。そうして彼は、聖書を通してたえず求め見いだしてきた主に自身をゆだねたのです。それは、三七五年の四旬節のころ、熱にうなされて見た幻の中ですでに出会っていた、厳しい裁き手の姿をしておられるかたでした。その人生の決定的転機、回心と展望の転換となったその出来事で彼は、自分が判事の前に引き渡されるのを見ました。「身分を問われて、わたしはキリスト教徒だと答えました。ところがその座におられるかたは「あなたは嘘をついている。あなたはキケロの徒ではあるが、キリスト教徒ではない[2]」とことばを継ぎました。確かにヒエロニモは、若いころからラテン語古典の佳麗な美に心酔しており、それと比べると当時の聖書の文体は、彼の洗練された文学嗜好《しこう》にしてみれば粗削《あらけず》りで文法的誤りが多く、きわめて不快に感じていたのです。

人生に起きたこの事件を機に、ヒエロニモはキリストとみことばにすべてをささげる決意をし、翻訳者および注解者としての精力的な作業を通して、ほかの人を神のことばにさらに近づけることに人生をささげるようになりました。この出来事は、彼の人生に新たな、そしてより決定的な方向性を与えています。神のことばの奉仕者となり、「聖書の肉」に恋する者となったのです。こうして、彼の生涯を特徴づける不断の研究において、青年期の学問とローマでの養成の成果を生かし、その学識を神と教会共同体へのより深い奉仕のために用いることにしたのです。

それによって聖ヒエロニモは、教父黄金期とされる古代教会の偉人の一人となり、東方教会と西方教会の真の架け橋となりました。アクイレイアのルフィヌス（三四五頃―四一〇／四一一年）の若き日の友であり、アンブロジオ（三四〇頃―三九七年）と面識を得、アウグスティヌス（三五四―四三〇年）と親しく手紙を交わしました。東方においては、ナジアンゾスのグレゴリオ（三二九頃―三八九年）、盲人ディディモス（三一三頃―三九八年）、サラミスのエピファニウス（三一〇頃―四〇三年）らと知己を得ています。キリスト教の図像学は伝統的に、アウグスティヌス、アンブロジオ、大グレゴリオらとともに、西方教会の四大博士として彼を崇敬しています。

わたしの前任者たちは、これまで折に触れ、この人物を思い出してもらうよう努めてきました。百年前の没後一五〇〇年には、ベネディクト十五世が自身の回勅『スピリトゥス・パラクリトゥス（一九二〇年九月十五日）』をヒエロニモにささげ、「聖書解釈の最高博士（doctor maximus explanandis Scripturis）[3]」の称号を世に示しました。最近ではベネディクト十六世が、ヒエロニモの人となりと著作について、二回の講話で紹介しています。[4] このたびの帰天一六〇〇年に、わたしも聖ヒエロニモを追悼し、その聖書への深い愛情から生まれたメッセージと教えの現代的意義を、今一度お伝えしたいと思います。

その意味でヒエロニモは、確かな導き手であり権威あるあかし人として、神のことばをテーマとした世界代表司教会議《シノドス》第十二回通常総会、[5] ならびに、前任者ベネディクト十六世がまさにこの聖人の祝日である二〇一〇年九月三十日に公布した使徒的勧告『主のことば』[6] との、理想的なつながりのうちにあるといえるでしょう。

ローマからベツレヘムへ

聖ヒエロニモの人生は、欧州と東洋を結ぶローマ帝国の道に沿うものでした。三四五年に、ダルマチアとパンノニアの国境、現在でいえばクロアチアかスロベニアの領にあるストリドンで生まれ、キリスト教徒の家庭で行き届いた教育を受けました。当時の慣習で、洗礼を受けたのは成人後で、三五八年から三六四年の間にローマで修辞学を学んでいたころです。まさにこのローマ時代に、ヒエロニモはラテン語古典を貪るように読み、当代きっての優れた修辞学の教師たちのもとで学びました。

学業を修めると、ガリアまでの長旅に出、現在のドイツにある帝都トリアにたどり着きます。その地でヒエロニモは、聖アタナシオ（二九六―二九八年）の広めた東方の隠修生活に初めて接することになります。そうして自身の深い望みを見極めるとアクイレイアに向かい、そこで親しい友数名と「祝福された人々の聖歌隊[7]」に加わることで、共同生活の時代を迎えました。

三七四年ころ、アンティオキアを経てカルキスの砂漠で隠修者となる決意をします。より徹底して、聖書の言語の勉学に存分に時間を割く――最初はギリシア語、次いでヘブライ語――ことのできる禁欲生活を送るためでした。彼はキリスト教への改宗者のユダヤ人兄弟に師事し、この人の導きによって、さらなるヘブライ語と、「シュッと音を立てたりハッと息を吐いたりする[8]」と表現した音についての知識を得ます。

砂漠――隠遁生活を伴うそれは、そのもっとも深い意味においてヒエロニモが選び、身を置いたところです。実存における根幹的選択の場、神と親密になり出会う場であり、そこでの観想、内的試練、霊的闘いを通して、自分自身と他者の限界を深く知ることで、涙の重さを悟り、もろさの知恵を得る[9]のです。そうして彼は砂漠で、神の存在が具体的であること、人間の神との欠くことのできないかかわり、神のあわれみ深い慰めを痛感するのです。これについてわたしは、聖書外典の逸話を好んで思い出します。ヒエロニモは主に尋ねます。「わたしに何を望んでおられますか」。主は「お前はまだわたしにすべてを与えていない」と答えます。「しかし主よ、あなたには、これも、これも、これも差し出し……」。「一つ欠けているものがある」。「何でしょうか」。「お前の過ちをわたしに差し出しなさい。なおもそれをゆるす喜びを、わたしは得られるではないか[10]」。

再びアンティオキアに戻り、そこでパウリノ司教（三五四頃―四三一年）によって司祭に叙階され、その後コンスタンチノープルに三七九年ころ移ります。ナジアンゾスのグレゴリオと親交をもつようになったのはその地においてであり、ヒエロニモはそこで研究を続け、ギリシア語で書かれた重要な著作（オリゲネスの説教集やエウセビウスの『年代記』など）のラテン語への翻訳に専心し、三八一年に当地で開かれた公会議の雰囲気を味わいます。この間、彼の情熱と惜しまぬ心がはっきりと示されたのは、学問に対してでした。恵まれた落ち着きのなさがあったから、研究へと導かれ、飽くなき情熱をもって取り組むことができたのです。「幾度となく絶望し、何度も心が折れましたが、それでもまた、学びたいという固い意志によって戻ることができました」。研究のそうした「苦い種」があったがゆえに、「美味なる果実[11]」を得られたのです。

三八二年にヒエロニモはローマに戻り、その優れた才能を認めて側近とした教皇ダマソ（在位三六六―三八四年）に仕えます。この地で精力的に次々と仕事をこなすものの、ヒエロニモは霊的な面を忘れはしませんでした。アウェンティヌスでは、マルケラ（三二五頃―四一〇年）やパウラ（三四七―四〇四年）とその娘のエウストキウム（三六八頃―四一八／九年）など、福音主義的な生き方を厳格に選ぶ熱心なローマ貴族の女性の支援で、聖書の読書会や論究を軸としたサークルを開いています。ヒエロニモはそこで、釈義学者、教師、霊的指導者を務めます。このころ、既存のラテン語訳福音書の改訂、またおそらく福音書以外の新約聖書の改訂にも取り掛かります。オリゲネス（一八五―二五四年頃）の説教や聖書注解書の翻訳などの作業も続け、手紙のやり取りを熱心に行い、異端者を公然と論駁《ろんばく》し、時に厳しく過激なことばを用いることもありましたが、それはつねに、まことの信仰と聖書の遺産を守りたいという思いに真摯に突き動かされてのことでした。

　この充実の日々は、教皇ダマソの死によって断たれます。ローマを離れることを余儀なくされ、霊的研鑽《けんさん》と聖書研究の継続を強く望んで彼に従った友人や女性たちと連れ立ってエジプトへと向かい、そこで、偉大な神学者である盲目のディデュモスと出会います。その後パレスチナに渡り、三八六年、ようやくベツレヘムに定住します。彼は文献研究を再開し、それら著作の舞台となった現場に腰を据えたのです。

　聖地を大切にしていたことは、三八六年から死ぬまでパレスチナに住むと決めたことからだけでなく、巡礼者への奉仕からも伝わってきます。自身にとって特別な場所であったそのベツレヘムのご降誕の洞窟そばに、ヒエロニモは二つの「双生の」男女修道院と、それに併設する聖地巡礼者を受け入れる救護院を創設しました。救いの歴史の舞台を見、それに触れようと、その地を訪れる人々を迎え入れる寛大さを示すことで、文化的探求と霊的探求を一つに結んだのです[12]。

　ヒエロニモは聖書に耳を傾け、聖書において自分自身と、神のみ顔と、兄弟姉妹の顔と出会い、共同体生活に対する特別な思いをつのらせるようになります。そうして、アクイレイア時代同様に、友人たちとの共同生活、共住修道院の設立を望みます。修道院を、「すべての人の中でいちばんよい者となるために、すべての人より劣った者だと自省し」、貧しさを喜び、その固有の生き方をもって教える人間形成を行う「訓練場《パラエストラ》」とし、修道生活をする修道者の理想を追求したのです。「真理は暗い隅を好まず、不平をいう者を求めない」ことを知り、謙遜、忍耐、沈黙、従順を学ぶために、「一人の上長の統治のもと、多くの仲間とともに[13]」生きるのは、まさに人間形成になると考えているのです。彼はまた、「修道院の僧房を追求するようになり、かつかの蟻たちの配慮にあこがれるようになった。公益のために労することが行われ、何一つ各自の持ち物でなかったので、すべてのものがすべての者に属している、そのような所へのあこがれである[14]」とも打ち明けています。

ヒエロニモにとって研究は、それ自体を刹那に楽しむものではなく、霊的生活の鍛錬であり、神に近づくための手段でした。ですから彼の行う古典による養成は、教会共同体への、いっそう深い奉仕となります。教皇ダマソへの支援、アヴェンティーノの最初のサークルのときから熱心だった女性教育、とくにヘブライ語教育――パウラとエウストキウムを「翻訳者間の論争[15]」に引き込んだこと、そして当時としては前代未聞の、原語で詩編を読み歌えるよう[16]彼女たちを導いたこと――が思い起こされます。

ヒエロニモのように教養をもつことは、他の人のためであり、すべての福音宣教者に求められることです。友人ネポティアヌス（三九六年没）に対して力説しているとおりです。「司祭のことばには、聖書を読むことによって帯びるようになった味わいがなければなりません。あなたには、雄弁家やことば数の多い詭弁家にではなく、聖なる教え（mysterii）を理解し、あなたの神の教え（sacramentorum）を深く知る者となっていただきたいのです。ことばを弄《ろう》して未熟な民の称賛を集めるのは、教養のない者の典型です。恥知らずは大抵、知りもしないことを説いては、他人を説得できるというだけで、優れた専門家ぶるのです[17]」。

ヒエロニモは四二〇年に亡くなるまで、ベツレヘムで、人生でもっとも生産的で充実した時を過ごしました。聖書研究に没頭し、旧約聖書全体をヘブライ語原典から翻訳するという金字塔を打ち立てたのです。その間、預言書、詩編、パウロの書簡の注解書や、聖書研究のための補助資料を著しています。著作に注がれた尊い仕事は、原稿の複写や照合から、考察や議論に至るまでの、論戦や共同作業の実りです。「わたしはこれまで聖なる巻物に関して自分を信じたことなど決してなかったし、……自分がそれについて知っていると思っていたことですらいつも質問したし、ましてや不確かなことについてならなおさらそうであった[18]」。そのため、自らの限界を自覚しつつも、聖書の翻訳が「〔旧約の〕書物が書かれたときと同じ霊によって[19]」なし遂げられるように執り成しの祈りをもって支え続けてほしいと求めていましたし、また、「学術研究を究めようとする人が資料を活用できるよう[20]」、オリゲネスなど注解作業に欠かせない著述家の翻訳も怠りませんでした。

ヒエロニモの研究は、共同体の中で、また共同体のために、得られた成果であることは明らかです。それはわたしたちにとって、現代にとって、多様な文化的諸相をもつ教会組織にとって、シノダリティ（ともに歩むこと）の模範となるもので、これによって教会組織はつねに「知恵が奉仕に変わる場となるのです。協力によって生み出され、協働へと導かれる知恵が欠けては、真に、完全に、人間的な発展はないからです[21]」。そのような交わりの基盤は聖書であり、聖書は独断で読むことはできないものです。「聖書は神の民によって、神の民のために、聖霊の霊感によって書かれました。この神の民との交わりにおいて初めてわたしたちは、この「わたしたち」とともに、真の意味で神ご自身がわたしたちにいおうとしておられる真理の核心に達することができます[22]」。

　神のことばに養われて力強く歩んだ人生経験から、ヒエロニモは中身の濃い書簡を通して、霊的指導者となります。「師匠なしに身に着く技能はない」という確信をもって、旅路の同伴者となるのです。隠修士ルスティクム（四六一年頃没）への手紙につづったとおりです。「分かっていただきたいのですが、難破も幾度か経験した船乗りが、経験の浅い船乗りを指導するように、わたしはあなたの手を引いているのです[23]」。その穏やかな世界の片隅から、四一〇年にローマ略奪が起きた激動の時代に、人間に関することを追い続けます。ローマ略奪は、ヒエロニモにも大きな衝撃を与えました。

　彼は、教義上の論戦――つねに正しい信仰の擁護に回ります――を書簡に託すことで、自身が人とのつながりを重んじる者であることを明らかにしています。激しくもありますが、優しさも持ち合わせ、「愛には値がつかない[24]」の実践として、甘やかすことなく、人としっかり向き合ったのです。彼はそのように、自らの愛の感情を激しくかつ実直に生きています。そのことは、ヒエロニムスが生き、働いてきた状況にもかかわるもので、翻訳や注解の仕事を友情のあかし（munus amicitiae）として差し出していることからも明らかです。それはまず、友人たち、文通の相手、著作を献じる相手、批判的視点でなく友のまなざしで読んでほしいと願う人への贈り物ですが、それだけでなく、同時代の、また時代を超えた読者への贈り物でもあるのです[25]。

晩年の数年間は、聖書を独り、あるいは共同体で、祈りをもって読み、思索し、著述によって兄弟に仕えることに費やされました。そのすべてをベツレヘム、みことばであるかたが一人のおとめからお生まれになった洞窟の近くで行っていました。「キリストの十字架、復活、生誕と昇天の地、それを内奥に抱く者は幸せ。心にベツレヘムを抱き、その心の中にキリストが日々お生まれになる者は幸せ[26]」だと自覚していたのです。

ヒエロニモの肖像にある、知恵の鍵

聖ヒエロニモの人となりをよく理解するには、信者として彼が有していた二つの特徴的なものを結び合わせなければなりません。一方は、十字架上のキリストへの愛ゆえに（一コリント2・2、フィリピ3・8、10参照）、いかなる人間的満足をも退ける、神に対する絶対的かつ全面的な奉献です。他方は、主の神秘への理解をいっそう深めることを純粋に求める、学びに精励する取り組みです。聖ヒエロニモが見事に示した模範、それこそこの二つのあかしです。それは第一に、修道者にとっての模範です。禁欲と祈りの生活を送る者たちが、探求と思索の勤勉な徒となるべく自己をささげる励ましを受けるからです。次に、研究者にとっても模範です。彼らは、知識が神への愛のみに基盤をもち、いかなる人間的な野心やこの世的な願望からも解かれて初めて、宗教において価値あるものとなることを覚えるべき人だからです。

こうした面は、聖ヒエロニモの姿を繰り返し描いてきた芸術の分野にも受容されています。西洋絵画の巨匠による、いくつもの作品が残されています。図像学上のさまざまな類型は、二つの際立った特徴に沿って整理できます。一つ目はまず、修道僧や悔悛者の姿です。断食の跡が刻まれた肉体で、砂漠にこもり、ひざまずき、あるいは地面にひれ伏して、多くは、胸を打つため右手に石を握り締め、十字架をじっと見つめています。バチカン美術館に所蔵されている、レオナルド・ダ・ヴィンチ（一四五二―一五一九年）の感動的な傑作はその典型です。ヒエロニモを描くもう一つの表現は、学者として示すことです。机に向かい、書籍や羊皮紙に取り囲まれて、聖書の翻訳や注解に集中し、思索と執筆によって信仰を守る使命を負う者です。後者の有名な例としては、アルブレヒト・デューラー（一四七一―一五二八年）が、そうした姿のヒエロニモを数点描いています。

ローマのボルゲーゼ美術館所蔵のカラヴァッジョ（一五七一―一六一〇年）の油絵には、上記の二つの側面が共存しています。赤い布を無造作に羽織った年老いた苦行僧を配置し、机上には地上の現実のむなしさを象徴する頭蓋骨が置かれていますが、と同時に、視線を書物に落としたまま、物書きの手がペンをインク壺に浸している学者としての姿も力強く描かれています。

アナロジカルなしかた――知恵の方法とでも呼ぶべきもの――をもって、ヒエロニモの伝記的道程にある二つの相貌を理解しなければなりません。真の「ベツレヘムのライオン」として口調が激しくなるのは、真理の、それに無条件に仕えるという覚悟をもっての探求ゆえでした。最初の著作である『テーベの隠修士聖パウルスの生』の中で述べられているように、ライオンは「唸《うな》り声を上げて咆哮《ほうこう》」するだけでなく、涙を流すこともできます[27]。このような理由から、彼という人物に二つの対照的な顔が現れてはいても、実際にはそれらは、聖霊がヒエロニモの内的調和を深めるために用いる要素なのです。

レオナルド・ダ・ヴィンチ「荒野の聖ヒエロニムス」
1482年頃、油彩、バチカン美術館

アルブレヒト・デューラー「書斎の聖ヒエロニムス」
1514年、銅版（エングレービング）、大英博物館

カラヴァッジョ「執筆する聖ヒエロニムス」
1505／1506 年頃、油彩、ボルゲーゼ美術館

聖書への愛

聖ヒエロニモの霊的相貌の特徴には、聖書を通して教会に伝えられた神のことばに対しての、情熱的な愛があることは間違いありません。教会博士、わけてもキリスト教の初期の時代の博士は皆、自身の教えを明白に聖書から引き出していましたが、ヒエロニモはそれをより体系的に、ある意味独特の方法で行いました。

近年の解釈者らは、聖書に物語的・詩的な豊かさを発見し、その表現力をまさしく称賛しています。対してヒエロニモはむしろ、キケロ風ラテン語のような洗練さに比べ、ヘブライ語の粗削《あらけず》りでほとんど原始的ともいえる特徴のままに表現された、聖書における神の啓示の控え目な性格を強調しています。ですから、彼が聖書に献身したのは、審美的嗜好からではなく、よく知られているとおり、聖書がヒエロニモを、キリストを知ることへと導いたからにほかならないのです。聖書を知らないことは、キリストを知らないことだからです[28]。

ヒエロニモは、学ばなければならないのは、注釈を必要とするのは、福音書や、使徒言行録や書簡に見られる使徒の伝承だけではないということ、なぜならキリストの真理とその豊かさに分け入るには、旧約聖書全体が不可欠だからということをわたしたちに教えます[29]。福音書の内容自体が、それを証明しています。このかたの神秘を解き明かすため、福音書はイエスを、モーセ、預言者、詩編作者にまでさかのぼる、師なるかただと語っています（ルカ4・16―21、24・27、44―47参照）。使徒言行録のペトロとパウロの説教もまた、寓意的にいえば、旧約の書に根を張っています。旧約聖書が欠ければ、神の独り子、救い主メシアの姿の十全な理解はかないません。旧約聖書を、ナザレのイエスという人物において成就された預言の、膨大な出典目録とみなすべきではありません。むしろ厳密にいえば、旧約聖書に予見された「姿」に照らして初めて、死と復活をもってなし遂げられたキリストの出来事の意味を完全に理解できるのです。それゆえ、信仰教育《カテケージス》や説話、また神学論文によって、旧約聖書による不可欠の貢献を再認識する必要があります。旧約聖書は、貴重な糧として読み、消化されるべきものです（エゼキエル3・1―11、黙示録10・8―11参照）[30]。

聖書に対するヒエロニモの徹底した献身は、古代預言者に重なる情熱的な表現形態に示されています。彼ら預言者から、この教会博士は、神のことがらに仕える激しい熱意を表するのに欠かせない鋭く衝撃的なことばに転じる、内に燃え盛る炎を引き出したのです（エレミヤ5・14、20・9、23・2、ミカ3・2、シラ48・1、マタイ3・11、ルカ12・49参照）。エリヤ、洗礼者ヨハネ、使徒パウロと同様に、嘘、偽善、誤った教義に対する憤りが、ヒエロニモの弁を挑戦的で一見辛辣《しんらつ》なものとしたのです。彼の著した挑戦的議論は、もっとも真正な預言者の伝統的な型の踏襲であり、焼き直しであると捉えれば、それをよく理解することができます。すなわちヒエロニモは、回心を促すために厳しい叱責を用いる、妥協のない真理の証言者を体現しているのです。言い回しや表現の激しさには、人に取り入るのではなく、霊魂のエネルギーすべてを注ぎ、ただひたすら主だけを喜ばせたいと願う（ガラテヤ1・10）しもべの勇気が見て取れます。

聖書の研究

聖ヒエロニモの聖書への情熱的な愛には、従順さが浸透しています。何よりもそれは、敬虔に耳を傾ける必要のあることばを通してご自分をお伝えになる神[31]への従順であり、それゆえの、教会内において、啓示されたメッセージを注解する生きた伝統を代表する人々に対する従順です。ただし「信仰による従順」（ローマ1・5）とは、周知のことがらを単に服従的に受容することではなく、逆に、主体的探求に精力的に励むことを要するものです。聖ヒエロニモは、信仰における兄弟姉妹に渡された「ゆだねられているもの」を、より適正に理解できるよう（一テモテ6・20、二テモテ1・14参照）支えるべく、全身全霊を尽くした忠実で勤勉なみことばの奉仕者だといえます。

霊感を得た著者による文書への理解が欠ければ、神のことばはそこから効力が削《そ》がれ（マタイ13・19参照）、神への愛は生まれません。

　さて、聖書の内容には、必ずしもすぐに親しめるわけではありません。イザヤ書にあるように（29・11）、「読む」ことができる人、つまり十分知的養成を経た人にとってさえ、聖書は難解で閉ざされていて、「封印されている」ように映ります。ですから、解き明かす鍵を示すために介入する、適格な証人が必要です。その鍵とは、封印を解いて巻物を開くことが可能で（黙示録5・1―10参照）、恵みが奇跡のように注がれるさまを明かしてくださる唯一のかた（ルカ4・17―21参照）、主キリストのことです。多くの人が、教会に通うキリスト者ですら、読んでも分からないと声を上げますが（イザヤ29・12参照）、それは読み書きができないからではなく、聖書の用語、表現法、古代文化の習慣に関する予備知識がないからです。だから聖書の文書が、見知らぬ文字や難解な言語で記されているかのように、解読不能なものとなるのです。

　それゆえ、解釈者という仲介が必要となります。預言的に記されていることがらの意味を理解することができない人のために、「奉仕する《ディアコニア》」機能を負う者のことです。思い浮かぶのは助祭フィリポの姿です。乏しい理解でイザヤ書の一節（53・7―8）を読んでいる、馬車上の宦官《かんがん》に会うよう主に導かれた人です。「読んでいることがお分かりになりますか」とフィリポが尋ねると、宦官は「手引きしてくれる人がなければ、どうして分かりましょう」（使徒言行録8・30―31）と答えます。[32]

ヒエロニモは、フィリポのように（使徒言行録8・35参照）読者一人ひとりをイエスの神秘へと導く意味においても、また、聖書を正しく豊かに理解するのに必要な釈義と文化についての手引きを責任をもって体系的に行う意味においても、わたしたちの導き手です。[33]神のことばが伝えられている言語の専門能力、写本の入念な分析と検証、詳細な考古学的調査、加えて解釈史に関する知識、つまりヒエロニモの時代に利用可能であった方法論的資源のすべてが、霊感を受けて書かれた聖書の正しい理解へと導くために、調和的かつ賢明に用いられているのです。

聖ヒエロニモの働きのこうした模範的な部分は、現代の教会にとっても非常に重要です。『啓示憲章』が教えるように、聖書が「神学の魂のようなもの」[34]であり、キリスト教の信仰行為の霊的な源であるならば、[35]聖書を解釈する行為には、特別な技術による補助が不可欠です。

そのために、聖書研究の高等機関（ローマの教皇庁立聖書研究所や、エルサレムの聖書考古学学院、フランシスコ会聖書研究所など）や教父学の研究機関（ローマのアウグスチノ教父学研究所）が寄与するのは当然のこと、各神学部も、学生が、テキスト解釈および聖書神学概要いずれの解説の力も習得するための聖書教育を、カリキュラムに組む努力が必要です。不運にも、多くの学生に聖書の豊かさが無視され軽んじられているのは、理解に必要な基礎が教授されていないからです。ですから、司祭やカテキスタを対象とした教会の学習科目を増やし、より適切に聖書の専門知識を深めることに加え、養成の対象をキリスト者全体にまで広げ、一人ひとりが聖書を開き、そこから知恵、希望、いのちの、尽きない実りを引き出せるよう促すべきです[36]。

ここで、わたしの前任者が使徒的勧告『主のことば』で述べたことを思い起こしたいと思います。「こうして、みことばの秘跡的性格を、聖別されたパンとぶどう酒の形態のもとでのキリストの現実の現存との類比によって理解することができます。……聖ヒエロニモは、わたしたちが聖体と神のことばにどのように近づくべきかについて、次のように述べます。「わたしたちは聖書を読んでいるのである。わたしにとって福音はキリストのからだである。わたしにとって聖書はキリストの教えである。キリストが『わたしの肉を食べ、その血を飲まなければ』（ヨハネ6・53）といわれるとき、たとえこのことばが（聖体の）神秘についていわれたものだといえるとしても、キリストのからだと血は真の意味で聖書のことばであり、神の教えである」[37]」。

残念なことに、キリスト教の多くの家庭には、律法の定め（申命記6・6参照）のとおりに、自信をもって子どもたちに主のことばと、その美と霊的力のすべてを、教えられる人がいないようです。そこでわたしは、神のことばの主日を制定して、[38]祈りをもって聖書を読み、神のことばに親しむことを奨励しようと考えたのです。[39]そうすることで、宗教心のその他もろもろの表出は、意味深く豊かになり、価値の序列を教え、信仰の頂点を成すもの、すなわちキリストの神秘への全面的服従へと向けられるようになるのです。

ヴルガタ版

ヒエロニモがなし遂げたギリシア語とヘブライ語研究の、「苦しい種蒔《ま》きがもたらす甘い実[40]」は、旧約聖書をヘブライ語の原語からラテン語に翻訳したことです。それまでのローマ帝国のキリスト者は、聖書全体をギリシア語でしか読むことができませんでした。新約聖書はギリシア語で書かれたものですが、既存の旧約聖書は、紀元前二世紀ころアレクサンドリアのユダヤ人共同体が編纂した全集版、いわゆるセプトゥアギンタ（七十人訳）でした。ただラテン語の読者にしてみれば、自分たちの言語で書かれた聖書の完全版は存在せず、ギリシア語からの部分的で不完全な翻訳が存在していただけでした。ヒエロニモと彼の仕事を引き継いだ弟子たちは、聖書全編の翻訳改訂と新たな訳出作業に着手する栄誉を得るのです。教皇ダマソの後押しでローマ滞在時から福音書と詩編の改訂を開始したヒエロニモは、その後ベツレヘムでの独房で、旧約聖書の全巻をヘブライ語から直接翻訳する作業を始めます。そしてこれは、その後何年も続く事業となったのです。

この翻訳作業を完成させるため、ヒエロニモはギリシア語とヘブライ語の知識、またしっかり修練されたラテン語力を駆使し、オリゲネスの『ヘクサプラ』をはじめ、精通する文献学の手法を活用しました。最終的なテキストは、ラテン語の優雅さを損なうことなく、当時一般的に使用されていた定型の表現を引き継ぎつつ、ヘブライ語の文体をより忠実に再現したものとなりました。結実したものは、西欧の文化史に残る真の記念碑であり、そこから神学言語の原型が形成されたのです。ヒエロニモの翻訳版には、当初は拒否反応もありましたが、すぐにそれは乗り越えられ、学者や一般のキリスト教徒の共通の遺産となったことから、ヴルガタと呼ばれるようになりました[41]。中世ヨーロッパは、ヒエロニモが翻訳した聖書から、読むこと、祈ること、理性的に論じることを学んだのです。こうして「聖書は、ある種「膨大な語彙集」（外交官、詩人ポール・クローデル、一八六八—一九五五年）、「図像学の図表集」（画家マルク・シャガール、一八八七—一九八五年）となり、キリスト教の文化や芸術はそこからくみ上げられて来たのです」[42]。文学、美術、さらには大衆のことばまでも、ヒエロニモによる聖書の版によってたえず形づくられてきており、わたしたちに美と信仰心の大切な宝を残してくれました。

　このまぎれもない事実に敬意を表し、トリエント公会議は教令 *Insuper* においてヴルガタの「真正」性を確定し、それによって数百年にわたる教会での使用実績を評価し、研究、説教、公的な議論のためのツールとしての価値を明言しました[43]。ただし公会議は、ヒエロニモが再三言及してきたように、原語の重要性を過小評価したり、ましてや、新たな包括的な翻訳事業を将来にわたって妨げようとしたりしたわけではありません。聖パウロ六世は、第二バチカン公会議の教父たちの委託を受け、ヴルガタの改訂作業を完成させ、全教会に役立てるよう望みました。その流れを受け聖ヨハネ・パウロ二世は、一九七九年に使徒憲章『スクリプトゥラールム・テザウルス』[44]において、「新《ノーバ》ヴルガタ」と呼ばれる規範版を公布したのです。

インカルチュレーションとしての翻訳

ヒエロニモは、その翻訳によって聖書をラテンの言語と文化に「文化内開花《インカルチュレーション》」することに成功し、この働きは、教会の宣教活動にとって恒久的なパラダイムとなったのです。事実、「ある共同体が救いの告知を受け入れると、聖霊は福音の造り変える力によって、その文化を豊かなものにし[45]」、一種の循環性が成立するようになります。ヒエロニモによる翻訳は、古典ラテン語の言語と文化によって送り出され、その痕跡がはっきり見て取れるのと同様、その言語表現と、シンボリックで描写力豊かな内容から、今度はそれが文化の創造のきっかけとなったのです。

　ヒエロニモの翻訳作業は、それぞれの文化の価値と肯定的表現が、教会全体の豊かさを表すことを教えてくれます。それぞれの新たな翻訳により、神のことばが告げられ、理解され、生きられる方法が多様になることで、聖書そのものが豊かになります。大グレゴリオの著名なことばを借りれば、聖書は読者とともに成長するもので[46]、何世紀もの間に新たなアクセントと新たな音色を獲得していくものだからです。聖書と福音がさまざまな文化の中に入り込んでいくことで、教会は「花嫁のように宝石で飾って」（イザヤ61・10）、ますます姿をはっきり現していくようになります。同時にそれは、現代のグローバルに世俗化された文化においても、聖書は、それぞれの文化や各世代がもつことば遣いやメンタリティの中に、たえず翻訳される必要があることを証言しているのです[47]。

　言語的ホスピタリティの行為ともいえる翻訳と、他の形態のホスピタリティとの間には、類似性が確認できることが、当然のこととして指摘されています[48]。このため、翻訳とは言語のみを検討するものではなく、実際には、人生の見方全般にかかわる、より広範な倫理的決定に等しい作業なのです。翻訳がなければ、異なる言語コミュニティは、相互にコミュニケーションを取ることはできず、互いに歴史の扉を閉ざしてしまい、出会いの文化を築く可能性を否定することになります[49]。翻訳がなければ、ホスピタリティは得られず、むしろ対立が深まることになります。翻訳者は、橋渡し役なのです。よその人のことばを知らずにいることで、また、際限のない愛のこの試みへ、すなわち翻訳へと、固い希望をもって専心せずにいることで、どれだけ多くの早とちりが、どれだけ多くの非難や衝突が生じたことでしょうか。

　ヒエロニモもまた、当時の支配的な思想と対決しなければなりませんでした。ローマ帝国の黎明《れいめい》期にはギリシア語の心得は比較的当たり前のものであったとしても、彼の時代にはそれはすでに稀有《けう》なことになりつつありました。ともかく、彼はギリシア語系キリスト教の言語と文学の大家となりますが、ヘブライ語の学究を始めると、さらに困難な道を孤独に歩むことになったのです。例のことばにあるように、「わたしの言語の限界は、わたしの世界の限界を意味する[50]」のであれば、聖ヒエロニモが複数言語に通じていたおかげで、わたしたちはキリスト教をより普遍的に理解し、またその源流になお深く浸ることができたといえるでしょう。

聖ヒエロニモの帰天日を祝うわたしたちのまなざしは、神のことばが三千以上もの言語に翻訳されているという事実に表れる、並外れた宣教のバイタリティに向けられています。多くの宣教者のおかげで、文法書、辞書、その他の言語の補助ツールを出版するという尊い事業が、人間らしいコミュニケーションの基礎となり、「すべての人に宣教の熱意を届ける[51]」ための手段となったのです。伝達の限界と、出会いの機会の喪失を克服させるために、こうした仕事を生かし、これに投じなければなりません。まだまだ多くのことをしなければなりません。翻訳の介在しない理解はありえない[52]といわれているように、わたしたちは翻訳なしには、自分自身もほかの人のことも理解できないのです。

ヒエロニモとペトロの座

ヒエロニモはつねに、ローマという都市と特別な関係にありました。ローマは彼が必ず戻る精神的な逃れ場であり、ローマにおいて古典研究者としての養成を受け、キリスト者としての修練を行っており、ホモ・ロマーノ（ローマ人）でした。このきずなは、非常に独特に、この都の言語であるラテン語から生じたものです。彼はこの言語の巨匠であり愛好家ですが、ラテン語はとりわけローマ教会に、なかでもペトロの座に結びついている言語です。時代考証からすれば誤ったものですが、図像学の伝統ではヒエロニモは枢機卿の緋色の衣をまとっており、教皇ダマソの側に仕えるローマの長老（presbyteros）の一員であることを示しています。翻訳の改訂に着手したのも、ローマでした。嫉妬や誤解を受けてローマを去った後も、彼はつねにペトロの座に強く結ばれたままでした。

ヒエロニモにとってローマ教会は、キリストの種が豊かに実る肥沃《ひよく》な土地です[53]。教会という一枚布の衣が、キリスト者の間の分裂によってたびたび引き裂かれた激動の時代に、ヒエロニモはペトロの座を確かな基準点として見ています。「キリストのほかだれの弟子でもないわたしは、ペトロの座との交わりに結ばれています。わたしはその岩の上に、教会が建っていることを知っています」。アリウス派との論争の最中には、教皇ダマソにあててつづっています。「あなたのもとに集まらない者は散り、キリストのもとにいない者は反キリストのもとにいるのです[54]」。そのため、彼はこうも述べています。「ペトロの座に結ばれている者は、わたしに結ばれています[55]」。

ヒエロニモは、信仰のゆえにしばしば激しい論争に巻き込まれました。彼の真理に対する愛と、キリストを弁護する熱い思いが、手紙や著作における過剰に激しいことばにつながったのだろうと思われます。それでも彼は、平和に向かって生きています。「わたしもまた、平和を望んでいます。願っているどころか、懇願しています。ただしわたしのいう平和は、キリストの平和、真の平和、わだかまりのない平和、確執のない平和、敵対者を黙らせる平和ではなく、皆が友情で結ばれる平和です[56]」。

現代世界はこれまで以上に、あわれみと交わりという薬を必要としています。もう一度いわせてください。魅力と光とを放つ、兄弟としての交わりをあかししなければなりません[57]。「互いに愛し合うならば、それによってあなたがたがわたしの弟子であることを、皆が知るようになる」（ヨハネ13・35）。イエスは熱心に祈りながら御父にこう求めました。「すべての人を一つに……わたしたちの内にいるようにしてください。そうすれば、世は、……信じるようになります」（ヨハネ17・21）。

ヒエロニモが愛したものを愛すること

この手紙の終わりに、すべての人にさらに訴えたいと思います。後世の人が聖ヒエロニモに寄せた数々の賛辞には、聖書という宝に始まり、キリスト教が時の流れの中で自らの糧に用いた「図書館」の、大の愛好家の一人であったというものがあります。ヒエロニモがネポティアヌスについて語ったことは、彼自身にも当てはまります。

「熱心な読書とつねなる黙想によって、彼は自身の心をキリストの図書館としました[58]」。ヒエロニモは、信仰の理解と霊的生活に不可欠な作業場と考えていた、自身の図書館を豊かにする努力を惜しみませんでした。これについて彼は、今なお稀有な模範であり続けています。けれどもそれだけではありません。彼にとって学びとは、養成期である若いころに限ったものではなく、継続的に取り組むものであり、人生において日々優先すべきことでした。つまり、自らが図書館となって、多くの人に知識を伝える者になったといえます。四世紀に修道生活の視察のために東方へと旅したポストゥミアヌスは、数か月間ヒエロニモと暮らしてその生活を目撃し、次のように語っています。「彼は始終読書に没頭し、書物に向かっています。昼も夜も休むことなく、いつも何かを読むか書くかしています[59]」。

　この点についてわたしはよく、今の若い人が、近所の書店に入ったり、あるいはインターネットのサイトを訪れたりして、宗教関連書のコーナーを探す様子を思い浮かべます。それは、あったとしても大抵は隅のほうにわずかで、中身のある本はほとんどありません。そうした棚やウェブページを見ても、宗教的探求がいかに思考と心とを結びつける胸躍る大冒険であるか、神への渇望がいかに世紀を超えて現代に至るまで偉大な思索を燃え上がらせてきたか、霊的生活の成熟が神学者や哲学者、芸術家や詩人、歴史家や科学者にいかに働いたか、若い人にはなかなか理解できないのではないでしょうか。今日問題とされることの一つは、単に宗教のことに限らず、基礎的な知識が不足しているということです。自身の文化的伝統の信頼ある通訳者、翻訳者となるための、解釈力が不足しているのです。だれよりも若い人たちに、わたしは格闘を挑みたいと思っています。あなたの遺産を探しに行きなさい。キリスト教はあなたたちを、文化遺産の並ぶもののない相続者としており、あなたたちはその所有権を受け取るべきです。この歴史に情熱をもってください。この歴史はあなたたちのものなのです。イエスのたとえに登場する、「高価な真珠」（マタイ13・46）を買うために持ち物をすべて売り払った人物のように、気のはやる若き日のヒエロニモに、あえて視線を向けてみてください。

　まさしくヒエロニモは、「キリストの図書館」です。一六〇〇年を経た今も、キリストの愛の意味を、みことばとの出会いと切り離せない愛を教えてくれる、永遠の図書館です。ですから今回の記念は、ヒエロニモが愛したものを愛し、彼の著作を見直し、その強靭な精神性に触れるようにとの呼びかけといえます。その精神性とは、本質においては、自らを明らかになさる神をより深く知りたいという、心せく、熱い願いだと表現できます。ヒエロニモが同時代の人たちにたえず与えていた助言に、現代のわたしたちが耳を傾けずにいられるでしょうか。「聖書を頻繁に開いて読みなさい。神聖な書を決して手から離さないように[60]」。

ヒエロニモがたたえた輝かしい模範はおとめマリアです。おとめであり母であるだけでなく、祈りをもって聖書を読む姿を示してくださるかたです。マリアは心を巡らすかたでした（ルカ2・19、51参照）。「このかたは聖なるかたであり聖書を読んでおられたので、預言者を知っており、天使ガブリエルがご自身に告げたことが、預言者の預言と同じであることに思い当たったのです。……幼いわが子を、飼い葉桶に横たわり声を上げる生まれたばかりの独り子を見つめ、それまで自分が読んだこと聞かされたことを顧みつつその子に重ね、その子は本当に神の子だと理解しておられたのです[61]」。倦《う》むことなくわたしたちの人生にご自分を現される神を、読み、黙想し、祈り、観想するしかたを、だれよりもふさわしく教えてくださる聖母にわたしたちをゆだねましょう。

教皇在位第八年、二〇二〇年九月三十日　聖ヒエロニモの記念日
ローマ、サン・ジョバンニ・イン・ラテラノ大聖堂にて

フランシスコ

注

（1）聖ヒエロニモの記念日の集会祈願“Deus qui beato Hieronymo presbitero suavem et vivum Scripturae Sacrae affectum tribuisti, da, ut populus tuus verbo tuo uberius alatur et in eo fontem vitae inveniet”（『ローマ・ミサ典礼書』二〇〇二年規範版）。

（2）聖ヒエロニモ「書簡二二」（*Epistula* 22,30: CSEL 54, 190〔荒井洋一訳、上智大学中世思想研究所編訳・監修、『中世思想原典集成4　初期ラテン教父』平凡社、一九九九年、七〇七頁参照〕）。

（3）教皇ベネディクト十五世使徒的書簡『スピリトゥス・パラクリトゥス（一九二〇年九月十五日）』（*Spiritus Paraclitus* : AAS 12 [1920], 385-423）。

（4）教皇ベネディクト十六世「一般謁見連続講話（二〇〇七年十一月七日）」、「同（二〇〇七年十一月十四日）」（*Insegnamenti*, III, 2 [2007], 553-556; 586-591〔邦訳は『教父』カトリック中央協議会、二〇〇九年収録〕）参照。

（5）世界代表司教会議《シノドス》「第十二回通常総会から神の民へのメッセージ（二〇〇八年十月二十四日）」。

（6）教皇ベネディクト十六世シノドス後の使徒的勧告『主のことば（二〇一〇年九月三十日）』（*Verbum Domini*: AAS 102 [2010], 681-787）参照。

（7）『司祭聖ヒエロニモ年譜』（*Chronicum* 374: PL 27, 697-698）。

（8）聖ヒエロニモ「書簡一二五」（*Epistula* 125,12: CSEL 56, 131［加藤哲平訳、『ヒエロニュムスの聖書翻訳』教文館、二〇一八年、三八頁］）。

（9）同「書簡一二二」（*Ibid.*, 122,3: CSEL 56, 63）参照。

（10）教皇フランシスコ「サンタマリア館での朝の黙想（二〇一五年十二月十日）」参照。逸話は、ベルギー人のトラピスト修道士アンドレ・ルーフの著作からのもの（A. Louf, *Sotto la guida dello Spirito*, Qiqajon, Magnano [BI] 1990, 154-155）。

（11）聖ヒエロニモ「書簡一二五」（*Epistula* 125,12: CSEL 56, 131）参照。

（12）教皇ベネディクト十六世シノドス後の使徒的勧告『主のことば（二〇一〇年九月三十日）』89（*Verbum Domini*: AAS 102 [2010], 761-762）参照。

（13）聖ヒエロニモ「書簡一二五」（*Epistula* 125,9.15.19: CSEL 56, 128.133-134.139）参照。

（14）聖ヒエロニモ『囚われの修道士マルクス伝』7・3（*Vita Malchi monachi captivi*: PL 23, 59-60［戸田聡訳、『砂漠にひきこもった人々——キリスト教聖人伝選集』教文館、二〇一六年、一八六—一八七頁］）。

（15）同「エステル記序文」2（*Praefatio in Librum Esther*: PL 28, 1505［加藤哲平訳、『ヒエロニュムスの聖書翻訳』教文館、二〇一八年、三〇八頁］）。

（16）同「書簡一〇八」（*Epistula* 108,26: CSEL 55, 131344-345）参照

（17）同「書簡五二」（*Ibid.* 52, 8: CSEL 54, 428-429）。ベネディクト十六世シノドス後の使徒的勧告『主のことば（二〇一〇年九月三十日）』60（*Verbum Domini*: AAS 102 [2010], 739）参照。

(18) 聖ヒエロニモ「歴代誌（七十人訳）序文」1・10—15（*Praefatio in Librum Paralipomenon LXX*: SCh 592, 340［加藤哲平訳、『ヒエロニュムスの聖書翻訳』教文館、二〇一八年、二六七—二六八頁参照］）。

(19) 同「五書序文」（*Praefatio in Pentateuchum*: PL 28, 184［同三〇七頁］）。

(20) 同「書簡八〇」（*Epistula* 80, 3: CSEL 55, 105）。

(21) 教皇フランシスコ「教皇庁立アカデミー第二十四回総会へのメッセージ（二〇一九年十二月四日）」（*L'Osservatore Romano*, 6 dicembre 2019, p. 8）。

(22) 教皇ベネディクト十六世シノドス後の使徒的勧告『主のことば（二〇一〇年九月三十日）』30（*Verbum Domini*: AAS 102 [2010], 709）。

(23) 聖ヒエロニモ「書簡一二五」（*Epistula* 125, 15.2: CSEL 56, 133.120）。

(24) 同「書簡三」（*Ibid.* 3, 6: CSEL 54, 18）。

(25) 同「ヨシュア記序文」1・9—12（*Praefatio in Librum Iosue*: SCh 592, 316［加藤哲平訳、『ヒエロニュムスの聖書翻訳』教文館、二〇一八年、三一〇—三一一頁］参照。

(26) 同「詩編95説教」（*Homilia in Psalmum*: PL 26, 1181）。

(27) 同『最初の隠修士パウルスの生』16・2（*Vita S. Pauli primi eremitae*: PL 23, 28［加藤信朗編訳、『中世思想原典集成4　初期ラテン教父』平凡社、一九九九年、六二六頁］）参照。

(28) 同「イザヤ書註解序文」（*In Isaiam Prologus*: PL 24, 17）参照。

(29) 第二バチカン公会議『神の啓示に関する教義憲章』14（*Dei verbum*）参照。

(30) 同参照。

(31) 同7参照。

(32) 聖ヒエロニモ「書簡五三」（*Epistula* 53, 5: CSEL 54, 451）参照。

(33) 第二バチカン公会議『神の啓示に関する教義憲章』12（*Dei verbum*）参照。

(34) 同24。

(35) 同25参照。

(36) 同21参照。

(37) 教皇ベネディクト十六世シノドス後の使徒的勧告『主のことば（二〇一〇年九月三十日）』56（*Verbum Domini*）。聖ヒエロニモ『詩編講解』（*Tractatus in Psalmos* 147: CCL 78, 337-338）参照。

(38) 教皇フランシスコ自発教令の形式による使徒的書簡『アペルイット・イリス（二〇一九年九月三十日）』（*Aperuit illis*）参照。

(39) 同使徒的勧告『福音の喜び（二〇一三年十一月二十四日）』152、175（*Evangelii Gaudium*: AAS 105 [2013], 1083-1084. 1093）参照。

(40) 聖ヒエロニモ「書簡五二」（*Epistula* 52, 3: CSEL 54, 417）参照。

(41) 教皇ベネディクト十六世シノドス後の使徒的勧告『主のことば（二〇一〇年九月三十日）』72（*Verbum Domini*: AAS 102 [2010], 746-747）参照。

(42) 聖ヨハネ・パウロ二世「芸術家への手紙（一九九九年四月四日）」5（AAS 91 [1999], 1159-

1160）。

（43）デンツィンガー／シェーンメッツァー『信経および定義集』1560（*Enchiridion Symbolorum*［浜寛五郎訳、『改訂版　カトリック教会文書資料集』エンデルレ書店、一九九二年、二七一頁］）参照。

（44）聖ヨハネ・パウロ二世使徒憲章『スクリプトゥラールム・テザウルス（一九七九年四月二十五日）』（*Scripturarum thesaurus*: AAS 71 [1979], 557-559）。

（45）教皇フランシスコ使徒的勧告『福音の喜び（二〇一三年十一月二十四日）』116（*Evangelii Gaudium*: AAS 105 [2013], 1068）。

（46）大聖グレゴリオ「エゼキエル書講話」（*Homiliae in Ezechielem* I, 7: PL 76, 843D）。

（47）教皇フランシスコ使徒的勧告『福音の喜び（二〇一三年十一月二十四日）』116（*Evangelii Gaudium*: AAS 105 [2013], 1068）参照。

（48）ポール・リクール『翻訳について』（*Sur la traduction*, Bayard, Paris 2004）参照。

（49）教皇フランシスコ使徒的勧告『福音の喜び（二〇一三年十一月二十四日）』24（*Evangelii Gaudium*: AAS 105 [2013], 1029-1030）参照。

（50）ヴィトゲンシュタイン『論理哲学論考』5・6（*Tractatus logico-philosophicus*［丘沢静也訳、『論理哲学論考』光文社、二〇一四年］）。

（51）教皇フランシスコ使徒的勧告『福音の喜び（二〇一三年十一月二十四日）』31（*Evangelii Gaudium*: AAS 105 [2013], 1033）。

（52）ジョージ・スタイナー『バベルの後に　言葉と翻訳の諸相』（*After Babel: Aspects of Language and Translation*, New York, 1975［亀山健吉訳、『バベルの後に　言葉と翻訳の諸相（上）』法政大学出版局、一九九九年、『同（下）』同、二〇〇九年］）参照。

（53）聖ヒエロニモ「書簡一五」（*Epistula* 15, 1: CSEL 54, 63）参照。

（54）同「書簡一五」（*Epistula* 15, 2: CSEL 54, 62-64）。

（55）同「書簡一六」（*Ibid.* 16, 2: CSEL 54, 69）。

（56）同「書簡八二」（*Ibid.* 82, 2: CSEL 55, 109）。

（57）教皇フランシスコ使徒的勧告『福音の喜び（二〇一三年十一月二十四日）』99（*Evangelii Gaudium*: AAS 105 [2013], 1061）参照。

（58）聖ヒエロニモ「書簡六〇」（*Epistula* 60, 10: CSEL 54, 561）。

（59）スルピチウス・セヴェルス『対話録』（*Dialogus* I, 9, 5: SCh 510, 136-138）。

（60）聖ヒエロニモ「書簡五二」（*Epistula* 52, 7: CSEL 54, 426）。

（61）同「主の降誕についての講話」（*Homilia de Nativitate Domini* IV: PL Suppl. 2, 191）。

略号

AAS　*Acta Apostolicae Sedis*

CCL　*Corpus Christianorum* (Series Latina)

CSEL *Corpus Scriptorum Ecclesiasticorum Latinorum*
FF *Fonti Francescane*
PG *Patrologia Graeca*
PL *Patrologia Latina*
SCh *Sources Chrétiennes*

あとがき

本書は、教皇フランシスコが在位八年目となる二〇二〇年中に行った講話のうち、カトリック中央協議会ウェブサイトに訳出・掲載されたものを中心に六二編をまとめたものに加え、聖ヒエロニモの没後一六〇〇年を記念する使徒的書簡 *Scripturae sacrae affectus* を新たに訳出して収録したものです。書籍化にあたり、ウェブサイト掲載訳は全面的に見直しています。

ここに収められた講話には、水曜日の一般謁見時でのテーマ別連続講話は含んでいません。二〇一九年五月から二〇二〇年一月までの「使徒言行録」、同一月から四月までの「真福八端」、同八月から九月までの「世をいやす」の講話は一冊にして後日刊行し、また、二〇二〇年五月から二〇二一年六月までの「祈り」の講話も、それに続いて発刊する予定です。

二〇二〇年は、一つの大きな出来事に全世界が包まれた特別な年でした。新型コロナウィルス感染症（Covid-19）のパンデミックです。教皇はこの危機を、回心と新たな生き方に舵《かじ》を切る機会とすべく、ことばと行動によって挑戦を続けました。また、数々の制約の中にあっても、教会の改革を進め、宣教の熱意を高める努力を続けてきました。

イタリアでの感染がピークを迎えた三月二十七日夕刻、無人のサンピエトロ広場を前に、聖体賛美式を伴う特別な祈りの式が執り行われました。雨に濡れ、寒く暗い夜に一人立つ姿は、この年の教皇の象徴的なイメージといえるでしょう。「自分独りで救われることはない」――、復活祭と降誕祭以外に行われることは前例のないウルビ・エト・オルビの荘厳な祝福をもって教皇は、荒波の舟の中にイエスがともにいてくださることを世界の民に伝えました。その際のメッセージは、パンデミック初期の八文書を集めた『パンデミック後の選択』（二〇二〇年七月刊行）に収録されています。なお、復活祭メッセージもそちらに収録したため、本書では割愛されています。

教皇の細やかな配慮は、迅速に行動へと移されます。ロックダウン期間中は、ミサの参加がかなわない信者への司牧的配慮から宿舎サンタマルタ館での朝ミサをライブ配信し、中国の武漢（最初に新型コロナウイルスが確認され、深刻な感染拡大の渦中にあった）や貧困国に、マスク、防護服、呼吸器を送り、バチカン市国の枢機卿と司教には、困窮者支援基金への寄付を求めます。教皇庁には、パンデミックとその余波に全省庁挙げて対処するタスクフォースの立ち上げを指示し、人間開発局のリーダーシップのもと、四月十五日にCovid-19委員会が設立されました。

就任以来続く教皇庁改革も前進しています。三月十六日、バチカン市国の司法制度に関しての一九八七年の法律に代わる、新たな法律が公布されました。過去二十年の経済、金融、刑事の分野での変化に対応したもので、判事に大きな独立性を与えた点がポイントです。五月には聖座およびバチカン市国の公的契約締結における透明性、管理、競争についての自発教令を、十二月には財務事務局の監督役割の強化を目指す自発教令を公布します。また十月二十二日には、二年前に中国との間で合意された司教の任命に関する暫定協定をさらに二年間更新することを決めました。

国内外の司牧訪問は、二月二十三日、地中海周辺十八か国の司教の会合「平和の最前線」の最終日にイタリア南部のバーリを訪問（二〇一八年以来の再訪）したほかは、すべてが中止または延期となりました。教皇の参加する大小さまざまな行事も、延期となるか、オンライン開催に変更されました。

パンデミック直前の二月二日、アマゾンの地域シノドス後の使徒的勧告『愛するアマゾン』（*Querida Amazonia*）を公布しました。先住民と環境の保護を局地的問題ではなく自分のこととする、宣教する教会の新たな創造的あり方に扉を開いたものです（邦訳二〇二一年二月刊行）。

五月、回勅『ラウダート・シ』（*Laudato si'*）公布五周年を記念した週間に続いて、二〇二一年五月二十四日までの一年間のラウダート・シ特別年が開始され、パンデミックによる制約の中でも工夫を凝らした啓発と実働のさまざまな取り組みが行われています。十二月に行われたオンラインサミットで教皇は、バチカン市国の温室効果ガスの排出量を実質ゼロにすることを誓約しています。

十月三日には、三番目の回勅『兄弟の皆さん』（*Fratelli tutti*）を公布しました（邦訳二〇二一年九月刊行）。前年二月にＵＡＥを訪問し、イスラム教のアル＝アズハルのグランド・イマーム、アフマド・アル・タイーブ師と共同で署名した「世界平和と共生のための人類の兄弟愛」に着想を得た社会回勅です。コロナ第二波が迫る中、私的訪問の形式で訪れたアッシジで署名はなされました。

その二か月後には、英国ジャーナリストとの共著、*Let us Dream : The Path to a Better Future*（邦訳は早野依子訳、『教皇フランシスコ　コロナの世界を生きる』ＰＨＰ研究所、二〇二一年）が出版されました。わたしたちの対応次第で人類は以前よりもよくなってコロナ禍から立ち上がれるのだと説くとともに、二〇二三年の世界代表司教会議《シノドス》のテーマである「シノダリティ（ともに歩む）」が、教会のみならず、意見の相違で硬直化する人々にとって益となることを指摘しています。

十二月八日、聖ヨセフを教会の保護者とする宣言『クエマドモドゥム・デウス』の一五〇年記念にあたって、使徒的書簡『父の心で』（*Patris corde*）を公布し（邦訳二〇二一年二月刊行）、同日から二〇二一年十二月八日までを聖ヨセフ年と定めました。

イタリアのクリスマス期間のロックダウン目前、十二月十七日に、教皇は八十四歳を迎えました。若いころに治療で片肺の一部を失っている教皇自身、このウイルスに対しもっとも脆弱《ぜいじゃく》な人でありながらも、ことばと行動をもって希望を運び、慰めと励ましを続けた一年となりました。

二〇二一年十一月

カトリック中央協議会出版部

ペトロ文庫

教皇フランシスコ講話集 8

定価はカバーに表示してあります

2021 年 12 月 24 日　第 1 刷発行　日本カトリック司教協議会認可

著　者　教皇フランシスコ

編訳者　カトリック中央協議会事務局

発　行　カトリック中央協議会

〒135-8585 東京都江東区潮見 2-10-10 日本カトリック会館内

☎03-5632-4411(代表)、03-5632-4429(出版部)

https://www.cbcj.catholic.jp/

印刷　株式会社精興社

ISBN978-4-87750-234-8 C0116

乱丁本・落丁本は、弊協議会出版部あてにお送りください

弊協議会送料負担にてお取り替えいたします

ペトロ文庫発刊にあたって

カトリック中央協議会事務局長　酒井俊雄

カトリック中央協議会の主要な任務の一つは、カトリック教会の教義をひろめ、信者を教化育成し、布教の推進を円滑にするための業務および事業を行うことにあります。とくに、教皇および教皇庁、また日本カトリック司教協議会の公文書を日本のカトリック教会と社会に向けて提供し続けることは、当協議会の重要課題であると自覚しています。

この使命を遂行するため、ここにペトロ文庫を発刊することとなりました。ペトロは、十二使徒のかしらであり、ローマの初代司教であり、カトリック教会の初代教皇です。使徒たちの後継者である司教は、ペトロの後継者である教皇との交わりのうちに、人々に奉仕します。とりわけ、信仰と道徳に関して教えるとき、つまり教導職を果たすとき、この交わりは不可欠です。そこで、カトリック中央協議会が新たに発刊する文庫に、初代教皇の名をいただくことといたしました。皆さまが教会公文書により親しむための一助となれば、望外の幸せです。

二〇〇五年十月